15 Jahre nach Erscheinen unseres Klassikers »Kinder auf dem Weg zur Schrift« fasst dieses Praxisbuch – für Schule und pädagogische Ausbildung – die Erkenntnisse der neueren Lese- und Schreibdidaktik zusammen und akzentuiert sie als Vorschläge zu einem offenen Anfangsunterricht. Äußeres Zeichen für eine bedeutsame Akzentverschiebung in der pädagogischen Forschung ist schon die Änderung des Titels: Wir haben, was als Neubearbeitung von »*Die Schrift entdecken*« begann, nun zu einer Rundumerneuerung unter dem Titel »*Die Schrift erfinden*« erweitert.

Dieses Buch will die Aufmerksamkeit fördern für das, was Kinder schon können und was sich oft an Denkfortschritten hinter ihren Fehlern verbirgt. Insbesondere an den beiden ausführlich erzählten und dokumentierten Fallgeschichten von *Lisa* und *Ben* wird dies anschaulich. In verständlicher Form werden dazu Entwicklungs-Modelle kindlicher Strategien beim Schreiben und Lesen vorgestellt.

Hans Brügelmann und *Erika Brinkmann* regen zu Aktivitäten im Unterricht an, mit denen die Erfahrungen der Kinder ernst genommen und erweitert werden können. Sie geben Ideen für die Verfeinerung des unterrichtspraktischen Methoden-Repertoires bis hin zur Gestaltung der ersten Schulwochen. So kann auch ein gleichschrittiges Lehrgangsdenken aufgeweicht und differenziert werden.

Aber wollen Sie jetzt nicht einfach anfangen zu blättern? Schon auf *S. 7 f.* kommt ein ausführliches Inhaltsverzeichnis…

Hans Brügelmann / Erika Brinkmann

Die Schrift erfinden

Beobachtungshilfen und methodische Ideen
für einen offenen Anfangsunterricht
im Lesen und Schreiben

Libelle

Inhalt

Rückblick auf einen Vorgänger

Unter dem Titel »Die Schrift entdecken« ist die Erstfassung dieses Buches seit 1984 mehr als tausendmal pro Jahr gedruckt worden. Dem Verleger grauste es trotzdem bei jeder Neuauflage, und auch mir selbst fiel es zunehmend schwer, die Schreibmaschinen-Ästhetik des Layouts nostalgisch als Erinnerung an meine erste Typenrad-Olivetti ET 121 zu verklären. In Wirklichkeit waren ja auch unsere anderen Verpflichtungen der Grund, warum dieses Buch nicht endlich inhaltlich und formal überarbeitet wurde.

Hinzu kam die leise Vermutung, irgendwann werde die Nachfrage aufhören, zumal seit 1992 mit der »Ideen-Kiste 1 Schrift-Sprache«* im Verlag für pädagogische Medien eine wesentlich erweiterte, inhaltlich überarbeitete und grafisch ansprechender gestaltete Kartei-Version auf dem Markt war.

Aber diese hat sich von Umfang und Ausstattung her eher als Anschaffung für die Lehrerbücherei durchgesetzt. Da es daneben offensichtlich immer noch einen Bedarf an einer preiswerten und leicht verständlichen »Volksausgabe« gibt, haben wir uns auf eine Neubearbeitung eingelassen.

Erleichtert wurde dieser Entschluss, weil *Erika Brinkmann* – schon 1984 mit *Renate Hegelin* und *Gudrun Spitta* anregende und kritische Partnerin in den vorbereitenden Schreibgesprächen – bereit war, verantwortlich an der Neufassung mitzuarbeiten. Sie hatte schon viele neue Ideen in die »Ideen-Kiste 1 Schrift-Sprache« eingebracht. So lag es nahe, dass wir »Die Schrift erfinden« jetzt gemeinsam geschrieben haben. Fast 20 Jahre gemeinsamer Arbeit machen es eh oft schwer, noch »mein« und »dein« fein säuberlich zu unterscheiden. Ideen wachsen in Gesprächen, sie lassen sich kopierrechtlich nicht mehr auf individuellen Besitzkonten verbuchen.

Im gemeinsamen Nachdenken und Probieren ist ein ganz neues Buch entstanden, auch wenn die Grundideen dieselben geblieben sind und wir einige Stücke sogar fast unverändert übernommen haben. Doch zum Inhaltlichen mehr in der Einleitung.

Heiko Balhorn danken wir, dass wir Stücke aus der Ideenkartei in überarbeiteter Form verwenden durften. Da die bei ihm publizierte »Ideen-Kiste« als Ausarbeitung von »Die Schrift entdecken« entstanden ist, schließt sich der Kreis auf angemessene Weise.

Petra Ulmer erleichtert uns nicht nur den Alltag in der Arbeitsgruppe Primarstufe und im Projekt OASE, sie hat auch klaglos die Stücke des Textes neu geschrieben, die wir aus der Vorfassung »Die Schrift entdecken« und aus dem vergriffenen Sammelband »ABC und Schriftsprache« übernommen haben.

---

* Sternchen verweisen auf weitere Leseempfehlungen im Literaturverzeichnis S. 190 ff.

Elisabeth Tschiemer und *Ekkehard Faude* haben uns auch dieses Mal geholfen, aus der Rohfassung ein Buch zu machen, das zum Lesen verlockt. Wir hoffen, dass es unter Eltern, in Kindergärten und Grundschulen, aber auch in der Aus- und Fortbildung von LehrerInnen einen vergleichbaren Erfolg hat wie »Die Schrift entdecken«.

Netphen, als lila Fingerhut und I-Ahs blaue Disteln blühten.

Hans Brügelmann

Lehrgänge sind Krücken

Dieser Satz ist uns oft übel genommen worden. In seiner Doppelsinnigkeit halten wir ihn aber nach wie vor für richtig und wichtig.

Glaubt man den pädagogischen Zeitschriften, so hat die Fachdidaktik in den vergangenen 15 Jahren eine Wende um fast 180 Grad vollzogen. Aber in der Praxis gilt nach wie vor: Die Fibel ist nicht totzukriegen. Die Lehrgänge sind reicher und beweglicher geworden. Insbesondere haben sie Elemente des freien Schreibens aufgenommen. Aber allen Versprechungen in den Lehrerhandbüchern zum Trotz hat sich im Aufbau der Lehrgänge, vor allem aber in ihrem praktischen Gebrauch kaum etwas geändert: klein- und gleichschrittig werden Buchstaben und Wörter eingeführt, über die Übung isolierter Teilleistungen »beigebracht« und in simplen Texten wieder und wieder »gelesen« (siehe zu unserer Kritik, auch an den »neuen Fibeln«, *Kapitel 7 »Schwierige Verwandte«*).

Die meisten LehrerInnen scheinen auf ein solches Korsett angewiesen zu sein. Sie fühlen sich mit seiner Hilfe in der Lage, 17 oder 24 oder 33 Kinder gleichzeitig zu unterrichten – wie unterschiedlich deren Erfahrungen mit Schrift auch sein mögen.

Lehrgänge kompensieren pädagogische Behinderungen. Nicht die der Kinder, sondern unsere eigenen. Eine Einheitsfibel für die ganze Klasse entlastet. Sie überspielt unsere Unfähigkeit, auf jedes Kind individuell einzugehen; sie entspricht auch unserem Bedürfnis, die Aktivitäten der Kinder unter Kontrolle zu haben. Damit nicht jedes in eine andere Richtung läuft, lassen wir sie im Gleichschritt durch den Lehrgang und die Arbeitsblätter marschieren. Hier und da gibt es kleine Wegschleifen, aber die Grundidee ist, dasselbe gemeinsam zu lernen – und zwar zu demselben Zeitpunkt.

Dabei sind die Unterschiede zwischen den Kindern unübersehbar – schon am ersten Schultag *(s. S. 19 ff. und 30)*. Einheitslehrgänge sichern Vergleichbarkeit allenfalls im Verhalten, nicht jedoch im Denken. Auch auf derselben Fibelseite, in derselben Übungsaufgabe lernen verschiedene Kinder Unterschiedliches. Wir nehmen solcherlei Abweichungen nicht selten als »Lernschwierigkeiten« wahr. Gemeinsame Lehrgänge verdecken insofern nur die unterschiedlichen Lernwege. Die Verbindlichkeit von Lernschritten erschwert sogar eher den individuellen Zugang zur Schriftsprache.

Aber wir Erwachsenen scheinen ohne sie nicht auszukommen. Manche von uns überfordern sich mit dem Anspruch allumfassender Diagnose und Förderung. Andere lässt die Bequemlichkeit nach jedem Material greifen, das Entlastung verspricht. Und wir haben Angst – vor der eigenen Unsicherheit, vor dem Schulrat und den Kollegen, vor den Eltern.

Zugegebenermaßen auch Angst um die Kinder, deren Vorstellungen von Schrift, deren eigenständige Lese- und Schreibversuche vor und neben der Schule uns meist unzugänglich bleiben. Zugleich wissen wir: Beim Lesen- und Schreibenlernen steht so viel auf dem Spiel für das weitere Schul- und Lebensschicksal jedes einzelnen Kindes. Der Druck dieser Verantwortung lässt uns nach Entlastung suchen.

Was aber wäre die Alternative zum Lehrgang? Allein dadurch, dass man Krücken wegwirft, verschwindet keine Behinderung. Andererseits: Wer sich nur noch auf seine Krücken verlässt, verliert allmählich auch noch die verbliebenen Reste der eigenen Fähigkeit. Es gibt nur einen Ausweg: jeden Tag ein bisschen mehr auf die Hilfe der Krücken zu verzichten. So kann man auch die Abhängigkeit von Lehrgängen verringern. Dieses Buch will Mut zu solcher Abnabelung machen. Es will helfen, situationsbezogen zu arbeiten, ohne dass der rote Faden verloren geht. Unser Ziel: Wir wollen in diesem Buch die Ernte unserer Arbeit der letzten 20 Jahre in verständlicher und anschaulicher Form zusammenfassen, indem wir

- die Aufmerksamkeit fördern für das, was Kinder schon können und was sich oft an Denkfortschritten hinter ihren Fehlern verbirgt *(vgl. Kapitel 2 bis 6* sowie zu einer entsprechenden Sichtweise des Lernens in anderen Bereichen die Beiträge in unserem Sammelband »Kinder lernen anders«);
- das gleich- und kleinschrittige Lehrgangsdenken aufweichen und konkrete Möglichkeiten zeigen, wie Aktivitäten an den Erfahrungen der Kinder anknüpfen und diese erweitern können *(vgl. Kapitel 9 bis 11)*;
- das unterrichtspraktische Methoden-Repertoire entwickeln und verfeinern *(vgl. Kapitel 8* und ausführlicher unsere »Ideen-Kiste Schrift-Sprache«*);
- vor allem aber: zu eigenen Versuchen und zu der Bereitschaft ermutigen, von den Kindern über verschiedene Zugänge zum Schreiben und Lesen zu lernen *(vgl. die folgenden Abschnitte dieses Kapitels)*.

Nur über die bewusst erworbene eigene Erfahrung kann man/frau sich allmählich von den Vorschriften lösen, die – zumindest unterschwellig – in Lehrgängen und Arbeitsheften stecken.
Auf diese Weise wächst auch die Fähigkeit, die methodischen Muster hinter verschiedenen Aufgaben zu entdecken und sie im eigenen Unterricht flexibel einzusetzen. Den einen richtigen Weg gibt es eben auch beim Schrifterwerb nicht.
Man hat uns gelegentlich vorgeworfen, nicht zur Kenntnis zu nehmen, dass sich Fibeln seit den 70er- und 80er-Jahren doch wesentlich verändert hätten. In der Tat fordern die AutorInnen in begleitenden Lehrerhandbüchern zunehmend zu einem beweglichen Umgang mit den Einheiten auf, regen sie zu Aktivitäten vor und außerhalb der materialisierten Aufgaben an.

Aber sie verraten nicht, woher die KollegInnen die dafür notwendige zusätzliche Zeit nehmen sollen oder welche Teile des Lehrgangs unverzichtbar wären, um diese schönen Ideen realisieren zu können (siehe zu unserer Kritik an den »neuen Fibellehrgängen« *Kapitel 7*).

Zudem hat das Medium seine eigenen Gesetze. Dem linearen Aufbau ist nur schwer zu entkommen. Der praktische Vorteil der Fibel ist doch gerade die Ausarbeitung der Ideen zu einer Vorlage für den Unterricht und die systematische Entfaltung in Einheiten, die zeitlich aufeinander aufbauen.

Dadurch und durch die Fülle des inhaltlich abgestimmten Materials fühlen sich die LehrerInnen entlastet. Hilfen, wie man sich aus diesem Korsett wieder lösen kann, werden dagegen kaum gegeben (vgl. dazu unseren Versuch eines »Fibelöffners« in *Kapitel 10 »Ein Lehrgangsöffner für Ihre Fibel«*) .

Nähmen die AutorInnen die selbst proklamierten Prinzipien ernst, müsste es ihr vordringlichstes Ziel sein, die Fibel zunehmend überflüssig zu machen. Denn Lehrgänge und methodische Muster sind sinnvoll nur als Hypothesen (nicht als Vorschrift) zu nutzen. Sie können angehenden LehrerInnen helfen, gezielt Erfahrungen mit dem Schriftspracherwerb von Kindern zu sammeln. Dann aber kommt es auf einen bewussten Wechsel an: Je mehr unterschiedliche Hypothesen LehrerInnen ausprobieren, desto reicher dürfte ihr methodisches Repertoire werden, desto differenzierter ihr Beobachtungs- und Urteilsvermögen – sofern sie die Lehrgänge als Ausgangspunkt der eigenen Erkundungen, nicht als wissenschaftlich abgesicherte Lösung betrachten.

Findet man oder frau dann noch KollegInnen, die Ideen und Erfahrungen austauschen, die emotionalen Rückhalt und sachlich weiterführende Kritik geben, dann wird die Fibel auf Dauer vielleicht doch überflüssig.

Um nicht nur zu kritisieren, haben wir im Projekt »Kinder auf dem Weg zur Schrift« auch eine Alternative zur Fibel in Lehrgangsform entwickelt, deren Konzeption und Elemente wir abschließend noch einmal kurz vorstellen.

Statt eines Lehrerhandbuchs bietet die »Ideen-Kiste 1 Schrift-Sprache« eine Kartei von methodischen Ideen für LehrerInnen; sie ist offen für situationsbezogene Auslegungen, aber ihre Offenheit ist in drei Dimensionen strukturiert:

- als eine »didaktische Landkarte«, die den Gegenstand Schrift aus psychologischer Sicht in kritische Aspekte des Lesens und Schreibens gliedert *(siehe S. 107)*;
- als Stufenmodelle des Lesens und Schreibens, die Veränderungen in den Strategien des Lesens und Schreibens in einer Entwicklungsperspektive interpretieren, die damit den LehrerInnen eine Richtung für ihre Aktivitäten weisen, ihnen bei der Deutung von Schwierigkeiten helfen, ihnen aber auch bewusst machen, welche Leistung Kinder mit fehlerhaften Vorformen schon erbringen *(s. S. 140 ff. und 152 ff. → Lernfeld A bzw. S)*;

- als Standards für die Gestaltung von Aktivitäten, also Prozesskriterien wie Selbstständigkeit bzw. von- und miteinander Lernen, um über den Inhalt hinaus eine bestimmte Qualität der Aufgaben zu sichern.

Auf den einzelnen Karten der »Ideen-Kiste«* sind die 180 Vorschläge einerseits in der didaktischen Landkarte verortet und mit Anschlüssen zu anderen Aktivitäten versehen, andererseits werden sie didaktisch kommentiert, um den LehrerInnen Stück für Stück die Konzeption, aber auch die jeweils spezifische Intention zu vermitteln, sodass sie die Idee auf unterschiedliche Situationen hin abwandeln oder in demselben Geist andere Aktivitäten entwickeln können. Konkretisiert haben wir dieses »Lehrerhandbuch in Karteiform« in Materialien für die Hand der Kinder:

- Die REGENBOGEN-LESEKISTE* ist eine Bibliothek von inhaltlich, stilistisch und grafisch sehr unterschiedlichen Büchern, die den Strategien von Leseanfängern entgegenkommen und einen individuellen Zugang zum Lesen erleichtern;
- das »Klasse(n)paket«*, das »ABeCeDarium«*, der »Buchstaben-Automat«* und das »Spiele-Set«* mit Materialien bieten den Kindern unterschiedliche Zugänge, aber auch Formen selbstständiger Übung an.

Ob diese Konzeption, ob ihre Umsetzung unsere Ansprüche einlöst, ob sie LehrerInnen in der Praxis zureichend hilft (auch bei der Entwicklung ihrer eigenen Erfahrung), müssen andere beurteilen.

Alternativen zum linearen Lehrgangsaufbau sind jedenfalls möglich. Es ist insofern nicht so, dass LehrerInnen mit leeren Händen dastehen oder in einer unüberschaubaren Vielfalt von beliebig erscheinenden Materialien ertrinken müssen, wenn sie sich von der Fibel und dem Arbeitsheft lösen.

Zentral erscheint uns jedoch, dass wir die begrenzte Funktion einer jeden materialen Stützform erkennen. Ohne Fortbildung, konkret: ohne eine soziale Stützung des Austauschs und der Zusammenarbeit von KollegInnen vor Ort werden wir nur begrenzt Veränderungen erreichen.

Dieses Buch ist also als Hilfe für den Unterrichtsalltag gedacht. Auf detaillierte Auseinandersetzung mit anderen Ansätzen wurde deshalb ebenso verzichtet wie auf extensive Nachweise der Einzelliteratur im Text. Wir denken aber nicht, dass sich guter Unterricht in methodischen Ideen und Tips erschöpft: Dazu verweisen wir auf die entsprechenden Kapitel von »Kinder auf dem Weg zur Schrift«*, unsere »Fibel für Lehrer und Laien«, und auf den Nachfolgeband »Wie wir recht schreiben lernen – Zehn Jahre Kinder auf dem Weg zur Schrift«*. Ohne diesen didaktischen Bezugsrahmen kann manches missverstanden werden, was hier um der Handlichkeit willen nur in Stichworten skizziert wurde.

Die didaktische Diskussion insgesamt, ihre empirischen Grundlagen und die theoretischen Kontroversen sind ausführlicher dargestellt in den beiden Sammelbänden zu den Jahrbüchern der Deutschen Gesellschaft für Lesen und Schreiben »Schriftwelten im Klassenzimmer«* und »Rätsel des Schriftsprach-erwerbs«*).

---

* Genauere Informationen zu diesen Materialien finden sich, wie bereits erwähnt, im Vorspann zum Literaturverzeichnis S. 190 ff.

Kapitel 2

»KABA schreibt man so: K-A-K-A-O«

oder: Kindliche Theorien über Wörter und Buchstaben

In unserem Buch »Kinder lernen anders« haben wir folgende Anekdote einer Schweizer Lehrerin nacherzählt:

> *Die fünfjährige Eveline hat wunderschöne blonde, leider auch lange Haare. Morgendliches Kämmen: Augenblicke ewigen Leidens, die zum Nachdenken über die Ungerechtigkeit in dieser Welt einladen. Bis eines Tages – wieder mal beim Kämmen – ein Lächeln über EVELINEs Gesicht huscht: »Jetzt weiß i' endlich, warum i' so viele Kämm' in meinem Namen hab'!«*

EVELINE

Evelines Namen mit dem mehrfach gezinkten »E«.

Eveline hat eine Theorie entwickelt. Schriftkundige urteilen schnell: eine falsche Theorie. Evelines Befriedigung rührt daher, dass diese Theorie ihr hilft, ein Stück ihrer eigenen Welt besser zu verstehen. Darum ist diese Erklärung wichtig für sie.

Als Eltern oder LehrerInnen sollten wir uns hüten, diese Erklärung durch die in unseren Augen richtige Theorie zu ersetzen (etwa: »Das sind keine Kämme, das sind Buchstaben. Und der Buchstabe heißt ›E‹!«). Es sei denn, wir können Eveline verständlich machen, warum der Buchstabe »E« dreimal in ihrem Namen vorkommt. Aber dann müsste sie den Lautbezug der Schrift verstanden haben. Und den begreifen Kinder nicht von heute auf morgen *(s. u. S. 153 Entwicklungsmodell »Lesen«).*

Die vierjährige Anneke hatte einen anderen Grund, das »E« mit noch mehr Querstrichen zu versehen als Eveline: Sie wollte wie viele Kinder die Differenz zum Zeichen »F« (mit nur zwei Querstrichen) deutlich hervorheben.

Kinder sind Forscher

Faszinierend an Evelines Beispiel ist die Tatsache, dass sie eine Theorie der Schrift erfunden hat, die es vorher noch nicht gab. Wir werden in diesem Buch weitere solche Erfindungen vorstellen. Die Kinder haben sie nicht übernommen, sondern sich selbst ausgedacht. Weder haben sie etwas nachgeahmt, weil sie solche Verhaltensweisen in ihrer Umwelt ja gar nicht beobachten konnten, noch hat ihnen jemand den Sachverhalt entsprechend erklärt.

Im Grunde tun diese Kinder nichts anderes als WissenschaftlerInnen: Sie staunen über Ungereimtheiten, sei es in ihrer Umwelt, sei es im eigenen Denken; sie entwickeln ein neues Modell, probieren dieses aus und behalten es bei – oder sie erfinden weitere Modelle, je nach ihren Erfahrungen. Es kommt darauf an, ob ihre Vermutung ihnen hilft, neue Erfahrungen besser einzuordnen oder bestimmte Handlungsziele wirksamer zu erreichen als vorher. Die Beiträge aus verschiedenen Fächern zu unserem Buch »Kinder lernen anders« zeigen, dass dies für alle Bereiche des Lernens gilt, für Sprache und Mathematik, für ästhetische, technische und soziale Erfahrungen.

In den letzten Jahren hat in der Lese- und Schreibdidaktik eine interessante Kontroverse begonnen. Sie stellt die oben skizzierten Annahmen teilweise in Frage, die um 1990 schon fast selbstverständlich schienen – zumindest unter denjenigen, die sich in der Fachdidaktik mit dem Schriftspracherwerb von Kindern beschäftigen.

Unsere Kollegin *Christa Röber-Siekmeyer* hat sich in den letzten Jahren zunehmend kritisch mit dem Spracherfahrungsansatz auseinander gesetzt, den wir in »Die Schrift entdecken« methodisch konkretisiert hatten. Erst der verblüffend ähnliche Titel ihres eigenen Buchs »Die Schriftsprache entdecken«, hat uns deutlich gemacht, wo trotz ähnlicher Begriffe ganz Unterschiedliches gemeint – und dass der Begriff »entdecken« missverständlich ist.

In den 60er- und 70er-Jahren stritten PsychologInnen und DidaktikerInnen darüber, wie Kinder am besten lernen: durch lehrergesteuerte Unterweisung (»instruction«) oder indem sie die Strukturen der Inhalte selbst entdecken (»discovery«). Dies ist ein bedeutsamer Unterschied. So können die Kinder im zweiten Fall Zugänge zum Neuen stärker von den eigenen Erfahrungen her finden. Aber hinter diesem Unterschied verschwindet eine grundlegende erkenntnistheoretische Gemeinsamkeit von Unterricht durch Belehrung und Unterricht durch (gelenkte) Entdeckung.

Die gemeinsame Annahme: In der Sache selbst (hier: in der Schrift) stecken Strukturen, die in die Köpfe der Kinder zu transportieren, auf ihr Denken abzubilden sind – durch Unterweisung oder indem die Kinder sie selbst »in der Sache« finden. Die erste Unterstellung: Es gäbe in der Sprache eindeutige Strukturen, die man aus den Beispielen sozusagen logisch ableiten könne. Der immer während Streit der LinguistInnen über die Angemessenheit ihrer konkurrierenden Modelle spricht dagegen. Hinzu kommt eine naive Sicht von Wahrnehmung und Denken. Vereinfacht gesagt unterstellt sie, unser Denken bilde die Außenwelt ab, unsere Denkschemata seien sozusagen Kopien der Wirklichkeit. Anders ist ein »Ent-decken« ja auch gar nicht vorstellbar.

Erfinden statt entdecken

Heinrich Bauersfeld hat uns als erster auf dieses Problem aufmerksam gemacht. Denn unser Spracherfahrungsansatz sieht Erkenntnis und Lernen in einer ganz anderen Perspektive: als Erfindung von Modellen für die Wirklichkeit, d. h. als Konstruktion der Welt im Kopf. Und das bedeutet zunächst: einer besonderen Welt in jedem einzelnen Kopf. In dieser Sicht können wir Lernen aber nicht mehr bestimmen als »Ent-decken«, sondern wir müssen verstehen, wie Kinder Hypothesen entwerfen, um ihre Umwelt zu deuten und erfolgreich in ihr zu handeln.

Diese Sicht hat bedeutsame Konsequenzen für Unterricht und für die Frage, wie Erwachsene Kindern helfen können, gut passende Modelle und Strategien zu entwerfen.

Frühstück vor der Schule. Benjamin (6 Jahre; 10 Monate alt und seit einem halben Jahr in der Schule) fixiert die Haferflockenpackung, leise lautierend: »Warum wird Kölln da mit zwei <l> geschrieben? In Köln ist doch auch nur eins!«

Ich murmele irgendetwas von »altem Namen« und »damit man das besser unterscheiden kann«.

Aber Ben lässt nicht locker. Leicht gereizt kommt es zurück: »Kölln – da hört man doch nur ein <l>. Warum stehen da denn zwei?«

Die Spannung in seiner Stimme lässt mich Böses ahnen für das anschließende Anziehen, sodass ich betont friedlich sage: »Man kann es so oder so schreiben. Bei (Brügel-)Mann sind es ja auch zwei <n>.«

Aber die Explosion ist nicht mehr aufzuhalten: »Kölln und Köln – das klingt doch gleich. Dann kann ich ja neunundreißig <K> schreiben oder vierhundertfünfundneunzig <l>!!!«

Meine lahme Antwort: »Ja, das kann man, aber das wäre unnötige Arbeit.« Zum Glück fragt Ben nicht noch einmal nach, warum auf der Packung Kölln doch mit zwei <l> steht. Er scheint's zufrieden. Irgendwo hat er die »überflüssige Verdopplung« jetzt eingeordnet, das Schriftsystem in seinem Kopf durch einen entsprechenden Vermerk vor dem Zusammenbruch bewahrt und ohne Bedarf an linguistischer Voll-Aufklärung seine innere Ruhe wiedergewonnen.

Mehr zu Bens vorschulischen Erfahrungen und Umgangsweise mit Schrift finden Sie in der chronologischen Darstellung seiner Entwicklung in *Kapitel 6*.

Jetzt, vierzehn Jahre, nachdem ich diese Notiz zum ersten Mal abgeschrieben habe, fällt mir als erstes auf, was ich damals glatt überlesen habe: dass Ben wie selbstverständlich mit zwei- und dreistelligen Zahlen um sich wirft, obwohl er als Erstklässler »offiziell« doch nur den »Zahlenraum bis zehn« kennt. Der Schulanfang ist auch in der Welt der Zahlen keine Stunde null *(siehe auch unten S. 30)* – inzwischen haben dies ja auch die Mathematik-DidaktikerInnen zur Kenntnis genommen.

Als ich das Frühstücksgespräch mit Benjamin aufschrieb, ist mir noch etwas anderes eingefallen. Im letzten Jahr vor der Schule habe ich Benjamin jeden Tag mit dem Rad zum Kindergarten im Nachbarort gebracht und mittags wieder abgeholt. Dabei hat Ben gelegentlich auf das Ortsschild gezeigt: »Da steht Leeste.« Nie hat er nach dem zweiten <e> gefragt, sich auch später nicht gewundert, als er anfing, selber zu schreiben (z. B. BENNI). Auch als er im analytisch-synthetischen CVK-Lehrgang das lautrichtige Schreiben lernte und Buchstaben wie <e> und <n> selbstverständlich verwendete, hat er sich an der Verdopplung nicht gestört. Warum gerade jetzt?

Vermutlich war es der Kontrast zwischen vertrautem Schriftbild (die Großmütter wohnten in Köln) und dem nur minimal abweichenden Haferflocken-Etikett. Solche fruchtbaren pädagogischen Momente kann man auch methodisch fördern (vgl. das notorische Minimalpaar *Oma/Opa* erst im CVK-Lehrgang von *Vestner 1975*, jetzt auch im »Lesebaum« von *Lichtenstein-Rother u.a. 1983)*. Aber wann wird ein solcher Sach-Kontrast zum lernwirksamen Denk-Problem? Bens Reaktionen auf *Leeste* und *Kölln* sprechen dagegen, dass Zeitpunkt und Vorerfahrung beliebig sind.

Kinder lernen nicht einfach quantitativ dazu, sozusagen additiv »Stein auf Stein«. Sie verändern ihre Vorstellungen von Schrift und ihren Umgang mit Schrift qualitativ, eingebettet in den Denkrahmen, den sie zur Ordnung ihrer bisherigen Erfahrungen entwickelt haben. Diese Erfahrung aber beginnt nicht am 1. Schultag.

Lernen berührt Gefühle

Damals hat mich etwas anderes bewegt: Neue Erfahrungen können Angst machen. Auch Schulwissen kann Weltbilder bedrohen, die Sicherheit geben. Wer von uns denkt schon daran, wenn er oder sie sich mit »Lernschwierigkeiten« von Kindern beim Lesen- und Schreibenlernen herumschlägt?

Es ist uns wichtig, diese emotionale Bedeutung von Schrift gleich zu Anfang deutlich zu machen, um eine falsche Lesart dieses Buches zu vermeiden. Wir betonen nämlich immer wieder die außerordentlichen Denkleistungen, die in den Lese- und Schreibversuchen von Kindern sichtbar werden. Damit wollen wir erreichen, dass Lesen- und Schreibenlernen nicht mehr als mechanisches Einüben von Fertigkeiten missverstanden wird. Unsere Hochachtung vor den intellektuellen Leistungen von Kindern beim Schriftspracherwerb ist das eine. Sie bedeutet aber keineswegs, dass das Lesen- und Schreibenlernen die Gefühle nicht berührt.

Dies wird schon in der einleitenden Geschichte von Eveline deutlich. Eine zweite, beinahe tragische Situation hat eine Kollegin in ihrer ersten Klasse beobachtet.

Die Kinder finden morgens auf dem großen Tisch Karten mit ihren Namen. Als Martin sein Kärtchen nimmt, bricht Martina in Tränen aus: »Der hat meinen Namen genommen!« Auch als ihr die Pädagogin ihr eigenes Kärtchen zeigt, klagt sie weiter: »Aber das ist doch auch meiner!« Selbst der Hinweis auf den zusätzlichen Buchstaben am Ende kann sie nicht beruhigen.

Die Identität von Namen kann aber auch positive Gefühle auslösen. *Sigrun Richter* berichtet aus einem Schulkindergarten:

Karin wollte dann noch »Papa« schreiben und schrieb PAR. Sie zögerte. Florian befürchtete, sie könne »von seinem Papa« abschreiben. Die Leiterin stellte klar, man lerne doch durch Nachmachen. Er habe »Papa« doch sicher auch gelernt, weil es ihm jemand gezeigt habe. »Nein, Papa hat gesagt: Schreib P und A und P und A!« Karin griff die Anregung auf und verbesserte ihre Schreibweise, schaute sie noch einmal gründlich an und verkündete dann strahlend: »Meinen Papa schreibt man genau wie deinen Papa!«

Das letzte Beispiel zeigt, wie eng emotionale und kognitive Erfahrungen ineinander verwoben sind. Karin weiß nicht, dass die Buchstabenfolge etwas mit der Lautfolge des gesprochenen Wortes zu tun hat. Darum ist es für sie verblüffend (zugleich aber eine freudige Überraschung), dass zwei verschiedene Personen durch dieselbe Zeichenfolge dargestellt werden können.

Kinder sind Denker

Kinder lernen nicht nur Buchstaben und Wörter. Sie bilden Theorien über die Bauweise der Schrift. Und diese sitzen tief. Sie können sogar einen ganzen Lehrgang überdauern.

Wieder einmal ein gemeinsames Frühstück, fast zwei Monate nach der Haferflocken-Geschichte. Benjamin wird in sieben Tagen sieben Jahre alt. Er betrachtet die KABA-Dose: »Frau Pinz sagt aber, Kaba schreibt man so: K-A-K-A-O!«

Dies ist ein Rückfall in die graue Vorzeit einer Begriffsschrift. Wir kennen sie nicht nur von Vorschulkindern, sondern auch aus der Schriftgeschichte: Eine Zeichenfolge steht für einen Begriff. Sie bildet zwar die Bedeutung nicht gegenständlich-analog ab (wie ein Bild), aber sie bezieht sich auch nicht auf den Klang des Wortes. Manche Verkehrsschilder sind solche willkürlich vereinbarten Zeichen.
Ein Widerspruch zwischen <Kakao> und <Kaba> kann nur entstehen, wenn man die Buchstabenfolge als »Namen« des Gegenstandes und nicht als Verschriftung der Lautfolgen sieht, die für verschiedene Bezeichnungen desselben Gegenstandes stehen können.

Zu dieser Zeit liest Ben zwar neue Texte meist schon ohne Hilfe, er kann auch unbekannte Wörter lauttreu notieren. Aber seine Konzepte von Schrift hat er noch nicht vollständig an diese Einsichten angepasst.

Benjamin, 6 ½ Jahre alt und gerade zwei Wochen in der Schule, spielt »gezinktes Memory« (s. unten S. 108). Vor ihm liegen 6 x 4 Karten, Bildseite nach unten: sichtbar auf dem Rücken trägt jedes Bild seinen Namen in Maschinenschrift. Benjamins Augen wandern hin und her. Plötzlich ein Juchzer – und gelähmtes Schweigen, als er die Bilder zu HUT und zu UHR aufgedeckt hat.
Zehn Tage später: Behutsam wandert der linke Zeigefinger die Buchstabenreihe RAKETE auf einer Karte links oben entlang, während der rechte Zeigefinger parallel dazu die einzelnen Buchstaben auf einer Karte in der Spielfeldmitte abtastet. Schematisch wie eine Maschine, ohne einen einzigen Fehler, heimst Ben ein Kartenpaar nach dem anderen ein.
Wieder eine Woche später: Benjamins Blick bleibt auf der Karte SCHIFF hängen. Erst nachdem er die Karte umwendet und die Schrift nicht mehr im Blick hat, sucht er die anderen Karten ab. Ohne Zögern deckt er das zweite SCHIFF auf.

Wie durch ein Mikroskop werden hier Lernprozesse sichtbar. Zunächst richtet sich die Aufmerksamkeit auf Ähnlichkeiten der Wörter, die im alfabetischen System zufällig sind (Wortlänge? Das gemeinsame <U> und <H> in HUT und UHR?). Bald konzentriert sie sich auf einen peniblen Vergleich der konkreten Buchstabenfolgen, der im dritten Schritt von der Prüfung am nur noch gedanklich vorgestellten Schriftbild (in welchen »Einheiten«?) abgelöst wird. – Was für Vorstellungen von Schrift stecken hinter diesen unterschiedlichen Verhaltensweisen? Und welche Erfahrungen führen zu den beobachteten Veränderungen?

Ruth, schon Doktorandin an der Universität, erinnert sich noch heute an die Enttäuschung, als ihre erste »Schreib-Theorie« zu Bruch ging: »Als ich gekritzelt habe, habe ich mir etwas ganz Bestimmtes dabei ausgedacht – aber die anderen konnten es nicht entschlüsseln.«

Im Ansatz stimmt Ruths Theorie, Schreiben sei das Festhalten von Gedanken. Nur das gewählte Medium war noch unangemessen. Geradezu mythologisch mutet uns dagegen das Anliegen mancher Kinder an, ihre Zickzack-

Ausschnitt eines Briefs, den Lisa mit 2;6 Jahren geschrieben hat.

linien für sie zu entziffern: »Ich weiß nicht, was das heißt – aber du kannst doch lesen!« Trotzdem wäre es falsch, sich solchem Ansinnen zu versagen.

Marie M. Clay (1975, 3) berichtet zu dem rechts abgebildeten Schreibversuch:
Natascha fragt ihre Mutter: »Was heißt das?«
Die Mutter lautiert die obersten Zeichen »Saschpno«. Natascha, nachdenklich und zugleich stolz: »Das hab' ich geschrieben…« Welche Motivation, sich tiefer auf die Schrift einzulassen, kann aus solchen Erfahrungen erwachsen!

Nataschas Schreibversuch mit ihr bereits bekannten Buchstaben.

Teilleistungen addieren sich nicht zu Fähigkeiten

Wie kann man also die selbst gewonnenen Schreibtheorien der Kinder am ersten Schultag einfach beiseite kehren und z. B. in Lehrgängen aus <F> und <u> einen Kunstnamen zaubern, der Tag für Tag eine stereotype Wiedergeburt erlebt? Man kann – bei vielen Kindern offenbar sogar mit Erfolg (oder konnten sie dies schon vorher?), bei anderen allerdings nicht.
Vor allem: Ist dies der beste und interessanteste Weg? Ein Weg, der zugleich den Kindern die Erfahrung vermittelt: Ich hab's geschafft. Mit dem, was ich in meinem Kopf hab', kann ich eine ganze Menge selber rauskriegen – ich muss es nur probieren, gemeinsam mit anderen?

> *»In deinem Kürbis hast du ganz viele Buchstaben, und wenn du sprichst, kommen die unsichtbar heraus«, meint Benjamin ein halbes Jahr vor Schulanfang. Er erklärt mir noch, der Kürbis sei mein Bauch und nicht etwa – wie meine Erwachsenenlogik nahe legen könnte – der Kopf.*

Der naive Umgang von Kindern mit Schrift beschränkt sich nicht auf einzelne Buchstaben und Wörter. Sie entwickeln Theorien über das Verhältnis von Schrift und Sprache.
Diese fundamentale Einsicht widerspricht dem Denken in Teilleistungen, mit dem immer noch viele Fibellehrgänge alle Schulanfänger im Gleichschritt von einem angenommenen Nullpunkt über verbindliche Zwischen-Stufen zur Lesefähigkeit führen wollen: Buchstabe für Buchstabe, Wort für Wort.
Bens Wissen über Schrift lässt sich nicht einfach als quantitatives Minus gegenüber dem Schriftverständnis lesekundiger Erwachsener beschreiben. Es hat seine eigene Logik: Im Vergleich zu unserem Verständnis betrachtete er andere Merkmale der Schrift als wesentlich oder als beiläufig. Was im Einzelnen auch immer hinter seiner Theorie über die »unsichtbaren Buchstaben« der gesprochenen Sprache steckt – der Lautbezug der Schriftzeichen schien ihm aufgegangen zu sein.

Ben wusste auch, dass man aus Büchern Geschichten in immer derselben Form vorliest, dass man Mitteilungen in Briefen verschicken und dass ein anderer sie wieder zu Sprache machen kann. Was ihm fehlte, waren die spezifischen Strategien, auch einzelne Kenntnisse und Fertigkeiten, die ein selbstständiges Lernen und Schreiben (auch unbekannter Wörter) ermöglichen.

Viele seiner Kameraden waren in dieser Hinsicht am ersten Schultag schon weiter. Aber hatten sie es deshalb beim Lesen und Schreiben leichter?

Kann man solche Einzelkenntnisse überhaupt zutreffend einschätzen, ohne etwas von den Vorstellungen der Kinder über Schrift zu wissen?

> *Benjamin war nicht Frühleser, auch nicht Spontanschreiber. Er konnte weder das Alfabet aufsagen noch Wörter buchstabieren, auch keine Wörter benennen, außer ZOO, POLIZEI und BENNI. Aber er zeigte auf das <S> in STUTTGART und erklärte mir: »Das fängt mit deinem letzten an« – und dabei konnte er HANS weder lesen noch schreiben. Im Standarddruck ordnete Ben Buchstaben der äußeren Form nach einander zu, über ihre Namen wusste er nur in wenigen Fällen. Er hatte anscheinend auch eine Vorstellung von der Leserichtung, denn sonst würde sein Begriff »letzter« für das <s> in Hans keinen Sinn ergeben. Aber dann schrieb er irgendwann POLIZEI wieder einmal spiegelverkehrt oder er verdrehte wenigstens das <Z>.*

Buchstabenkenntnis zum Schulanfang ist ein guter Indikator für den Erfolg beim Lesen- und Schreibenlernen in der ersten Klasse. Denn sie zeigt indirekt die Vertrautheit der Kinder mit Schrift. Aber Buchstabenkenntnis vor der Schule zu trainieren hilft Kindern nicht, leichter oder schneller Lesen und Schreiben zu lernen. Ein solches Training verändert das Verhalten nur oberflächlich, es berührt nicht die tiefer liegenden Strukturen des Denkens.

Was bedeutet das für Unterricht?

Ohne Sinn keine Einsicht

Lernen ist wahrscheinlicher, wenn Kinder den Zusammenhang durchschauen, in dem eine Aufgabe steht, wenn ihnen der Beitrag einer Übung zur Erweiterung ihrer Handlungsmöglichkeiten einsichtig ist und sie nicht mechanisch isolierte Lerneinheiten absolvieren.

Schon vor der Schulzeit verfügte Ben über viele Erfahrungen mit der sozialen Funktion von Schrift. Er schreibt »Bankkontos«, einen »Pass«, malt Schilder wie »Vorsicht – Fußball« und verteilt »Briefe«. Aus seinem naiven Umgang mit Schrift entwickelt er Hypothesen über ihren Aufbau und die Bedeutung der einzelnen Zeichen. Die Eltern antworten nur auf seine Rückfragen. So kann Ben seine Hypothesen allmählich selbst verbessern. Er muss nicht blind und in bestimmtem Tempo sein Oberflächenwissen über Buchstaben und Wörter an unverstandene Vorbilder anpassen.

Dabei sind seine Theorien manchmal kurios. Fünf Wochen nach Schulanfang be-
trachtet Benjamin ein Bilderbuch, in dem jedem (kleinen) Buchstaben ein Tier zuge-
ordnet ist. Sein beifälliger Kommentar: » 'ne Maus iss' klein und fängt mit 'nem klei-
nen Buchstaben an – das iss gut so!« – Nach derselben Logik schreibt der fünfein-
halbjährige Engländer Billy das Wort cow so: Kow. Er erklärt: »Einen großen Buch-
staben für ein großes Tier.« (Reid 1972, 208)

Wenn man fünfjährigen Kindern Schriftwörter vorlegt wie KUH und RE-
GENWURM, deuten viele Kinder auf die kürzere Schriftfolge als das Wort für
›Regenwurm‹. Die Kinder suchen in dem Schriftwort vermutlich eine Abbildung der inhaltlichen Bedeutung und nicht der Klangdauer der gesprochenen Sprache. Das längere Wort muss also den größeren Gegenstand (oder
auch den wichtigeren Menschen) darstellen. Diese Hypothese wäre eine ver-
nünftige Folgerung der Kinder aus ihren Erfahrungen mit bildlichen Darstellungen, deren Logik sie sich auch erst erarbeiten mussten. Der Kunst-
pädagoge *Rudolf Seitz* hat mit vielen Beispielen (u.a. in »Kinder lernen anders«) eindrucksvoll belegt, dass Kinder beim Zeichnen die Personen oder
Dinge besonders groß darstellen, die ihnen persönlich wichtig sind. Auch Eth-
nologen können dazu viele Geschichten erzählen. So interpretieren Menschen
aus bestimmten Gegenden Afrikas, die keine Fotos kennen, die Größenver-
hältnisse auf unseren angeblich realistischen Fotos anders als wir, die wir mit
perspektivischen Darstellungen aufwachsen. Insofern lernen unsere Kinder,
Bilder auf eine bestimmte Art und Weise zu »lesen« – als Zeichen mit einer
bestimmten Logik. Für Schulanfänger kann es dann paradox sein, dass das
längere Wort SCHWÄNZCHEN gerade den kurzen SCHWANZ bezeichnen
soll oder dass das Wort GROSS klein geschrieben wird.

Alexandra beginnt die Niederschrift ihres Namens so: AAA. »In meinem Namen
sind doch drei A – und was sonst noch?«
Sie weiß, dass man sprachliche Äußerungen mit Buchstaben festhalten kann.
Nicht erkennbar ist, ob sie sich an das Schriftbild ihres Namens erinnert oder ob
sie den Klang des Wortes abhorcht. Jedenfalls ist ihr – anders als Ben – nicht klar,
dass die Reihung der Buchstaben von links nach rechts etwas mit der zeitlichen
Lautfolge im gesprochenen Wort zu tun hat. Erst die Verwechslungsgefahr von
AUS und SAU, SIE und EIS oder REGEN und NEGER könnte ihr die Bedeu-
tung der Buchstabenposition einsichtig machen.

Die Lese- bzw. Schreibversuche von Ben, Alexandra und Lisa *(s. Kapitel 6)*, er-
hellen, was Vorschulkinder über Schrift denken und wie unterschiedlich ihre
Vorstellungen sind. Manche Schwierigkeit im Lehrgang, die man üblicher-
weise auf ein »schlechtes Gedächtnis« zurückführt, lassen sich nach gründ-
licher individueller Beobachtung als Folge einer bestimmten Denklogik

deuten. Solche Einblicke in die Denkwelt von Schulanfängern sollten uns warnen, Fehler unbesehen als »Lernschwäche« zu erklären und zu behandeln.

Fehler sind notwendige Vorstufen des Könnens
Auch in unserem Sinn »falsche« Vorstellungen können dem Kind auf seinem Entwicklungsstand helfen, in seiner Umwelt zurechtzukommen. Leben nicht auch wir Erwachsenen mit ähnlichem Halbwissen über Computer, Vertragsrecht – und Pädagogik? Und reicht dieses Halbwissen für den Alltag nicht auch aus?

Die Denkweisen und Konzepte der Kinder lassen sich allerdings nicht so sauber bestimmten Entwicklungsstufen zuordnen, wie wir es für unsere methodische Differenzierung gern hätten. Alte Vorstellungen überleben neben neuen, auch wenn sie schon lange überwunden scheinen (*siehe oben S. 21* die Frühstücksgeschichte zu KABA und KAKAO).

Ein Erstklässler schreibt Vogel so: FOHGL. Gemessen an den Vorschriften unserer Orthografie ist das eine Katastrophe. Welch ein Unterricht, der solche Ergebnisse zeitigt, und was für ein armes Kind, das sich solche Fehlschreibungen »einprägt«!

So die landläufige Meinung. Ganz anders sieht das für jemanden aus, der den Schrifterwerb als Denkentwicklung versteht und fördert. Im Vergleich zu den Kindern, die Schrift als räumlich-analoge Abbildung inhaltlicher Bedeutung verstehen, hat unser Erstklässler eine bewundernswerte Leistung vollbracht. Er abstrahiert von der Bedeutung des Wortes »Vogel« und bezieht die Schriftzeichen auf Lautunterschiede und ihre Abfolge.

Mehr noch: Er analysiert den Lautaspekt regelhaft, folgt nicht wechselnden Einfällen. Wer genau hinhört, muss sogar zugeben, dass der Schulanfänger zwei Feinheiten in der Schrift abgebildet hat, die selbst uns schriftkundigen Erwachsenen oft nicht bewusst sind: Er hat das lange /o:/ erkannt und durch ein OH in der Schrift markiert; und er hat das tatsächlich kaum hörbare Übergangs-e zwischen /g/ und /l/ nicht wiedergegeben. Das Faszinierende ist nun, dass sich diese und weitere Schreibmuster, die unserer geltenden Rechtschreibung nicht entsprechen, in systematischer Weise wieder finden in verschiedenen Wörtern desselben Kindes; bei verschiedenen Kindern, und sogar in verschiedenen Sprachen (*s. Kapitel 4*)

Die drei Fehler in FOHGL sind also nicht nur Unzulänglichkeiten eines Anfängers gemessen am Maßstab der geltenden Orthografie, sondern es sind regelhafte Lösungen eines Problems, gesprochene Sprache mit unserem Alfabet zu verschriftlichen. Auch Konventionen wie die Schreibweise von Wörtern werden nicht einfach als Fertigwissen abgespeichert. Wir gehen noch weiter und behaupten, dass diese Schreibweisen durchaus geeignete Annäherungsversuche an die Normen unserer Schrift darstellen (*s. das Entwicklungsmodell »Schreiben«, S. 145*).

Zum besseren Verständnis dieser These lohnt es sich, in der Entwicklung des Kindes einen Schritt zurückzugehen und seinen Spracherwerb zu betrachten. Auch da hat es den Versuch gegeben – verbunden mit den Namen *Skinner* und *Mowrer* –, Fortschritte als Nachahmung von Modellen oder als soziale Verstärkung zufälliger Lösungsversuche durch Eltern und Bezugspersonen zu deuten.

Aber wie kommt es dann, dass Kinder regelhaft neue Wörter bilden, die sie noch nie gehört haben können, wie »ich beste« (passend zu »der Besen«); dass sie grammatische Formen verallgemeinern, die ihnen die Eltern erfolglos auszutreiben versuchen, wie »ich gehte« oder »die Apfels«; dass sie bis zu einem bestimmten Alter schlicht unfähig sind, Sätze bestimmter Bauart nachzusprechen, obwohl sie über deren Teile durchaus verfügen? Ja, dass Kinder in bestimmten Phasen richtige Wortbildungen wieder verwerfen, um ein neu gelerntes Muster über verschiedene Wörter hinweg konsequent anwenden zu können?

Auch in solchen Mustern der Lautsprache ist eine systematische und aktive Ordnung spürbar, deren weitere Entwicklung zwar auf Hilfen durch die Umwelt angewiesen ist, die aber nicht durch Vorbilder oder bloßes Training ersetzt werden kann. Kaum jemand regt sich darüber auf, dass Kinder über Jahre hinweg eine unvollkommene Sprache sprechen. Niemand würde es wagen, ihnen das Sprechen zu verbieten, nur damit sie sich nichts Falsches einprägen. Und trotzdem lernen diese Kinder in ihrer überwältigenden Mehrheit, im Wesentlichen grammatisch richtig zu sprechen.

Damit wir nicht missverstanden werden: Nur wenige Kinder erlernen die Rechtschreibung ohne systematische Förderung. Unsere Orthografie ist schwierig und der natürliche Anreiz, sie sich anzueignen, ist wesentlich geringer als bei der gesprochenen Sprache. Aber die Form dieser Förderung und die Art, auf Fehler der Kinder zu reagieren, müssen Rücksicht nehmen auf die grundlegende Einsicht: Auch Rechtschreiben ist ein Denkprozess, der auf Konzepte zum Aufbau der Schrift zurückgreift und dessen Regeln von jedem Einzelnen aktiv rekonstruiert und geordnet werden müssen.

Wer – wie unser FOHGL-Schreiber – begriffen hat, dass Schrift am Lautaspekt der Sprache anknüpft und welche Lautkontraste in seiner Sprache als bedeutungsunterscheidend wesentlich sind; wer sogar schon Schriftzeichen kennt, durch die diese lautlichen Merkmale abgebildet werden können – der hat ein gewaltiges Stück auf dem Weg zur Rechtschreibung zurückgelegt, auch wenn er im Einzelfall nur eine mögliche und nicht die historisch gewachsene Schreibweise gewählt hat.

Beim abendlichen Vorlesen von »Jim Knopf und die Wilde 13« schaut Ben mit ins Buch: »LUMMERLAND mit /t/, obwohl da ein D am Ende ist. Wie bei MOTORRAD und WALD!« (6 Jahre; 10 Monate – zur Hälfte des ersten Schuljahres).

Die Rechtschreib-Entwicklung veranschaulicht also, dass Kinder aktive Lerner sind; dass sie Erfahrung systematisch ordnen; und dass sie diese Hypothesen durch Probehandeln weiterentwickeln. Aber das gilt auch fürs Lesen.

Lesen als aktive Deutung von Texten
Analysen von Lesefehlern stützen die These, dass schon Schulanfänger beim Entschlüsseln von Schrift nach Lösungen suchen, die vor ihrem Erfahrungshintergrund einen Sinn ergeben.

Ein Beispiel aus unserem Projekt (vgl. auch »Kinder auf dem Weg zur Schrift«, Kapitel 27):

Ein gutes halbes Jahr nach Schulbeginn liest Bernd einen Text aus der Fibel (Vorlage kursiv gedruckt) leise (und gibt nach jeder Zeile den Inhalt in eigenen Worten wieder = Text in der Klammer):

Udo hat einen neuen Roller	(Udo hat 'n neuen Roller).
Er fährt vor dem Haus	(Der Roller fährt vor dem Haus).
Da sieht er Martin mit seinem Rad	(Das Rad dreht sich).
Er will schnell über die Straße	(Er rollt über die Straße).

Der Text, den Bernd zu lesen hatte, endet damit, dass Udo weint. Auf die Frage zu diesem letzten Satz der Geschichte, warum denn Udo weine, antwortet Bernd: »Weil der Roller weg ist.« Liest man Bernds Zusammenfassungen einzeln nach dem jeweiligen Fibelsatz, kann man zuweilen nur den Kopf über seine Lese(un)fähigkeit schütteln. Liest man Bernds Sätze dagegen als fortlaufende Geschichte, bekommen seine Zusammenfassungen einen Sinn, auch wenn er im Widerstreit zwischen Textvorlage und eigener Lebenserfahrung, die durch das Missverständnis vom »fahrenden Roller« aktiviert wurde, manchmal zu skurril scheinenden Folgerungen kommt.

Lesen folgt eben nicht dem Dreischritt der alten Schulmeister: Schrift – Laut – Sinn. Es ist eine aktive Deutungs- und Denkleistung, auch schon bei Anfängern.
Aber auch schriftkundige Erwachsene machen Fehler beim Lesen, die zeigen, dass grafische Information »von unten« und Sinnerwartung »von oben« bereits auf der vorbewussten Ebene zusammenwirken.

Sigmund Freud (1954, 93f., 94f.) berichtet aus seiner Therapiepraxis: »In einer übergroßen Anzahl von Fällen ist es nämlich die Bereitschaft des Lesers, die den Text verändert und etwas, worauf er eingestellt oder womit er beschäftigt ist, in sie hineinliest. (…) Ein Philologe, der wegen seiner letzten trefflichen Arbeiten im

Streite mit seinen Fachkollegen liegt, liest ›Sprachstrategie‹ anstatt ›Schachstra-
tegie‹. Ein Mann, der in einer fremden Stadt spazieren geht, gerade um die Stun-
de, auf welche seine durch eine Kur hergestellte Darmtätigkeit reguliert ist, liest
auf einem großen Schilde im ersten Stock eines Warenhauses: ›Klosetthaus‹; sei-
ner Befriedigung darüber mengt sich doch ein Befremden über die ungewöhnliche
Unterbringung der wohltätigen Anstalt bei. Im nächsten Moment ist die Befrie-
digung jedoch geschwunden, denn die Tafelaufschrift heißt richtiger: Korsett-
haus.«

In anderen Fällen ist – so paradox es klingt – die Textbedeutung (also das Ergebnis des Lesens) der Anlass dafür, dass der Text falsch verarbeitet (also
schon der Prozess des Lesens gestört wird). Der Leser verändert den Inhalt,
um einem Konflikt aus dem Weg zu gehen, denn der Text, so Freud, »enthält
etwas, was die Abwehr des Lesers rege macht, eine ihm peinliche Mitteilung
oder Zumutung, und er erfährt darum durch das Verlesen eine Korrektur im
Sinne der Abweisung oder Wunscherfüllung. Es ist dann natürlich unab-
weisbar anzunehmen, dass der Text zunächst richtig aufgenommen und be-
urteilt wurde, ehe er diese Korrektur erfuhr, wenngleich das Bewusstsein von
dieser ersten Lesung nichts erfahren hat.« So der Leutnant X, der während des
Krieges im Krankenhaus aus einem Gedicht vorliest: »...und ich soll übrig
bleiben? Warum denn nicht!« – obwohl im Text stand »...warum denn ich?«

Lese- und Schreibschwierigkeiten haben vielfältige Ursachen
Ähnlich verhält es sich mit Verschreibungen (z. B. »Anektode« statt Anekdote). *Bettelheim/Zelan (1982)* haben in amerikanischen Grundschulklassen eine
Fülle ähnlicher Beispiele beobachtet und analysiert.
Die dort berichteten Lernschwierigkeiten belegen, wie wichtig die persönliche Beziehung des Kindes zur Aufgabe und zum Textinhalt ist. Die Bedeutung persönlicher Gefühle und individueller Denkmuster beschränkt sich
dabei nicht auf die soziale Ebene und den Inhalt von Texten.
Mason/McCormick (1981) haben auch beim Erwerb der technischen Lesefer-
tigkeit Fortschritte und Schwierigkeiten auf unterschiedliche Vorstellungen
vom Aufbau der Schrift und von der Funktion der Buchstaben zurückführen
können. Sie fanden z. B. heraus, dass Kinder je nach Entwicklungsstand bestimmte Aufgaben gar nicht annahmen. Andererseits machten sie Fortschritte vor allem in Aufgaben, die dem nächsthöheren Denkniveau entsprechen –
und das sogar über die Ferien hinweg, in denen keine systematische Förderung stattfand. Lernen bedeutet also Verarbeitung und Ordnung einzelner Erfahrungen in Form von allgemeinen Denkmustern, und das gelingt nicht von
einem Tag zum anderen.
Andere Untersuchungen zeigen, dass Kinder Schwierigkeiten haben, mit Texten lesen zu lernen, die aus einer anderen Kultur stammen. Solche Fremdheit

(und nicht nur Unterschiede im Sprachkönnen) erschweren es vor allem Kindern anderer Nationalität, in der Schule Erfolg zu haben.

Kinder lernen aktiv, probehandelnd, sie übernehmen nicht passiv fertiges Wissen wie ein Speicher, in dem Lernergebnisse additiv abgelegt werden. Neue Erfahrungen werden durch bereits vorhandene Deutungsmuster gefiltert und müssen in diesem Rahmen re-konstruiert werden, um eben dieses Wissen verändern und erweitern zu können.

Vorschulische Erfahrungen streuen breit

Bei Schulanfängern zeigen sich Entwicklungsunterschiede in ihren Vorstellungen über Schrift, die bis zu drei, vier Jahren ausmachen. Die breite Streuung der vorschulischen Erfahrungen wurde für die Bundesrepublik zum ersten Mal sichtbar in einer Repräsentativerhebung von *Rathenow/Vöge (1982, 50–53):* Von allen Schulanfängern in einem hessischen Bezirk waren rund 20% Leser oder Fast-Leser; 40% waren Lese-Anfänger, kannten einzelne Wörter aus Werbung, von Schildern usw. und konnten 6–20 Buchstaben benennen; die restlichen 40% waren Nicht-Leser, kannten höchstens 5 Buchstaben und überhaupt kein Wort, hatten oft auch gar keine Lust, lesen zu lernen. Die Verteilung wird von Klasse zu Klasse variieren (vgl. die neueren Befunde in *Brügelmann/Richter 1994, 62ff.; 109ff.).* Mit der genannten Bandbreite (fehlender) Vorerfahrungen muss jeder Anfangsunterricht rechnen. An welchen »Kleinigkeiten« Lernen dabei scheitern kann, übersehen wir leicht.

> *Benjamin ist Fußballfan: »Wo steht das mit den zwei Toren und Rudi Völler?« Ich deute auf die entsprechende Stelle in der Zeitung. »Wo steht Völler?« kommt es etwas gereizt zurück. Mein Fingernagel zittert einen halben Millimeter unter einem kleinen Wort im großen Buchstabenmeer. Ben droht zu explodieren: »Da oder da?« Sein Finger tapst auf Stellen, die für mich nicht als Worteinheiten erkennbar sind. Nun werde auch ich ungeduldig: »Das dritte Wort in dieser Zeile.« Erst als Ben ohnmächtig-wütend auf die Leerstelle zwischen zwei Wörtern tippt, dämmert mir die Erinnerung, dass er selbst beim Abmalen von Wörtern keine Lücke zwischen den Wörtern lässt. Hat er überhaupt schon eine Vorstellung davon, was ein »Wort« ist und wie es im fließenden Schrifttext markiert wird?*

Dabei sollte man meinen, wenigstens in der gesprochenen Sprache, mit der Benjamin so virtuos umgeht, müsste ihm die Wort-Einheit vertraut sein. Aber es besteht eben ein himmelweiter Unterschied zwischen der normgerechten Verwendung von Sprache im Alltag und dem bewussten Nachdenken über Sprache und ihre Form. So ist die Analyse der Sprache in Bausteine wie Wörter, Silben und Laute, an denen wir im Erstleseunterricht so selbstverständlich anknüpfen (s. Kapitel 8, → Lernfeld L), den meisten Kindern aus ihrem Alltag keineswegs zugänglich.

Alles Denken und Handeln ist in konkreter und letztlich naiver Erfahrung verwurzelt. Neue Deutungen und Verhaltensweisen werden nur dann wirksam gelernt, wenn sie an solche Erfahrungen angebunden werden können.

Wissen und Können sind zwei Paar Schuhe
Wie schwierig eine Analyse schon für Erwachsene ist, zeigt die folgende Frage: Wie viele Wörter hat der Satz »Da vorne kommt die Straßenbahn.«? Fast jeder Erwachsene sagt: fünf. Aber überzeugend begründen kann kaum jemand seine Antwort *(dazu ausführlich: »Kinder auf dem Weg zur Schrift«, Kapitel 10)*.
Das erste Argument heißt meistens: Das hört man doch! Untersucht man den Beispielsatz aber physikalisch und bildet ihn über ein Mikrofon auf dem Sichtschirm des Oszillografen ab, stellt man einen kontinuierlichen Lautstrom fest. Wir finden – anders als im Schriftbild – keine Pausen, die eine Gliederung in fünf Einheiten begründen könnten. Wenn man den Satz vor sich hin spricht, fällt dieser fließende Übergang besonders an der Wortfolge <kommt die> auf. Wir sagen /komti/ oder allenfalls /kom/ und /ti/. Die Gliederung der Aussprache stimmt also nicht mit der Trennung in Schriftworte überein.
Wenn sich die Befragten von ihrer Überraschung erholt haben, schieben sie oft das Argument nach: Es sind fünf Wörter, weil sich der Satz in fünf Bedeutungseinheiten gliedert. Und diese Bedeutungseinheiten finde man in jedem Wörterbuch. Aber wieso sind »da« und »vorne« zwei Bedeutungseinheiten – »dazwischen« und »daneben« aber nicht?
Umgekehrt ist zu fragen, wieso Straßenbahn eine einzige Bedeutungseinheit sein soll. Hier fordert die Alternative »Da kommt die elektrische Bahn« zum Nachdenken über unseren Wortbegriff heraus. »Hören« kann man fünf Wörter anscheinend nur durch den Filter der Schrift. Deren Systematik aber macht gerade dem logisch denkenden Schulanfänger das Leben schwer. Das alte Rechtschreibproblem »er fährt Rad« / »er ist radgefahren« / »er ist Auto gefahren« macht diese Schwierigkeit an einem Extrembeispiel auch für altkluge Philologen anschaulich. Unsere Lehrgänge für den Anfangsunterricht im Lesen und Schreiben aber wollen den Kindern den Zugang zur Schrift gerade dadurch erleichtern, dass sie sie auffordern: »Hör doch genau hin!«
In der Tat, das sollten sie.
Wir Pädagogen aber auch, zum Beispiel wenn wir fragen: »Wo klingt das /p/ in LAMPE« und die Kinder zu Recht antworten: »Am Ende!« (denn den Explosivlaut /p/ spricht man unvermeidlich als /pe/; *s. Kapitel 8,* → *Lernfeld L).*

Jeder lernt auf seine Weise
Kinder lernen am besten, wenn die Aufgabe für sie persönlich bedeutsam ist, wenn ihnen also an der Lösung eines Problems liegt und der Erwerb neuer

Fertigkeiten oder Kenntnisse dafür nützlich erscheint. »Persönlich bedeutsam« – das meint zweierlei: attraktiv, interessant, emotional wichtig und: verständlich, gedanklich durchsichtig und in die je individuelle Denkwelt hineinpassend.

Für PädagogInnen scheint es selbstverständlich, dass Lesen einfacher und für Kinder rascher zu nutzen ist als Schreiben. Viele Kinder finden aber ihren ersten Zugang zur Schrift über das Schreiben, wie schon *Maria Montessori (1980, 182–190)* aus ihrem Kindergarten im Armenviertel von Rom berichtet und *Jürgen Reichen* mit seinem einflussreichen Unterrichtskonzept »Lesen und Schreiben« *(1982)* in vielen Anfangsklassen demonstriert hat.

Andere DidaktikerInnen betonen die Einheitlichkeit von Lesen und Schreiben. Für Montessoris Kinder hatte Schreiben aber lange Zeit nichts mit Lesen zu tun. Die englischen Forscher *Bryant/Bradley (1980)* fanden ebenfalls, dass die Kinder ihrer Untersuchung einige Wörter schreiben, aber nicht lesen konnten (und umgekehrt). Es gibt Spontanschreiber und Frühleser – warum müssen wir allen Kindern einen Weg verbindlich vorschreiben?

Die Verankerung des Wissens in konkreten Erfahrungen des Alltagshandelns fördert die Entwicklung getrennter Denkwelten, wie sie *Bauersfeld* anschaulich für das mathematische Lernen dargestellt hat. Auch *Donaldson (1982)* hat an Beispielen aus verschiedenen Studien gezeigt, wie der Bezug einer Aufgabe auf die Lebenserfahrung eines Kindes die Zugänglichkeit und Schwierigkeit eines Problems verändern kann. Die formale Ähnlichkeit von Operationen täuscht uns leicht über die für das Kind wesentlichen Unterschiede hinweg. Kein Wunder, dass wir ihre Fähigkeiten zugleich überschätzen, indem wir den Inhalts- und Situationsbezug vernachlässigen und unterschätzen, indem wir Situationen übersehen, in denen »dieselbe« Leistung für das Kind einen Sinn macht, lohnend – und möglich ist.

Ein bisschen mehr Respekt gegenüber dem Denken von Schulanfängern würde uns Eltern und LehrerInnen gut anstehen. Wir brauchen Lehrgänge für den Lese- und Schreibunterricht – aber nicht für die Kinder, sondern für die Erwachsenen, die sich kaum mehr in kindliche Vorstellungen über Schrift hineindenken können. Eine solche »Fibel für Lehrer und Laien« ist aus der Arbeit unseres Projekts erwachsen und 1983 unter dem Titel »Kinder auf dem Weg zur Schrift« veröffentlicht worden. Wir wollen mit diesem Buch Mut machen, den Kindern auf ihren Wegen zu folgen, sie zu beobachten und zu unterstützen, statt ihnen jeden Schritt vorzuschreiben.

Immer noch werden Lese- und Schreiblehrgänge mit nur wenigen Verzweigungen in die Fibeln und Arbeitsblätter für die Kinder hineinprogrammiert *(vgl. Kapitel 7, »Schwierige Verwandte«)*. Wir meinen, aus dem Einheitslehrgang muss eine verzweigte didaktische Landkarte werden; und die gehört nicht ins Material für die Schüler, sondern in den Kopf der LehrerInnen *(s. Kapitel 8)*.

Oder wie sonst können wir den Nebenwirkungen des Lehrgangsunterrichts entgehen, die *Heinrich Bauersfeld* schon vor 25 Jahren mit der folgenden Anekdote zu glossieren pflegte:

Auf einer Neuheitenmesse stellt eine Firma eine vollautomatische Haarschneidemaschine vor. Äußerlich ähnelt sie den Trockenhauben beim Friseur, nur dass drinnen kleine Messer kreisen. Fragt ein Besucher skeptisch: »Ja, aber wie soll das funktionieren? Die Köpfe sind doch alle unterschiedlich groß!« Beruhigt ihn der Aussteller: »Aber doch nur beim ersten Mal, guter Mann…«.

Genau das ist das Problem von Lehrgängen.

Am Ende dieser Einführung mag mancher skeptisch fragen: Darf man auf solchen Anekdoten eine Didaktik des Anfangsunterrichts aufbauen?

Nein, das darf man nicht. Darum haben wir an anderer Stelle Untersuchungen zusammengetragen und systematisch ausgewertet, die ähnliche Erfahrungen in sehr viel größerer Breite gewonnen und mit härteren Methoden überprüft haben (vgl. die Sammelbände der Deutschen Gesellschaft für Lesen und Schreiben »Rätsel des Schriftspracherwerbs« und »Schriftwelten im Klassenzimmer«).

Die Episoden dieses einführenden Kapitels haben wir dagegen unter dem Gesichtspunkt ausgesucht, wie sich möglichst anschaulich darstellen lässt, was wir aus diesen Quellen gelernt haben: Lesen- und Schreibenlernen bedeutet Veränderungen des Denkens und betrifft die Entwicklung der Person insgesamt. Nur wer ein Gespür dafür entwickelt, was in den Köpfen von Kindern vor sich geht, kann empirische Daten und theoretische Erklärungsversuche verstehen. Und das heißt für uns: im alltäglichen Umgang die Logik und persönliche Bedeutung der Lese- und Schreibversuche von Schulanfängern mit Sympathie und Scharfsinn wieder entdecken.

Wie lang ist der Schwanz des Pumas?

Kapitel 3

Acht kritische Einsichten
in den Aufbau des alfabetischen Schriftsystems
anhand eines Selbsterfahrungstests für Schriftkundige

Welche/r schriftkundige Erwachsene kann wirklich nachvollziehen, was für Schwierigkeiten es macht, den Aufbau unserer Schrift zu begreifen und ihre Elemente sicher zu handhaben? Welche Denkleistungen der Schrifterwerb Kindern abverlangt, wird uns noch am ehesten in der Konfrontation mit einem fremden Schriftsystem bewusst.

Beim folgenden kleinen Gedankenexperiment bitten wir Sie: Lassen Sie sich auf die Anfängerrolle ein, beobachten Sie Ihre Gefühle während der Lösungsversuche und halten Sie Ihre Denkversuche für die anschließende Analyse fest. Von welchen Hypothesen über die Bedeutung der einzelnen Zeichen und über die Logik des Systems sind Sie ausgegangen? Welche Merkmale der Schriftzeichen haben Sie veranlasst, eine bestimmte Annahme/Strategie auszuprobieren – oder zu verwerfen?

Doch nun zu unserer Aufgabe: Rüdiger Söhnen arbeitet am Landgericht in Konstanz. In seiner Freizeit berät er Asylbewerber für »amnesty international«. Unlängst betreute er eine Gruppe von Flüchtlingen aus dem indischen Hochland. Sie verständigten sich untereinander in einer dem Hindi verwandten Sprache. Die Außenkontakte liefen über einen alten Mann. Ihm schien es Spaß zu machen, wenn Rüdiger ihm einige deutsche Wörter durch langsames Vorsprechen und mit Hilfe von Gesten, Mimik, Bildern beizubringen versuchte. Der alte Mann notierte sich alle Wörter sorgfältig in einem kleinen Heft. So konnte Rüdiger beobachten, wie der Alte für »Boot« ꙮ notierte und für »Tod« ꙮ . An anderer Stelle fand er für die (in dieser Reihenfolge diktierten) Wörter »Dogge«, »Puma«, »Banane« folgende Eintragung:

Erste Aufgabe: Schreiben Sie in der fremden Schrift je dreimal »Boot« und dann »Tod« von der Vorlage ab; danach noch einmal beides ohne Vorlage.

Zweitens: Wie würde der Alte wohl schreiben für »Beet«, für »Bett« und für »Tomate«? (Die Auflösung finden Sie im (wie immer lesenswerten) redaktionellen Schlusswort des Verlegers S. 200)

Drittens: Was könnten wohl diese Zeichen in seinen Notizen bedeuten?

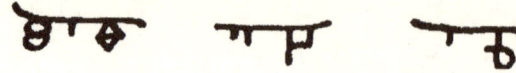

Zusammengefasst: Aus welchen Elementen besteht die Schrift des Alten, und nach welchen Prinzipien werden sie verbunden?

Auch wenn Ihr Kopf raucht und die Aufgabe starke Unlustgefühle bei Ihnen auslöst: Geben Sie nicht gleich auf. Suchen Sie sich lieber eine Partnerin oder einen Partner und diskutieren Sie Ihre Überlegungen.

Vielleicht besänftigt es Ihren Zorn etwas, dass wir vor langer Zeit selbst Opfer eines ähnlichen Tests geworden sind. *Annelies Heinisch* hat ihn Anfang der 80er-Jahre auf einer Tagung der Deutschen Gesellschaft für Lesen und Schreiben (DGLS) mit erfahrenen Lese- und Schreibdidaktikern durchgeführt, und viele von uns haben am eigenen Leib dieselben Gefühle erlebt: Ohnmacht; das Bedürfnis, sich der Aufgabe zu entziehen; Verwirrung, ja Angst, wenn wie der ein Lösungsversuch scheitert.

In der Aus- und Fortbildung haben wir dann bei vielen Wiederholungen des kleinen Experiments bestätigt gefunden, wie wichtig diese sinnlichen Erfahrungen (statt nur des »Wissens« darüber) sind: etwas nicht zu können; durch Fehler Zeit zu verlieren, in der wachsenden Verwirrung ziellos herumzuprobieren; mit Selbstzweifeln aufzugeben. Ihnen ist immerhin erspart geblieben, im Augenwinkel mitzubekommen, dass der Nachbar schon weiter ist; ständig aus dem Nachdenken gerissen zu werden, wenn die Lehrerin Anweisungen oder Hilfen gibt; vor der Gruppe an der Tafel zu stehen und die Zeichen für »Boot« nicht mehr zusammenzubekommen.

Die Blockaden, die Verwechslung ähnlicher Zeichen, die Auslassung oder blinden Versuche, irgendetwas zu Papier zu bringen (»eben hab' ich's doch noch gewusst!«), gleichen so auffallend dem Verhalten sogenannter »Legastheniker« und anderer, die Schwierigkeiten beim Lesen und Schreiben(-lernen) haben, dass wir sehr vorsichtig geworden sind, was die Deutung und Einschätzung von Fehlern betrifft – oder gar die Zuschreibung von Ursachen. Orientierungslosigkeit, Angst, Konkurrenzdruck, Misserfolg sind nicht nur Begleiterscheinungen der Begegnung mit einem fremden Zeichensystem. Sie beeinträchtigen auch durchaus vorhandene Fähigkeiten, es zu begreifen. Auf diese Weise kann sich ein Teufelskreis entwickeln, aus dem Kind und LehrerIn nicht mehr herausfinden (vgl. die Analysen und Hilfen zum »Teufelskreis Lernstörungen« bei *Betz/Breuninger 1982*).

Diese Schwierigkeiten zu verstehen und mehr Verständnis für die Lese- und Schreibversuche der Kinder zu zeigen, ist aber nur der erste Schritt. Wie können wir ihnen den Zugang zur Schrift(sprache) inhaltlich erleichtern? Zunächst einmal müssen wir uns klarmachen, in welchen Eigenheiten und technischen Details unserer alfabetischen Schrift der gedankliche Teufel sitzt.

Anhand unseres Selbsterfahrungstests stellen wir acht solcher »kritischen Punkte« dar, die die Kinder sozusagen »knacken« müssen, um sich innerhalb des so gewonnenen gedanklichen Rahmens spezifische Fertigkeiten und Kenntnisse des Lesens bzw. Schreibens aneignen zu können.

> 1. Schrift ist nicht bloß grafischer Schmuck oder gar ein beliebiges »Spuren«-Machen, sondern sie »trägt Bedeutung«, steht also für etwas anderes, ist somit »Zeichen«.

Konkret: Schrift kann dienen zur Kennzeichnung von Gegenständen usw. (Etiketten, Schilder); zur Klärung eigener Gedanken und Erfahrungen (Entwürfe, Übersichten); zu ihrer Aufbewahrung für später (Notizen, Tagebücher); zu ihrer Mitteilung an andere (Briefe, Zeitungen, Bücher). Erst diese Einsicht in die soziale und geistige Funktion von Schriftsprache und ihre verschiedenen Verwendungsformen vermittelt ein Vorverständnis und die Motivation, sich mit den technischen Aspekten der Schrift auseinander zu setzen (s. Kapitel 8, → Lernfelder Z und F).
Auch ohne konkrete Inhalte lesen und schreiben zu können, begreifen Kinder etwas von dieser Bedeutung der Schrift, wenn Erwachsene ihr eigenes Alltagsverhalten kommentieren: beim Schreiben des Einkaufszettels, bei der Suche der Zuckerpackung im Supermarkt, bei der Wahl der Straßenbahnlinie; oder in der Schule: beim Anschreiben des Tagesplans; beim Vorschreiben eines Elternbriefs an der Tafel, den die Kinder abmalen; beim Nachschlagen in einem Sachbuch; beim Suchen von CHRISTAs Heft.
Bei unserer Aufgabe war vorgegeben, dass die Zeichen Bedeutung tragen. Aber bei der Betrachtung von Knotenschnüren oder Ornamenten auf antiken Weinkrügen lässt sich in etwa nachvollziehen, wie unsicher der »Zeichen«-Wert unbekannter Muster sein kann. Ein Beispiel dafür ist die unter Kindern noch zu Schulanfang häufige Vermischung der Begriffe »Zahl« und »Buchstabe« und die entsprechend sorglose Mischung der Zeichen aus beiden Systemen in ersten Schreibversuchen.
Bald aber scheiden die Kinder Buchstaben von Zahlen. Schon früh akzeptieren sie z. B. auf die Frage »Was ist gut zum Lesen?« die Folge 2222 (als »Telefonnummer«), aber nicht BBBB (»das gibt es nicht«). Später dann sind Zahlen generell »nicht gut zum Lesen«, wohl aber Zeichen, die aus Elementen unserer Buchstaben neu zusammengesetzt sind. In solchen Antworten wird sichtbar, wie die Kinder aus ihrer Alltagserfahrung Konzepte über Schrift und Zahlen bilden – lange ehe sie lesen und rechnen können.

> 2. Kinder müssen begreifen, dass Schrift nicht äußerliche, sinnlich wahrnehmbare Eigenschaften von Gegenständen oder Handlungen abbildet, sondern Hinweise auf den Klang von Wörtern bzw. eine Anweisung für ihre Aussprache gibt.

Vor dieser Frage standen auch Sie in unserer Aufgabe: Handelt es sich um eine Begriffsschrift, in der jedes Wort ein eigenes Zeichen hat, oder gar um eine stilisierte Bilderschrift, in der grafische Ähnlichkeiten auf eine Bedeutungsverwandtschaft hinweisen? Dann müssten z. B. »Dogge« und »Puma« als Tiere durch ähnliche Zeichen dargestellt sein (und durch deutlich andere als »Banane«). Andererseits fallen nicht nur Erwachsenen wiederkehrende Einheiten in Wörtern mit unterschiedlicher Bedeutung auf. Plausibel wäre deshalb auch die Hypothese, dass die Wörter aus kleineren Bedeutungselementen zusammengesetzt sind. Die einzelnen Zeichen würden dann Begriffselemente bezeichnen wie die ägyptischen Hieroglyphen. So könnte sich »Dogge« aus »Hund« und »gelb« und »groß« zusammensetzen.

An unser Alfabet gewöhnt, haben Sie vermutlich gleich nach einem Lautbezug gesucht. Das aber ist für Kinder nicht selbstverständlich. So hat es durchaus seine eigene Logik, wenn Schulanfänger Schriftzeichen gegenständlich-analog verwenden, z. B. viele Buchstaben für einen großen oder für einen wichtigen Menschen. Im Unterricht Wörter nach Schreibweise und Klang zu gruppieren kann Kindern bewusst machen, dass es nicht die Bedeutung ist, die sich in ähnlicher Schreibweise niederschlägt (s. aber unten Einsicht 8).

3. Die Kinder müssen als Nächstes herausfinden, welche Einheiten der Schrift mit welchen Einheiten der Sprache korrespondieren, d. h. auf welche Teile der gesprochenen Sprache sich die einzelnen Schriftzeichen beziehen.

Wir nehmen den sogenannten »Fonem«-Bezug unseres Alfabets als fast naturgegeben. Das war auch ein Knackpunkt in der Testaufgabe. Der Lautstrom ist ja kontinuierlich, und ein Schriftzeichen oder eine Zeichengruppe könnte für eine ganze Aussage, für ein Wort, für eine Silbe oder für einen willkürlich bestimmten Lautaspekt stehen.

Irritierend an der zweiten Zeile sind die sieben Einheiten, die unseren drei Wörtern »Dogge«, »Puma« und »Banane« entsprechen sollen. Anscheinend fasst der Oberstrich keine Bedeutungseinheiten (»Wörter«) zusammen (wie in unserer Schrift durch die Leerstelle markiert), sondern Sprecheinheiten. Dass beide nicht übereinstimmen, belegt folgendes Beispiel: »Geht Theo weg?« sprechen wir als /ge: te:o wek/, d. h., wir machen eine winzige Pause *innerhalb* von »geht«, verschleifen andererseits die beiden /t/ über die Wortgrenze hinweg. Unser selbstverständliches Reden von »Wörtern« verdrängt diese Schwierigkeit der akustischen Analyse, die wir den Kindern oft mit einem ungeduldigen »Hör doch mal genau hin!« abverlangen *(ausführlicher zu diesem Problem: »Kinder auf dem Weg zur Schrift«, Kapitel 10 und 11).*

In mittelalterlichen Schriften ebenso wie bei den Vorschulkindern finden wir häufig Sätze ohne Wortunterteilung *(s. Kapitel 4)*. Andere Kinder schreiben phasenweise nur Anfangsbuchstaben zur Kennzeichnung des ganzen Wortes (»M« für MAMI); oder sie repräsentieren nur die Konsonanten (»MM« für MAMI), wieder andere nur die Vokale (»AI« für MAMI).

Wir sehen in diesen Verkürzungen der Kinder kein Wahrnehmungsproblem oder gar eine Schwäche der auditiven Wahrnehmung, sondern einen Denkversuch, mit dem das Kind erste Einsichten in den Lautbezug der Schrift zu systematisieren versucht *(Kapitel 8, → Lernfeld A)*.
Erschwert werden diese Ordnungsversuche durch die vokalisch an- oder ausklingenden Konsonanten-Namen. Schreibungen wie »SO« für ESSO; »SN« für ESSEN; »NT« für ENTE sind die Folge. Erschwert werden sie auch durch mehrgliedrige Schriftzeichen, die für nur einen Laut stehen (»sch«, »ck«, »ie« usw.) und durch die oft beklagte Mehrdeutigkeit einzelner Schriftzeichen (mit dem letzten Problem haben wir Sie in dem Test ganz verschont!).
Schon die sehr vereinfachte Schrift unserer Aufgabe macht deutlich, welche Denkleistungen notwendig sind, um aus einzelnen Beispielen die (uns Schriftkundigen natürlich erscheinenden) Grundmuster zu abstrahieren. Zugleich werden Sie bei Lösungsversuchen in einer Gruppe bemerkt haben, wie stark jeder Einzelne auf Hypothesen angewiesen war, die Sie aus Ihrer persönlichen Erfahrung mit Symbolen gewonnen haben.

4. Kinder müssen erkennen, dass die Raumlage, dass die Reihenfolge und die Richtung der Buchstaben(folge) bedeutungsvoll sind.

Europäer sind daran gewöhnt, von links nach rechts zu schreiben und zu lesen. Entsprechende Schwierigkeiten hatten Sie mit der Aufgabe. Was für uns selbstverständlich ist, stellen Beispiele aus anderen Kulturen in Frage (z. B. das Hebräische). Aber auch Kinder machen die Erfahrung, dass Apfel, Kirsche und Birne »Obst« bleiben, gleich welche Frucht links oder rechts liegt – auch auf einem Bild. Aber aus NEGER wird REGEN, aus dem harmlosen SIE ein kaltes EIS, wenn man die Leserichtung vertauscht.
Und die Erfahrungen der Kinder mit Zahlen in ihrer Umwelt stören zusätzlich: Schon vor der Schule lernen Kinder Hausnummern wie 46 (»sechs-und-vierzig«) kennen. Noch komplizierter ist die Sprechweise dreistelliger Ziffern: 123 = »ein-hundert-drei-und-zwanzig.

Schreibweisen wie LLIWILL und INNEB (für *Willi* bzw. *Benni*) sollten da nicht verwundern. Schließlich haben die Kinder als Säuglinge mühsam lernen müssen, dass Objekte gleich bleiben, wenn sie ihm Raum gedreht werden (vgl. dagegen d/b/p/q, n/u, oder W/M) oder wenn sie größer bzw. kleiner werden (vgl. dagegen w/W oder p/P).

Vielleicht haben Sie auch überlegt, ob Sie die Links- oder Rechtsschleife in der Aufgabe gleich behandeln sollen. Möglicherweise haben Sie aber ohne viel Nachdenken Ihrer Gewöhnung an das Alfabet vertraut – so wie umgekehrt die Kinder ihrer Alltagserfahrung vertrauen. Erst wenn die Kinder an Beispielen, d. h. an Verwechslungsmöglichkeiten begreifen, welche Folgen diese Unterschiede haben, macht es Sinn, diese Konvention durch Übung zu automatisieren *(Kapitel 8, → Lernfeld B)*.

Probieren wir es also von rechts nach links: »Rhombus« für /t/ und »Linksschleife« für /b/ machen Sinn – wenn wir annehmen, dass in dieser Schrift der Wortanfang nicht groß geschrieben wird. Die Unterscheidung von Groß- und Kleinbuchstaben ist überhaupt eine Komplikation: Derselbe Laut wird durch zwei verschiedene Zeichen dargestellt. Lassen wir die Kinder in der ersten Zeit in Steinschrift, also in Blockbuchstaben (mit der Hand) »drucken«, räumen wir ihnen die Schwierigkeiten dieser Doppelzeichen und damit ein ganzes Päckchen von Schwierigkeiten aus dem Weg.

> 5. Kinder müssen erkennen, welche Lautmerkmale bzw. -unterschiede in ihrer Sprache überhaupt bedeutungsunterscheidend – und damit sogar bewusst zu vernachlässigen sind.

Der Vergleich von »Boot« und »Tod« in der Schrift des Alten wirft auch für uns noch weitere Probleme auf. Für ein <o> (in unserer Schreibung von »Tod«) und für zwei <oo> (in »Boot«) finden wir jeweils nur einen Strich. Hier führt uns unsere Schriftgewöhnung in die Irre. *Hören* werden Sie jeweils ein geschlossenes /o:/. In dieser Sicht ist auch verständlich, warum der Alte »Tod« am Anfang und am Ende mit demselben Zeichen schreibt: Beide Male sprechen wir ein stimmloses /t/. Die Schreibung des Lautes /t/ als <d> soll ja nur die Wortverwandtschaft (<Todes>) grafisch sichtbar machen und damit das Lesen erleichtern (s. auch <tödlich>). Aber wenn das Kind diese Logik begriffen hat, muss es sich auf <tot> und <töten> einstellen – kein Wunder, dass manche Kinder an ihren Versuchen (ver)zweifeln, die Baumuster unserer Schrift zu begreifen…

So scheint auch die nächste Zeile in den Eintragungen des Alten alles über den Haufen zu werfen, was wir gerade mühsam auf die Reihe gebracht haben. Als gebrannte Kinder fangen wir bei der Entschlüsselung von »Dogge« rechts an. Aber da hört man beim besten Willen kein stimmloses /t/ am Anfang. Trotzdem beginnt der Alte mit dem »Rhombus«. Allerdings ist der ein wenig breiter. Ob das etwas mit dem Kontrast der Laute /d/ und /t/ zu tun hat?

Nein, die Lösung liegt darin, dass in der Schrift des Alten der Kontrast stimmlos–stimmhaft grundsätzlich nicht markiert wird, wie wir auch an demselben Zeichen zu Beginn von »Puma« und »Banane« sehen können.

Im Deutschen klingen »ich« und »ach« im Auslaut ganz anders, trotzdem benutzen wir dasselbe Zeichen. Auch der Unterschied zwischen Rachen-R und Zungen-R ist im Deutschen nicht bedeutungsunterscheidend; ebenso würden wir ein /th/ als gelispeltes /s/ »wahrnehmen«, während Angelsachsen »to sing« und »the thing« mit diesen Lautvarianten unterscheiden.

Andererseits legt das Deutsche großen Wert auf den Unterschied »stimmhaft/stimmlos« (vgl. b/p, g/k usw.) – und diese wiederum nur scheinbare Selbstverständlichkeit hat Ihnen vermutlich bei der Aufgabe einige Schwierigkeiten gemacht.

Bei den Vokalen bezeichnen wir im Deutschen verschiedene Qualitäten sehr deutlich, während konsonantische Schriften sie ganz vernachlässigen. Umgekehrt bezeichnen wir die Länge recht unregelmäßig (s. <Waage> vs. <Wagen>). Genau dies aber ist ein zentrales Merkmal der Silbenschrift in unserer Aufgabe.

Vor allem bei den letzten beiden Wörtern des Alten lässt sich trefflich streiten: Das zweite Wort (von rechts!) entziffern wir noch relativ problemlos als »Dom«, aber beim ersten haben die Lösungen »Kanu«, »Gene« und Kino« in unseren Kursen und Seminaren heftige Kontroversen ausgelöst. Die »Rechtsschleife« nicht nur als /g/, sondern auch als /k/ zu deuten, wird durch die Analogie zu den identischen Zeichen für /b/ und /p/, für /d/ und /t/ noch als systemlogisch akzeptiert. Aber hören Sie am Ende dieser Wörter einen kurzen – oder doch einen langen Vokal? Wir empfehlen Ihnen, jedes Wort mehrmals hintereinander genau vor sich hin zu sprechen. Sie werden dann Ihrem eigenen Gehör immer weniger trauen und vielleicht die Verwirrung der Kinder besser verstehen, die sich gutwillig bemühen, »genau hinzuhören«…

Dialekte verschärfen diese Schwierigkeit noch einmal, z. B. wenn die Hessen von der »Muße« geküsst werden oder die Kölner sonntags in die »Kirsche« gehen. Diese Kinder stehen vor keinem anderen Problem als Japaner, die »Blut« und »Brut« nicht unterschiedlich aussprechen können. Gerade für Kinder anderer Muttersprache gilt: Je stärker deren Laut-Gruppierung von unserer (durch die Schrift geprägten) Standardaussprache abweicht, umso schwieriger wird es, eine Systematik in der Entsprechung von Sprech- und Schrifteinheiten zu entdecken.

Der Versuch zu klären, ob PUMA im Auslaut lang oder kurz klingt, hat Ihnen vielleicht deutlich gemacht, in wie hohem Maße wir auf unsere Schreibgewohnheiten angewiesen sind, um richtig zu hören *(Kapitel 8, → Lernfeld L)*.

Wir zwingen die Kinder, ihr Schreibsystem in einer Art Treibsand zu verankern, wenn wir bestimmte Schreibweisen sozusagen als logische Folge akustischer Unterschiede einführen. Zumal wenn wir ihnen erklären, dass sie in »Ofen« und »offen« beide Male »ein O« hören, nur einmal sei dieses »kurz« und einmal »lang«. Die Kinder aber stellen fest, dass sich ihr Mund jeweils ganz anders anfühlt. Wieso sind also »die beiden O's« einander ähnlicher als etwa /a:/ und /o:/, die durch verschiedene Buchstaben bezeichnet werden? Für uns ganz ärgerlich wird es beim /e/ in »Dogge«. Erst die weiteren Beispiele lassen uns erkennen, dass in der Schrift des Alten die Art der Vokale offensichtlich nicht berücksichtigt wird. Der kleine Einzel- oder Doppelstrich markiert lediglich die Länge oder Kürze der Silbe, und die Silbe ist auch die Einheit, die durch den geschwungenen Oberstrich zusammengefasst wird. Aber wie widersinnig, für »lang« *einen* und für »kurz« *zwei* Striche zu setzen! Ja, nach unserer Schrifterfahrung gewiss. Aber wie wenig begründbar ist es auch, dass wir in unserer Schrift *zwei Konsonanten* nach kurzem Vokal verwenden. Manche Kinder, die einen Sinn in dieser Anordnung suchen, werden von ihren LehrerInnen mit der Formel getröstet, die beiden Konsonanten müssten den »schnellen« Vokal »bremsen«…

Wir verdauen jetzt ohne weiteres Murren, dass das <gg> in »Dogge« beim Alten nur durch *eine* Linksschleife repräsentiert ist: man *hört* ja auch nur *ein* /g/ (oder doch ein /k/ ?!?). Wir finden uns auch damit ab, dass der Alte am Ende von »Puma« anscheinend ein *kurzes* /a/ hört.

Denn jetzt können wir selbst »Beet«, »Bett« und »Tomate« schreiben (schön von rechts nach links, damit Sie mal ein bisschen nachfühlen können, wie es einem Linkshänder geht, den wir zwingen, entgegen seiner Bewegungsrichtung zu schreiben; eine Musterlösung finden Sie wie bereits oben angekündigt auf *S. 200).* – Einige »Kleinigkeiten« sollten wir aber über unser Erfolgserlebnis nicht vergessen.

6. Die Kinder müssen lernen, dass die Beziehung zwischen Schriftzeichen und Laut willkürlich ist.

Aus der Formähnlichkeit von Buchstaben lässt sich nicht auf Klangähnlichkeit von Lauten schließen. Für Bilder gilt: Wenn man beim Besen die Bürste wegradiert, wird ein Stock daraus – wie im Alltag. Wenn man aber beim großen <E> einen Strich wegradiert, wird nur in der Schrift ein großes <F> daraus – lautlich kann man kein /f/ erzeugen, indem man beim /e/-Laut etwas »weglässt«. Kinder aber suchen nach solcher Logik, selbst wenn wir versuchen, durch Drill ihre individuellen Ordnungsversuche zu überrumpeln. Solche Lernprozesse brauchen Zeit. Hilfreich ist für Kinder, wenn sie ihre Erfahrungen im handelnden Umgang mit Material abstützen können. Die fünf Elemente des ABC von *M. Sauer-Philippek* (als Stempel erhältlich beim Verlag für Pädagogische Medien) ermöglichen es den Kindern, alle Buchstaben zu konstruieren und sich durch den Auf-, Um- und Abbau deren Grundmuster und deren formale Verwandtschaften bewusst zu machen. Solche Experimente helfen ihnen auch bei der nächsten Einsicht in unser Schriftsystem *(Kapitel 8 → Lernfeld B).*

7. Die Kinder müssen aus konkreten Schriftbeispielen abstrahieren, welche grafischen Unterschiede die Identität einzelner Zeichen bestimmen und welche unwesentlich sind.

Schon beim Abschreiben der Zeichen für »Tod« und für »Boot« haben Sie möglicherweise Schwierigkeiten mit dem »Karo mit Querstrich« gehabt. Handelt es sich um drei Schreibvarianten desselben Zeichens, oder sind die Unterschiede in der Vorlage charakteristisch für verschiedene Zeichen? Hat z. B. das eine »Karo« ein längeres Unterdreieck, das andere dagegen ein gedrungenes? Oder sind die Unterschiede doch nur durch eine flüchtige Handschrift bedingt? Rein visuell (»Guck genau hin!«) kann man das nicht entscheiden – man muss das System begriffen haben. Gibt es (links in »Tod«) ein »Karo«, das beim Oberstrich einen Schlenker nach links oben hat, und eines, bei dem der Schlenker nach rechts unten zeigt? Oder hat der Oberstrich gar nichts mit den einzelnen Zeichen zu tun, sondern fasst er nur kleinere Einheiten zu einem größeren Baustein zusammen?

Der Versuch, die Wörter »Tod« und »Boot« abzumalen, macht insofern auch Schriftkundigen deutlich, dass es selbst beim Abschreiben nicht um ein motorisches Vervielfältigen visuell gewonnener Kopien geht, sondern um gedankliche Entscheidungen über die Bedeutsamkeit von Details. Die Dicke des Strichs ist in unseren westlichen Schriften gleichgültig, in anderen aber nicht. Unsere bewusst schlampig geschriebenen »KARO«-Zeichen haben Sie vielleicht auch überlegen lassen, ob es sich um Varianten desselben Zeichens handelt oder um verschiedene Zeichen. Übersetzt ins lateinische Alfabet: Eine Schleife unten rechts macht aus dem <O> ein <Q>; eine gleich große Schleife oben rechts ändert die Identität des <O> dagegen nicht.

Noch schwieriger ist das Schreiben-aus-dem-Kopf – trotz vorhergegangener Übung. Aber gerade weil wir dreimal »Tod« geschrieben haben, ist die Schreibweise von »Boot« schon in den Tiefen der Erinnerung versunken. Vor allem fällt auf: Kaum jemand malt die Wörter von einem visuellen »Foto« ab, kopiert sie sozusagen »ganzheitlich« zuerst vom Papier in den Kopf und dann wieder zurück. Ziemlich sicher haben auch Sie sich die Schriftzüge in leicht verdauliche Häppchen aufgeteilt und diese analog zu vertrauten Vor-Bildern benannt: »Rhombus mit Querstrich«; »kleiner Strich«; »gekipptes Alfa«; »hängende Linksschleife« o. ä.

Immerhin: Während Sie anfangs mit den Augen nach jedem Teilstrich wieder zur Vorlage gewandert sind, oft unsicher, welches Detail denn nun wichtig ist, können Sie nach einiger Übung und mit Hilfe Ihrer Eselsbrücken (die Sie vermutlich wie ein Kind leise vor sich hin flüstern: »Erst ein Karo, dann…«) die Zeichen aus dem Kopf schreiben. Das heißt aber: Sie haben aus den Beispielen Grundformen und Muster abstrahiert. Selbst das Schreiben mit der Hand ist mehr als bloße Mechanik, es beansprucht höhere geistige Funktionen.

8. Die Kinder müssen schließlich lernen, dass selbst die Beziehung zwischen abstrahiertem Sprachlaut und idealisiertem Schriftzeichen nicht eindeutig ist.

Denn das Lautprinzip unserer Schrift wird überlagert von grafischen Markierungen, z. B. der Wortverwandtschaft (WALD – WÄLDER), die die Sinnentnahme erleichtern sollen *(vgl. Kapitel 4)*. So muss das Kind die gerade mühsam erworbene Unterscheidung stimmhaft–stimmlos« wieder über den Haufen werfen, weil die verschiedenen Zeichen im Auslaut nicht unterschiedlich ausgesprochen werden. Manche Kinder ziehen daraus den Schluss, dass ihre vorhergehenden Ordnungsversuche falsch waren, und werden unsicher – womit wir wieder am Anfang unserer kleinen Aufgabe sind…

Ihre Erschöpfung am Ende dieses Tests entspricht der Erschöpfung vieler Schulanfänger am Ende einer Lese- oder Schreibaufgabe im Unterricht. Ständig werfen neue Beispiele gerade gewonnene Ordnungen über den Haufen. Oft weiß man nicht, ob eine mit Mühe gebildete Regel nur durch eine Ausnahme (für das neue Beispiel) ergänzt und relativiert werden muss oder ob die Regel durch das Beispiel selbst in Frage gestellt wird. Das aber macht deutlich: So wichtig das Üben von Fertigkeiten und die Festigung einzelner Kenntnisse sind – Lesen- und Schreibenlernen bedeuten zunächst und vor allem *gedankliche Ordnung der Erfahrungen mit Schrift*.

Wir müssen begreifen: Diese Leistung, für die die Menschheit Jahrtausende gebraucht hat, können Kinder nicht in wenigen Wochen oder Monaten erbringen.

Kinder entdecken die Schrift?

Kapitel 4

Kinder erfinden die Schrift – in 4 statt in 4000 Jahren!

Kinder versuchen, sich die Welt, in der sie leben, zu erklären, sie wollen immer genau wissen, warum etwas so ist, wie es ist. Dabei interessieren sie sich nicht nur wie der kleine Matthias dafür, warum man die Toten auf dem Friedhof begießen muss (er hatte seine Omi auf dem Friedhof beim Blumengießen beobachtet) – sondern sie versuchen auch, etwas über Technik herauszufinden, wie z.B. ein Fotoapparat oder eine Luftpumpe funktionieren oder wie die Streifen in die Zahnpasta kommen. Sie suchen Erklärungen für naturwissenschaftliche Phänomene, warum ein Schiff schwimmen, ein Flugzeug fliegen kann, wie Blitz und Donner entstehen und warum die Dinosaurier ausgestorben sind. Dabei stellen sie Hypothesen auf, die aus ihrer Erfahrungswelt und ihrem bereits erworbenen Wissen erwachsen.

Martin Wagenschein hat viele solcher Erklärungsversuche von Kindern in seinem Buch »Kinder auf dem Weg zur Physik« beschrieben, z. B. den von dem siebenjährigen Johannes, der sich das Phänomen des Schattens so erklärt:

»Die Sonne geht durch einen durch – und kommt hinten als Schatten wieder heraus. Und wenn keine Sonne da ist, gibt es ja auch keinen Schatten.«

Für Johannes gilt diese Erklärung noch so lange, bis sie durch den Erwerb neuer Erfahrungen oder neuen Wissens nicht mehr stimmig scheint und er seine Hypothese verändern muss.

Genauso versuchen die Kinder auch, sich die Funktion und den Aufbau unseres Schriftsystems zu erklären – und zwar oft schon lange, bevor sie in die Schule kommen. Die Erklärungen, die sie dabei finden, haben immer etwas mit ihrem ganz persönlichen Erfahrungshintergrund zu tun wie das o. a. Beispiel von Eveline deutlich macht, die einen Bezug zwischen dem Aussehen der Buchstaben in ihrem Namen und ihrer allmorgendlichen Kämmtortur herstellt *(s. oben S. 17)*. Die Einzelerfahrungen der Kinder sind dabei ganz unterschiedlich. Trotzdem kommen viele von ihnen zu ähnlichen Hypothesen über die Schrift – wie z.B. den Gegenstandsbezug, der bei Eveline eine Rolle spielt, aber auch bei den Kindern, die hinter einem langen Wort mit vielen Buchstaben einen großen Gegenstand vermuten *(s. oben S. 25, das Kuh-/Regenwurm-Beispiel)*.

Mit solchen Vorstellungen befinden die Kinder sich in guter Gesellschaft. Alle Schriften, die wir heute kennen und die sich über Jahrtausende entwickelten, haben ihren Ursprung in Bilderschriften, in denen zuerst die Dinge ganz gegenständlich abgebildet wurden. Diese Bilder wurden dann mit der Zeit immer mehr vereinfacht und schließlich zu Zeichen, die für etwas Bestimmtes standen *(Frutiger 1979, 15 ff.)*.

Wer sich etwas mit der Geschichte der Schrift auseinander setzt, hat es leichter zu verstehen, warum Kinder oft Schreibweisen entwickeln, die von unserer heutigen Rechtschreibung abweichen. Die ersten Bilderschriften, bei denen ein Zeichen für ein Wort stand, stammen von den Sumerern aus dem 4. Jahrtausend v. u. Z. Die Sumerer benutzten dann um 2500 v. u. Z. in ihrer Keilschrift die einzelnen Zeichen nicht mehr nur zur Darstellung von Begriffen, sondern taten den ersten Schritt zu einer lautorientierten Schrift, indem sie zusätzlich Zeichen zur Darstellung von Silben verwendeten. Auch die Ägypter erfanden mit den Hieroglyphen eine Schrift, die zum Teil aus bildhaften Zeichen und zum Teil aus Lautzeichen bestand.

In einem ersten Schuljahr, in dem die Kinder von Anfang an angeregt wurden, Schrift selbstständig zu verwenden, begannen einige Kinder damit, die Wörter, die ihnen beim Schreiben zu schwierig waren, durch Bilder zu ersetzen *(Abb. 1; Abbildungsnachweise s. u. S. 56).*

»Die Mama sitzt im Konzert«, liest Patricia vor.

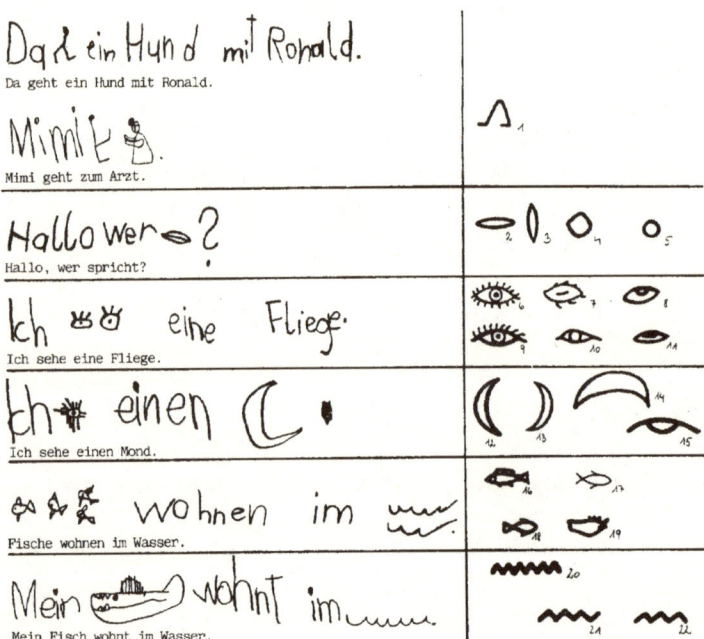

Abb. 1

Dies wurde in der Klasse rasch zur Mode, die Kinder erfanden immer mehr Bildzeichen, um sie in ihre Texte einzubauen.

Bildzeichen von Kindern im Vergleich zu Hieroglyphen und anderen frühen Bilderschriften.

Abb. 2

Die Ähnlichkeit zwischen der Kinder-»Schrift« und den Hieroglyphen ist dabei verblüffend *(Abb. 2).*

Die Phönizier wandten später vermutlich als erste das alfabetische Prinzip, also ein Laut gleich ein Schriftzeichen, konsequent an – allerdings verwendeten sie dabei nur Konsonanten, wie viele Kinder auch, die gerade das alfabetische Prinzip unserer Orthografie erkannt haben *(Abb. 3 und 4)*.

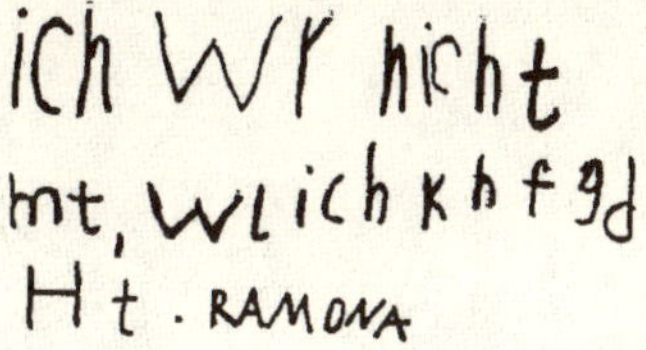

ich WR nicht

mt, wl ich K b f gd

H t . RAMONA

Abb. 3

```
W-r  br--cht  V-k-l-  z-m  L-s-n?

--n  g--bt-r  L-s-r  w-rd  --fgr-nd  s--n-r  Spr-ch-rf-hr-ng

b-ld  -n  d-r  L-g-  s--n,  --n-n  T-xt,  d-r  -hn-  V-k-l-

--fg-schr--b-n  w-rd-,  z-  -ntschl-ss-ln.

E-  i--  -e-o--  -ie-  ----ie-i-e-,  ei-e-  -e--  o--e  -o--o-a--e-

-u  -e-e-.
```

Abb. 4

»Ich war nicht mit, weil ich kein Fahrgeld hatte.« Skelettschreibung fast wie bei den Phöniziern.

Geschriebene Texte enthalten viele redundante Informationen. Deshalb sind auch unvollständig ausgeschriebene Texte lesbar. Im Gegensatz zu Texten ohne Vokale sind Texte ohne Konsonanten aber schwer zu lesen.

Ungefähr um 800 v. u. Z. entwickelten die Griechen aus dieser ersten lautbezogenen Schrift ein Alfabet, mit dem sie auch die Unterschiede zwischen den Vokalen abbilden konnten. Dieses griechische Alfabet bildetet die Grundlage für alle weiteren alfabetischen Lautschriften, auch für das heute auf der ganzen Welt am weitesten verbreitete lateinische Alfabet.

Über die Jahrtausende hinweg entwickelten sich auch nach und nach verschiedene Konventionen für den Umgang mit der Schrift, die immer stärker von den Bedürfnissen der LeserInnen bestimmt wurden: Je mehr sich Geschriebenes an eine große Leserschaft wandte, um so mehr wurden Vereinbarungen getroffen, um das Lesen zu erleichtern. Ursprünglich gab es in der Geschichte der Schrift beispielsweise keine festgelegte Schreib- bzw. Leserichtung. In phönizischen und auch frühen griechischen und lateinischen Texten wurde häufig von rechts nach links geschrieben. *(Abb. 5)*

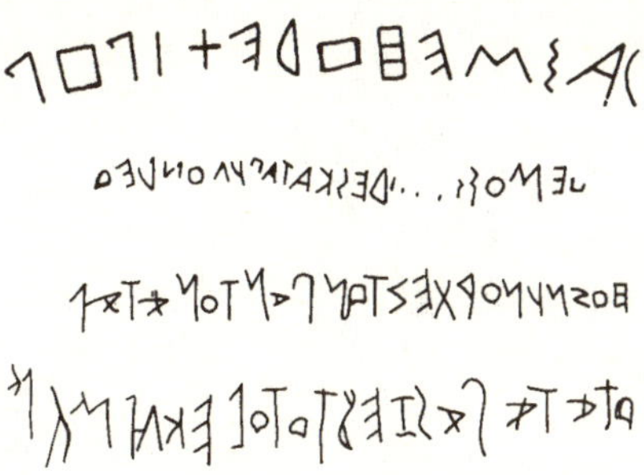

Abb. 5

Phönizische Texte wurden häufig von rechts nach links geschrieben.

*Felsinschrift
von Thera und
eine zeilenwendig
geschriebene
griechische
Gesetzestafel.*

Man fand aber auch Schriftstücke, in denen mal von rechts nach links, dann aber wieder von links nach rechts geschrieben wurde *(Abb. 6; siehe auch de Kerckhove, 1988, 153ff.)* und Schriften, die bustrophedon, d.h. zeilenwendig *(Abb. 7)*, fortliefen. Später wurde überwiegend die heute auch bei uns geltende rechtsläufige Schreibrichtung genutzt.

Ähnliches wie in der geschichtlichen Entwicklung der Schrift finden wir bei den Kindern, die beginnen, selbstständig eigene Texte nach der alfabetischen Strategie zu verschriften, und die die verabredeten Konventionen noch nicht kennen *(Abb. 8 und 9)*.

Abb. 6

Abb. 7

*Anneke
beschriftet ihre
Pferdezeichnung
ganz selbstver-
ständlich von
rechts nach links…*

Abb. 8

*…während Lisa
»Rolf-Dieter«
einfach auf der
oberen Zeile fertig
schreibt.*

Um den folgenden Brief *(Abb. 10)* richtig lesen zu können, muss man erst einmal herausfinden, welche verschiedenen Schreibrichtungen die Schreiberin an welcher Stelle benutzt hat.

Die Richtungswechsel haben bei den Kindern oft eine ganz besondere Bedeutung oder ergeben sich aus äußeren Bedingungen, weil man z.B. ein »Buch« falsch herum gedreht hat *(vgl.*

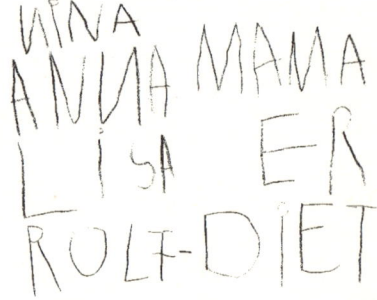

Abb. 9

Abb. 10

Lisa als Schriftstellerin, S. 87) oder weil in Sprechblasen die Schreibrichtung der Sprechrichtung (vom Mund weg) entsprechen muss *(Abb. 11)*.

Die vorangegangenen Beispiele sind alle schwer zu lesen – aber nicht nur, weil man erst einmal herausfinden muss, in welcher Richtung die Texte niedergeschrieben wurden – sondern

Lisa braucht in ihrer Freundschaftsgeschichte zwischen Katze, Maus und Wassermann keine trennenden Wortzwischenräume.

Abb. 11

Ihren Elefanten lässt Wiebke selbstverständlich in Sprechrichtung vom Rüssel weg täteretäten.

Abb. 12

auch, weil sowohl die Kinderverschriftungen als auch die phönizischen, die griechischen und später die römischen Texte zuerst durchgehend, also ohne Gliederung in Wörter, geschrieben wurden. Zum Schreiben braucht man eine solche Gliederung nicht. Der Lautstrom beim Sprechen, an dem man sich beim Schreiben orientiert, ist fortlaufend und nicht in Wörter unterteilt *(Abb. 12 und 13)*.

In einem kleinen Teil der antiken Texte findet sich später allerdings eine Markierung durch senkrechte Striche oder Punkte. Man nimmt an, dass schon damals die LeserInnen Schwierigkeiten

In ihrem Brief an Johannes (»Lieber Johannes ich komme bald wieder zu dir.«) verwendet Lisa gar ganz verschiedene Schreibrichtungen.

Ebenfalls ohne Wortzwischenräume hat der griechische Schreiber Archon seine Inschrift verfasst.

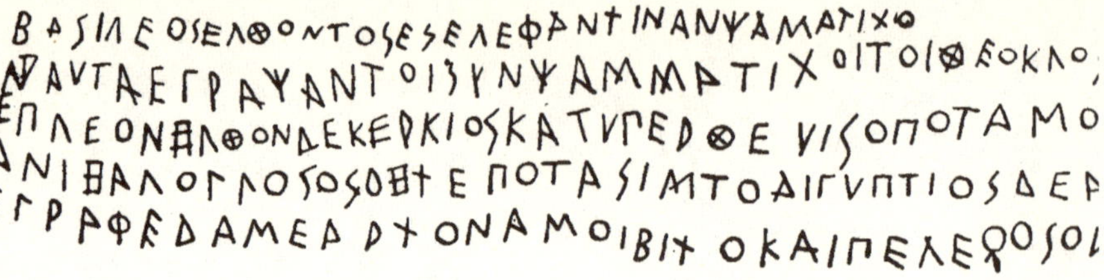

Abb. 13

mit den ungegliederten Schriften hatten und die Punkte und Striche zur Leseerleichterung eingesetzt wurden.

Punkte und Striche erleichterten bereits seit dem 6. Jahrhundert v. u. Z. das Lesen. Wie beispielsweise in der nebenstehenden, linksläufigen Bauinschrift aus Pompeji…

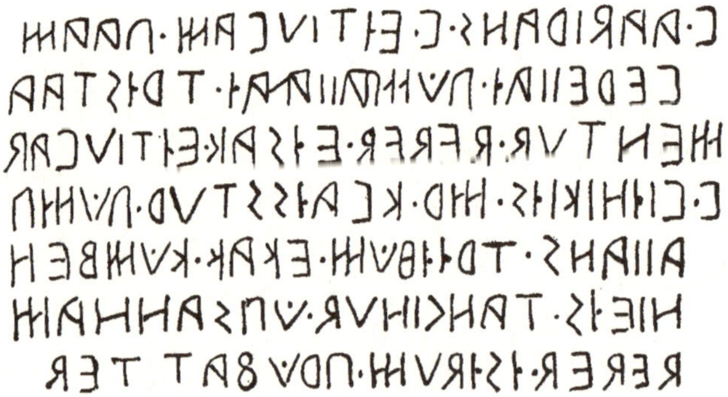

Abb. 14

oder

…in der 1818 gefundenen Grabinschrift aus dem 3. Jahrhundert v. u. Z. aus Lucerina in Apulien.

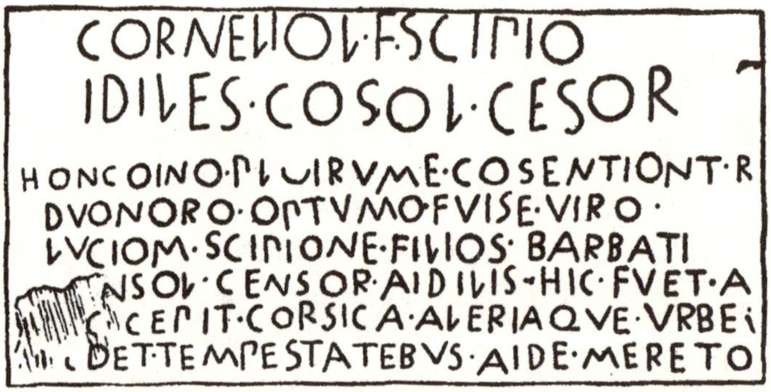

Abb. 15

Später hat man die Wortgrenzen gleich beim Schreiben durch ein Spatium, einen Zwischenraum, angezeigt. Eine konsequente Markierung der Wortgrenzen setzte sich allerdings erst im 8. Jahrhundert n. u. Z. durch (*vgl. Thomé 1992*).

Ähnlich machen es die Kinder, wenn sie verstanden haben, dass man die Wortgrenzen zur Erleichterung des Lesens markieren muss: Auch sie trennen die Wörter häufig erst durch Punkte oder Striche ab, bevor sie es schaffen, einen Zwischenraum zu lassen – denn einfach nur eine Lücke zu lassen ver-

LID-FRAØUGARLKnS
Ich-WÜSCh-DIE-Oƶ-OU-LANE-LEBƶT

Abb. 16

»Lücken lassen vergisst man leicht…« Für Kindern ist es einfacher, Wort-zwischenräume mit Punkten zu markieren.

gisst man leicht *(Abb. 16: Ich wünsche Dir, dass Du lange lebst)*. Mit der Schreib-maschine oder dem Computer ist dies einfacher: Dort muss man nur die Leer-taste zwischendurch drücken, um eine Leerstelle zu erzeugen.

Außerdem benutzen heutige SchreibanfängerInnen – ebenso wie ihre Vor-fahren in den historischen Beispielen – zuerst fast ausschließlich Blockschrift, also nur die großen Buchstaben, weil dies die Schrift ist, die sie oft schon in die Schule mitbringen und damit fast immer mindestens schon ihren Namen schreiben können. In der Entwicklungsgeschichte der Schrift lösten die Klein-

Abb. 17

Minuskeln traten erst im Mittelalter auf. Von Kindern erwartet man heute die Unterscheidung von Groß- und Kleinbuchstabe in der Regel aber bereits in der ersten Klasse.

buchstaben, die Minuskeln, erst im Mittelalter die Großschreibung ab. Unse-re ErstklässlerInnen aber sollen in der Regel sofort auf die Groß- und Klein-buchstaben umsteigen, d.h. für jeden Buchstaben zwei – oft recht verschie-dene – Formen lernen *(Abb. 17)*.

Kinder erfinden die Schrift also offensichtlich jeweils für sich neu und kom-men dabei zu ähnlichen oder sogar zu den gleichen Lösungen wie die Schrei-berinnen und Schreiber Jahrhunderte und Jahrtausende vor ihnen.

Nicht alle Kinder erfinden dabei auf ihrem Weg zur Schrift alle Stationen der historischen Schriftentwicklung nach – es gibt aber ganz bestimmte Einsichten in den Aufbau unserer Schrift, die alle Kinder gewinnen müssen, um zu kompetenten RechtschreiberInnen werden zu können: Sie müssen verstehen,

– dass man etwas aufschreibt, um etwas Inhaltliches festzuhalten – entweder für einen zukünftigen Leser, der gerade nicht da ist, oder für sich selbst als Erinnerungsstütze;
– dass man zum Schreiben ganz bestimmte verabredete Zeichen – die Buchstaben – benutzt;
– dass diese Zeichen etwas mit der gesprochenen Sprache zu tun haben und es eine gewisse Parallelität zwischen der Lautfolge und der Buchstabenfolge gibt;
– dass es neben diesem alfabetischen Prinzip aber auch noch ganz bestimmte Verabredungen für die Schreibweise von Wörtern gibt, die sich aus dem genauen Abhorchen der Lautfolge allein nicht erschließen lassen.

Wenn die Kinder diese vierte Einsicht gewonnen haben, beginnen sie Hypothesen aufzustellen, um hinter die »Tricks« für diese Schreibweisen zu kommen. Sie versuchen auch hier herauszufinden, wie die Orthografie funktioniert, und nutzen dafür ihr bereits erworbenes Wissen und ihren Erfahrungshintergrund – wie bei den naturwissenschaftlichen Phänomenen *(die Sonne geht durch einen durch – und kommt hinten als Schatten raus)*.

Wie logisch die Kinder dabei vorgehen, lässt sich am besten an ihren Fehlern ablesen:
Ein Kind schrieb z. B. das Wort Kanu nach langem Nachdenken so: KANUE
Diese Schreibweise erklärte das betreffende Kind folgendermaßen: »Das <e> habe ich da hingeschrieben, weil das <u> hinten so lang klingt!« In der Klasse war zuvor über das <ie> gesprochen worden…
Leider lässt sich die Schreibung eines Wortes aber nur in seltenen Fällen durch die Anwendung von Regeln sicher erschließen – unsere heutige Orthografie ist nicht einsinnig logisch aufgebaut, sie ist nicht aus einem Guss, sondern das Ergebnis vielfältiger historischer Einflüsse. In den einzelnen Schreibweisen wirken sich unterschiedliche Prinzipien mit unterschiedlichem Gewicht aus:
Das *Lautprinzip* (»schreibe wie du sprichst«) wird überlagert durch

– das *etymologische Prinzip* zur grafischen Kennzeichnung von Wortverwandtschaften (Hände/Hand, früher: Hende/Hant → aber Eltern/alt);
– das *historische Prinzip*, bei dem die Wörter in ihrer früheren Sprechweise lauttreu abgebildet werden, wie z. B. <li-eb>, auch wenn sich die Aussprache inzwischen verändert hat;
– das *Analogie-Prinzip*, bei dem die historischen Schreibweisen auf Wörter, die heute ähnlich gesprochen werden, übertragen werden (Übernahme des <e> nach dem <i> für das lang gesprochene /i:/ analog zu <lieb> und

das <h> als Längezeichen). Auch dieses Prinzip wird nicht konsequent eingehalten → ZIEL/IGEL, UHR/KUR (das <h> wurde im Übrigen früher als eine Aussprachehilfe in die Wörter eingefügt, in denen der Vokal zwar im Dialekt kurz, in der Hochsprache aber lang gesprochen wurde);

- das *semantische Prinzip*, das dafür sorgen soll, dass gleich klingende Wörter mit unterschiedlicher Bedeutung nicht gleich geschrieben werden: LID/LIED, SEITE/SAITE. Aber auch hier gibt es wieder Ausnahmen vom Prinzip: alle »Teekesselchen-Wörter«…;

- und schließlich das *grafisch-formale Prinzip:* Die Wörter sollten ästhetisch sein, also »schön« aussehen und nicht »komisch«: z.B. OHR statt OR und THRON statt TRON.

Was dabei als »ästhetisch« gilt, hat aber ganz viel mit Gewohnheit zu tun. Untersuchungen haben belegt, dass wir Dinge, denen wir schon begegnet sind – auch wenn wir sie nur unbewusst wahrgenommen haben –, als angenehmer empfinden als völlig Unbekanntes. Dies ist vermutlich auch der Grund dafür, dass so viele Menschen sich so vehement gegen die Rechtschreibreform wehren, in der z. B. das etymologische Prinzip sehr viel mehr zum Tragen kommen soll und für die Kinder die Schrift dadurch viel leichter durchschaubar macht!
Die aufgeführten Prinzipien helfen zwar, bestimmte Schreibweisen im Nachhinein zu erklären, ermöglichen aber nicht, bestimmte Schreibweisen vorherzusagen. Gerade dies versuchen jedoch die Kinder, wenn sie eines der Prinzipien entdeckt haben. Sie wenden es dann auf ihre Schreibungen z.T. sehr konsequent an und produzieren dabei Fehler, die uns zeigen können, wie viel sie schon von der Struktur und Systematik unserer Schrift verstanden haben, welche Prinzipien sie schon nutzen:

→ *Analogie-Prinzip: Rosiene* analog zu *Biene, imm* analog zu *immer, vertig* analog zu *verlaufen,* er *kahm* analog zu er ist *lahm, Pflöte* analog zu *Pferde, Wase* analog zu *Wasser, Valter* analog zu *Vater, Chefchen* (Schäfchen) analog zu *Champignons,* er *wäst* (wäscht) sich analog zu *Stein…*

→ *Etymologisches Prinzip:* er *kamm* von *kommen/ Blühte* von *blühen, Schietsrichter* von ?

Die Fehler der Kinder sind also nicht willkürlich, sondern zeigen, dass die Kinder versuchen, sich unsere komplexe Orthographie logisch zu erschließen. Dabei wenden sie oft richtige Prinzipien an – die aber leider nicht so konsequent in unserer Rechtschreibung durchgehalten werden, wie die Kinder dies erst einmal erwarten.

Werden diese logisch korrekten Fehler dann ohne Kommentar nur rot angestrichen, kann dies bei den Kindern zu der Einsicht führen, dass die Ortho-

Kinder wollen sich im komplexen System der Rechtschreibung zurechtfinden. Dazu brauchen sie Hilfe von kompetenter Seite, die auch einmal schriftlich angefordert werden kann, wie hier im Brief von Johannes an die Duden-Redaktion…

An die
Dudenredaktion
Postfach 311
6800 Mannheim 1

Liebe Dudenredaktion,

warum wird das Wort "sprechen" nicht mit "ä" geschrieben?
Es kommt doch von "Sprache"

Man schreibt ja "rächen" auch mit "ä", weil es von "Rache"
kommt.

Mit freundlichen Grüßen

… und die Antwort der Sprachhüter.

Betr.: Ihr Schreiben vom 19.08.1986

Sehr geehrter Herr B

für das 'e' in 'sprechen' gilt, was in dem Artikel 'ä/e' im
Duden 9, Richtiges und gutes Deutsch, gesagt wird· 'e' entspricht einer alten, mittelhochdeutschen Schreibweise, die
beibehalten wurde.

Mit freundlichen Grüßen

(Dr. Heribert Hartmann) (Dr. Wolfgang Müller)
Sprachberatungsstelle

Anlage

Abb. 18

grafie völlig diffus und undurchschaubar sei und man Rechtschreibung eigentlich nicht lernen könne.

Um den Kindern statt dessen zu helfen, das komplexe System der Rechtschreibung nach und nach immer mehr zu durchschauen und so zu erfolg-
reichen RechtschreiberInnen zu werden, müssen wir die Fehler der Kinder als
Problemlösungsversuche ernst nehmen und die Kinder zu einer kritischen
Fragehaltung ermutigen *(Abb. 18),* denn auch in der Rechtschreibung gilt: Kinder wollen wissen, *warum* etwas so ist, wie es ist!

Es ist nicht einfach, das, was sich in der Schriftgeschichte innerhalb von vier-
tausend Jahren entwickelt hat, in nur vier Jahren nachzuerfinden und die gewachsenen Konventionen und Prinzipien richtig anzuwenden.

Für diese schwierige Denkentwicklung sollten wir den Kindern in der Schule die bestmögliche Unterstützung geben
- mit einem Klassenraum, der zum Lesen und Schreiben einlädt,
- mit der Gestaltung von Situationen, die zum Lesen- und Schreiben herausfordern,
- mit Materialien und Aufgaben, die Einsichten in Regelungen und Prinzipien unseres orthografischen Systems provozieren,
- mit Arbeitstechniken und Hilfsmitteln, die das Lesen- und Schreibenlernen der Kinder unterstützen
- und mit einem veränderten Blick auf die Fehler der Kinder:
  Fehler sind keine Defizite, sondern Annäherungsversuche der Kinder an die komplexe Norm der Orthografie. Fehler gehören zum Lernprozess dazu. Sie sollten nicht als Makel geahndet, sondern als Lernanlass genutzt werden!

Man kann den Kindern zum Beispiel wie *Christa Erichson* jeden Tag einen besonders »harten Brocken« bieten und ein rechtschriftlich besonders schwieriges Wort diktieren, das noch nicht geübt wurde und von möglichst vielen Kindern nicht auf Anhieb richtig geschrieben werden kann, wie z. B. FAHRRADSCHLOSS oder FUCHS oder SCHIEDSRICHTER, und die Kinder sich gegenseitig erklären lassen, wie sie die Schwierigkeiten für sich gelöst haben.

Vux, Fugs oder Fuhx? »Harte Brocken« gehören zum Alltag – täglich verabreicht sind sie besser verdaulich.

Abb. 19

Man selbst darf natürlich auch kleine Tips geben, wenn die Kinder z. B. nicht von alleine darauf kommen, dass der SCHIEDSRICHTER etwas mit »entscheiden« zu tun hat.

Wir können den Kindern die Aneignung der Rechtschreibung nicht dadurch erleichtern, dass wir ihnen die orthografischen Schwierigkeiten aus dem Weg räumen – sozusagen in Form einer »orthografischen Diät«. Wie beim Spracherwerb auch sollten die Kinder der Schrift von Anfang an in ihrer vollen Komplexität begegnen und mit ihr so umgehen dürfen, wie sie sie für ihre eigenen Zwecke, z.B. freie Texte, brauchen.

Wir müssen lernen, dabei zu akzeptieren, dass sie dies auf ihrem jeweils unterschiedlichen Entwicklungsstand tun. Die Kinder vereinfachen in ihren Schreibungen die orthografischen Anforderungen individuell (wir nennen das »Fehler«) und sie tun es mit genauerer Passung, als es jede Didaktik, jeder Lehrgang, jede LehrerIn könnte.

Dafür brauchen sie Freiräume – vor allem Freiheit von normierter Leistungsmessung durch Ziffernnoten, die sich am fiktiven Durchschnittsschüler orientieren. Das hat nichts mit »Kuschelpädagogik« zu tun. Es ist vielmehr Ausdruck des Respekts für die kindlichen Denkleistungen und zugleich der beste Weg, sie zur individuell möglichen Höchstleistung herauszufordern!

Abbildungsnachweise für dieses Kapitel (S. 46–55)

Abb. 1, aus *Juna, J. (1995):* Die jungen Wiener schreiben wie die alten Griechen. In: Brügelmann/Balhorn (Hrsg.) (1995): Schriftwelten im Klassenzimmer. Ideen und Erfahrungen aus der Praxis. Libelle: Lengwil. S. 16 ff. – Abb. 2, Beispiel aus *Juna, J.:* Kreatives Schreiben statt abschreiben. In: Sandhaas, B. / Schneck, P. (Hrsg.) (1991): Lesenlernen – Schreibenlernen. Deutsche UNESCO-Kommission: Bonn. S. 81. – Abb. 3, aus *Spitta, G.:* Kinder entdecken die Schriftsprache. In: Valtin, R. / Naegele, I. (Hrsg.): »Schreiben ist wichtig!«. Arbeitskreis Grundschule e.V. 1986, S. 69. – Abb. 4, aus *Valtin, R. / Naegele, I. (1989):* Selbsterfahrungstests. In: Naegele, I. / Valtin, R. (Hrsg.): LRS in den Klassen 1–10. Beltz Verlag: Weinheim und Basel. 4. überarb. Aufl. 1997, S. 196, Set 5. – Abb. 5, aus *Nakanishi, Akira (1980):* Writing Systems of the World. Charles E. Tuttle: Rutland/Tokyo. S. 26. – Abb. 6, aus *Juna, J. (1995):* S. 22. – Abb. 7, aus *Nakanishi, Akira (1980):* S. 113. – Abb. 8; Abb. 9; Abb. 10; Abb. 12; Abb. 16, aus den Kinderheften von Lisa. – Abb. 11, aus *Balhorn, H. (1995):* »Schreiben ist wichtig«. In: Schriftwelten im Klassenzimmer, S. 211. – Abb. 13, aus *Jensen, H. (1969):* Die Schrift. Deutscher Verlag der Wissenschaften: Berlin. S. 449. – Abb. 14, aus *Jensen, H.:* S. 504. – Abb. 15, aus *Jensen, H.:* S. 517. – Abb. 17, aus Paul Maar, »der kleine A«. In: Onkel Florians fliegender Flohmarkt. – Abb. 18, aus *Naegele/Valtin (Hrsg.) (1997):* LRS in den Klassen 1–10; S. 164. – Abb. 19, aus: LRS in den Klassen 1–10, S. 196.

Öffnung des Unterrichts:

Kapitel 5

Es geht nicht um eine neue Methode,
die Pädagogik muss sich ändern

Die Perspektive, die wir als Alternative zum Lehrgang anbieten, heißt Öffnung des Unterrichts. »Offener Unterricht« ist eine Leitidee, aber keine Blaupause, mit der sich Klassenzimmer von einem Tag zum anderen verwandeln ließen. Darum bieten wir als Stütze auch Entwicklungsmodelle mit mehreren relativ groben »Stufen« an *(Kapitel 8, → Lernfeld A und Lernfeld S)* – obwohl wir zugleich an der Botschaft festhalten: Jedes Kind ist anders.

Pragmatisch geht es jedoch um eine allmähliche Differenzierung des Einheitslehrgangs. Und die gelingt den meisten LehrerInnen nur schrittweise *(s. dazu unseren »Fibelöffner«, Kapitel 10)*.

Diese Selbstbescheidung könnte missverstanden werden. In der Diskussion um eine Öffnung des Unterrichts erleben wir, wie die Kraft dieser Idee zwischen dem Reinheitsgebot der DogmatikerInnen und der oberflächlichen Anpassung der KonformistInnen verloren gehen kann.

Vier verschiedene Wochenpläne für eine sogenannte »Freiarbeit« können die Unterschiede anschaulich machen, auf die es uns ankommt: die zunehmende Selbstständigkeit der Kinder bei der Organisation und Verantwortung ihrer Arbeit. Einen Rechtschreiblehrgang zu zerschneiden und die einzelnen Seiten in Folientaschen zu stecken, mag Kinder entlasten von dem Druck, im Gleichschritt mit anderen arbeiten zu müssen. Auch im *Wochenplan A* geht es um eine solche Binnendifferenzierung nach dem Kriterium des Lerntempos. Sie verspricht

Wochenplan	Name:		A	
vom bis			fertig	kontrolliert
Schreiben:	Sprachbuch S. 24: Schreibe die Geschichte ab, beantworte die Fragen.			
Lesen:	Lesebuch S. 37: Lies die Geschichte mehrmals, bis Du es gut kannst!			
Rechnen:	Mathematikbuch S. 26, Aufgabe 5 a-d, 6 b und c, 7a-e. *Denke bei den Textaufgaben an Frage, Rechnung, Antwort!*			
Rechtschreibung:	Übe die Diktatwörter mit Deiner NachbarIn als Partnerdiktat.			
Sachunterricht:	Lies Dir die Geschichte vom Besuch bei der Post auf S. 33 durch und male einen Briefkasten. *Denke an die richtige Beschriftung!*			
Montag	Dienstag	Mittwoch	Donnerstag	Freitag

Hausaufgaben:

Schreibe eine Geschichte zum Thema: „*Ein Brief geht auf die Reise*". Überprüfe mit unserer Liste, ob Du an alle wichtigen Punkte gedacht hast!

Wiederhole das 1x1 der 5 und der 6! Laß Dich von Deinen Eltern abfragen!

Alles, was Du am Freitag noch nicht geschafft hast!

eine bedeutsame Entspannung der Arbeitssituation – aber auch nicht mehr. Eine Passung des Unterrichts auf den Entwicklungsstand und auf den Lernstil und die Interessen des einzelnen Kindes erreichen wir damit nicht.

Die Forderung einer Differenzierung nach Lernvoraussetzungen ist alt. Ihre Umsetzung ist immer wieder an zwei Schwierigkeiten gescheitert:

- an der Überforderung der LehrerInnen durch den Anspruch einer treffenden »Diagnose« des individuellen Lernstands und
- an ihren methodischen Möglichkeiten bzw. dem erforderlichen Aufwand, den Unterricht und einzelne Aufgaben passgenau aufzufächern.

In beiderlei Hinsicht kann es helfen, wenn Kinder selbst differenzieren: Erste Untersuchungen zeigen, dass sie mindestens so gut selbst entscheiden können wie die Lehrerin, und zusätzlich entlasten sie diese in organisatorischer Hinsicht *(Wochenpläne B, C und D).*

Wochenplan vom bis	Name:		B	fertig	kontrolliert
Schreiben	Schreibe einen Bericht über unseren Besuch beim Tierarzt in der letzten Woche!				
Lesen	Partnerlesen: Übe mit einem anderen Kind das Stück im Lesebuch auf S. 25 mit verteilten Rollen zu lesen.				
Rechtschreiben	*Nächste Woche schreiben wir das Diktat:* Übe den Text als Dosen-Diktat, Schleich-Diktat, Dreh-Diktat oder Hör-Diktat. (Für das Hör-Diktat mußt Du Dich rechtzeitig in die Liste für den Walkman eintragen!)				
Rechnen	1. Stelle Dir ein Blatt mit dem Einmaleins der 7 und ein Blatt mit dem Einmaleins der 9 her. Lerne sie auswendig und laß Dich von einem anderen Kind abfragen. 2. Mathebuch S. 27, Aufgabe 5 a-d *Zusatzaufgabe für Spezialisten: S. 28, Nr. 7*				
Sachunterricht	Male ein Kaninchen und einen Hasen und schreibe auf, worin sie sich im Aussehen und ihrer Lebensweise unterscheiden. > Informationen dazu findest du im Sachbuch S.33 - Du kannst aber auch andere Bücher aus der Klassenbücherei benutzen.				
Montag	Dienstag	Mittwoch	Donnerstag	Freitag	

Hinzu kommt, dass diese Wahlmöglichkeiten ein erster Schritt zu mehr Selbstständigkeit und Mitverantwortung der Kinder sind, auch wenn sich die Entscheidungsfreiheit im ersten Schritt auf die methodisch-organisatorische Ebene der Arbeit beschränkt *(siehe Wochenplan B).*

Von einer Öffnung des Unterrichts sollten wir also erst reden, wenn die Kinder – wie im Wochenplan B – wenigstens die Möglichkeit haben, selbst zwischen Aufgaben verschiedenen Inhalts oder unterschiedlicher Schwierigkeit zu wählen.

In bedeutsamer Hinsicht anspruchsvoller wird die Öffnung, wenn sich auch die Qualität der Aufgaben selbst ändert, zwischen denen die Kinder wählen können. Aus der Erkenntnistheorie wissen wir, dass jeder Mensch, ja jeder Organismus sich »die Welt im Kopf« individuell kon-struiert. Das bedeutet aber: Jedes Lernen baut auch inhaltlich auf den per-sönlichen Erfahrungen, den Denkmustern, den Strategien auf, die das ein-zelne Kind in seiner Biografie entwickelt hat.

Aufgaben, die verschiedene Lösungswege, möglicherweise gar unterschied-liche Lösungen zulassen *(vgl. Wochenplan C)*, werden dieser Einsicht besser ge-recht als Aufgaben, die nur »falsch« oder »richtig« kennen. Das freie Schrei-ben ist ein gutes Beispiel für eine solche »didaktische Öffnung« des Unter-richts (wie auch das »Rechnen auf eigenen Wegen« statt nach Normalverfah-ren der Subtraktion oder Multiplikation im Mathematikunterricht; vgl. *Selter/Spiegel 1997).*

Schulisches Lernen beschränkt sich aber nicht auf Erfahrungen mit Gegen-ständen, sondern schließt die Entwicklung der Persönlichkeit ein. In dieser Hinsicht sind zwei Gesichtspunkte wichtig.

Wir haben jedes Kind als in-dividuelle Persönlichkeit zu respektieren. Das schließt ihre Mitbestimmung über das eigene Leben – und Ler-nen ein. Nicht weil sie es un-bedingt besser könnten als die Erwachsenen. Aber deren Voraussicht (»Was brauchen diese Kinder in 20 oder 50 Jahren?«), deren Ein-fühlungsvermögen (»Was steckt in diesem Kind an be-sonderen Möglichkeiten?«) und deren erzieherische Fähigkeiten (»Welche Erfah-rungen, welche Aufgaben helfen diesem Kind am bes-ten, sein Potential zu ent-wickeln?«) sind der Ein-sichtsfähigkeit der Kinder nicht generell überlegen.

Die gesellschaftspolitische Kehrseite lässt sich auf die Formel bringen: Demokra-tie lernt man durch Teilhabe an der Demokratie. Kinder brauchen Chancen zu ler-

Wochenplan vom bis		Name:	**C**	
				fertig
Freies Schreiben: Am Freitag wird vorgelesen!		Schreib-konferenz		
Lesen:	Wähle Dir in der Leseecke ein Buch zum Lesen aus. Male ein Bild dazu!			
Rechnen:	1. Übe mit einer PartnerIn die Einmaleins-Reihen, die Dir noch schwer fallen: 2. Am Brett hängen die Rätselaufgaben von den anderen Kindern. Such Dir aus, welche Du bearbeiten möchtest. 3. Denk Dir auch eine Rätselaufgabe aus.	Vergleiche Deine Lösung mit anderen Kindern!		
Rechtschreibung:	1. Arbeit an der Rechtschreibung von Wörtern 2. Sammle Wörter, in denen das <a> lang klingt wie in Ameise. Ordne sie!			
Projekt Mittelalter:				
Montag	Dienstag	Mittwoch	Donnerstag	Freitag

nen, Verantwortung für die eigene Arbeit zu übernehmen. Für eine Schule (in) der Demokratie ist die pädagogisch-politische Öffnung des Unterrichts deshalb von besonderer Bedeutung. Sie kann individuell realisiert werden über »Lernverträge« zwischen einzelnen Kindern und der Lehrerin, *(siehe Wochenplan D)*, kooperativ über die Vereinbarung von Vorhaben auf Klassenebene und über die gemeinsame Regelung von Konflikten.

Gemeinsame Planung, individuelle Absprache, Selbstkontrolle und Rechenschaft vor der Gruppe *(s. den ausgefüllten Wochenplan D)* sind Anforderungen an einen Unterricht, dem es um mehr geht als die Vermittlung von Fertigkeiten und Kenntnissen.

Oft kann man lesen: Kinder brauchen beides – offene und geschlossene Lernformen. Dieses Kompromissangebot ist richtig und falsch zugleich.
Bezogen auf methodische Arbeitsweisen können sich z. B. Lehrervortrag, Gruppendiskussion, Experiment in Partnerarbeit und individuelle Lektüre produktiv ergänzen. In diesem Sinne brauchen wir auch »Frontalunterricht« als eine phasenweise Konzentration der Gruppe, wobei die Lehrerin erklärt, erzählt, orientiert und organisiert. In ähnlicher Weise ergänzen sich auch andere methodische Formen wie offenes Brainstorming von Ideen einerseits, gezieltes Üben von Teilleistungen andererseits, freie Texte über persönliche Erfahrungen und genaue Protokolle, individuell erfundene Rechengeschichten und systematisch aufgebaute Aufgabenreihen. Unterschiede zwischen schüler- und lehrerzentriertem Unterricht zeigen sich auf dieser Ebene möglicherweise nur in graduell unterschiedlichen Anteilen der genannten Arbeitsformen.

Woche vom bis Name: **D**		
Ich nehme mir für diese Woche vor:		
	besprochen, Tips für die Arbeit	fertig
Freies Schreiben:		
Lesen:		
Rechnen:		
Rechtschreibung:		
Vortrag halten:		
Gedicht lernen:		
Sonstiges:		
Montag	Dienstag	Mittwoch	Donnerstag	Freitag

Erkennbar wird die Offenheit eines schülerzentrierten Unterrichts erst, wenn wir didaktisch die Art der Aufgabe und pädagogisch ihre Einbettung in den sozialen Rahmen des Unterrichts betrachten. Und dann ist es nicht mehr so einfach mit der Idee eines »Nebeneinander« von Offenheit und Geschlossenheit.

Denn entweder wir betrachten Kinder (wie auch uns Erwachsene) als Konstrukteure ihres Wissens oder wir unterstellen eine andere Erkenntnis- und Lerntheorie. Dass wir alle die Welt im Kopf selbst konstruieren, bedeutet nicht, jedes Kind müsse das Rad immer wieder von neuem erfinden. Erklärungen können Wege eröffnen, Übungen können Verstandenes sichern. Aber Erklärungen und Übungen werden wir anders gestalten, wenn wir eine konstruktivistische Sicht haben, als wenn wir Lernen als bloße Nachahmung, Unterricht als Transport von Wissen verstehen. Wir werden diese Unterschiede konkret an unsere Beispielen zu den acht Lernfeldern in *Kapitel 8* verdeutlichen.

Nicht minder deutlich ist die qualitative Differenz auf der Ebene pädagogischer Öffnung. Kinder in der Eigenverantwortung für ihr Leben und damit auch für ihr Lernen ernst zu nehmen, kann nicht von Fach zu Fach oder gar von Aufgabe zu Aufgabe unterschiedlich sein.

Auch in dieser Sicht können Offenheit und Geschlossenheit nicht abwechseln. Respekt verdienen Kinder generell, wenn auch die Herausforderung und die Hilfe durch die Lehrerin unterschiedlich dosiert werden können. Insofern geht es (anders als in der methodischen Dimension) nicht um eine wechselseitige Ergänzung von selbst- und fremdbestimmten Phasen, sondern um die schwierige Balance der Erwachsenen-Rolle:

Woche vom bis	Name: *Niki*	**D**

Ich nehme mir für diese Woche vor:

	besprochen, Tips für die Arbeit	fertig
Freies Schreiben: *Geschichte weiterschreiben*	*Wann willst Du Dich für eine Schreibkonferenz anmelden? Freitag*	
Lesen: *Ronja Räubertochter*	*Denke daran, Dein Lesetagebuch weiter zu füllen*	
Rechnen: *Ich übe: 1×7, 1×8, 1×9*	✓ *Axel, Petra und Nina üben das gleiche*	X X
Rechtschreibung: *Wortlistentraining*	✓	X
Vortrag halten: *Fledermäuse*	*Schaffst Du es bis Montag in 2 Wochen?*	
Gedicht lernen: *Herbstvögel*	*Das Gedicht fehlt noch in unserem Gedichtbuch*	X
Sonstiges: *Drachen bauen*	*Frage Marc, der weiß, wo Du das Material findest*	
~~Montag~~	~~Dienstag~~	Mittwoch	Donnerstag	Freitag

- Eingehen auf die Erfahrungen des Kindes – aber auch Öffnung von Zugängen zu anderen Welten;
- Akzeptanz der Entscheidungen und Urteile des Kindes – aber auch Konfrontation mit anderen Positionen;
- Förderung seiner Neigungen – aber auch Herausforderung, an seinen Schwächen zu arbeiten;
- Respekt vor den Entscheidungen des Kindes – aber auch Schutz gegenüber Kräften, denen es ohne bewusste Entscheidung ausgeliefert ist.

Aus dieser Sicht ist die Schule nicht der Ort, an dem die Kultur der älteren Generation an die jüngere »weitergegeben« wird. Sie sollte vielmehr ein Ort der Begegnung sein, an dem ältere und jüngere Generation Normen und Sichtweisen der Welt miteinander aushandeln.

Zu Recht wird eingewandt, Kinder könnten die Folgen ihres Handelns nicht voll überblicken. Leider können die Erwachsenen es auch nicht. Weder sind sie kompetenter, die Bedürfnisse der Kinder einzuschätzen, noch können sie die Zukunftsperspektiven eines Kindes verlässlicher bestimmen.

Was aber bleibt dann noch von der besonderen pädagogischen Verantwortung der LehrerInnen?

Es bleibt ihre Pflicht, nach bestem Wissen und Gewissen die Entwicklungsmöglichkeiten des einzelnen Kindes zu erspüren, entsprechende Anforderungen zu stellen und sich mit abweichenden Vorstellungen des Kindes auseinander zu setzen. Aber verordnen lässt sich Entwicklung nicht. Lehrerinnen haben die Möglichkeit, über Herausforderung und Hilfe aktiv zu werden – aber mit Respekt für die Entscheidung, die das Kind selbst fällt. Ohne Bereitschaft und ohne Einsicht der Kinder sind nur oberflächliche Verhaltensänderungen möglich. Erzwungene Anpassung bleibt aber nicht nur äußerlich, sie verletzt auch das Recht des Kindes auf seinen eigenen Weg.

Ben – das Kind, das vor allem rechnen wollte

Eine Fallgeschichte zum Schriftspracherwerb*

»Papa, soll ich dir mal was sagen?«
»Jaaa…?«
»Das Leben ist wie eine Badewanne: Je länger man drin liegt,
desto mehr Falten kriegt man…«   (Ben: 9 Jahre; 9 Monate)

Zu Bens Vorstellungen, wie Schrift »funktioniert«, haben wir in *Kapitel 2* anek-
dotisch einige seiner Äußerungen berichtet. Im Folgenden stellen wir dar, was
und wie er konkret geschrieben bzw. gelesen hat. Damit wollen wir verdeutlichen, wie lang der Weg zur Schrift sein kann. Das gilt auch für Kinder, die
in einer schriftgeprägten Umwelt aufwachsen. Nur machen sie die ersten
Schritte schon vor der Schule, sodass ihre Schwierigkeiten für LehrerInnen oft
gar nicht mehr sichtbar werden *(vgl. dazu den zweiten Fallbericht »Lisa«)*. Doch
vorweg einige Anmerkungen zu der sozialen Umgebung, in der Ben der
Schrift begegnet ist.

Der Schriftalltag als Modell und Angebot
Bens Mutter ist Lehrerin. Zu Hause liest sie viel, sie korrigiert Hefte und
schreibt auch privat. Der Vater war in der Vorschulzeit meist am häuslichen
Schreibtisch zugänglich, sodass Ben auf der Schreibmaschine tippen und
leicht »ein Blatt Papier und einen Stift« bekommen konnte. Der Bruder Matthias ist 4 ½ Jahre älter und schon früh mit seinen Hausaufgaben als Leser und
Schreiber gegenwärtig gewesen. In seinem Regal stehen viele Bücher, noch
mehr im Wohn- und im Schlaf-/Arbeitszimmer. Ben selbst hat von Anfang an
(schon durch den größeren Bruder) eine reiche Auswahl an Bilderbüchern
und anderem Material mit Schrift in seinem eigenen Zimmer.
Die Eltern haben Ben viel vorgelesen, vor allem vor dem Einschlafen. Sie
haben ihn auch gelegentlich, aber nicht sehr häufig auf Schrift in Alltags-
situationen aufmerksam gemacht, z.B. beim Einkaufen oder beim Zeitung-

---

* Dies ist eine überarbeitete und erweiterte Fassung eines 1986 zum ersten Mal erschienenen Bei-
trags zu dem Aufsatz von Scheerer-Neumann, G., u.a. »Andrea, Ben und Jana. Selbstgewählte
Wege zum Lesen und Schreiben« in dem vergriffenen Buch: *Brügelmann, H. (Hrsg.)* (1986): ABC und
Schriftsprache – Rätsel für Kinder, Lehrer und Forscher. DGLS-Jahrbuch »lesen und schreiben« 1.
Faude: Konstanz (3. Aufl. 1991). S. 81–88. Eine ergänzende Passage (vgl. den Kasten zu Bens Re-
chenversuchen, S. 68) stammt aus »Kinder auf dem Weg zur Schrift« (Libelle: Lengwil; 6. Aufl.
1997, S. 170 f.).

lesen. Meist bezogen sich die Hinweise auf die Bedeutung, selten auf technische Aspekte der Schriftwörter. Auf behutsame Angebote, selber zu versuchen, etwas zu lesen oder lesen zu lernen, ist Ben nicht angesprungen. Zwar hat er sich immer wieder gern Fibeln, Spiele und Materialien aus der Sammlung des Vaters angeschaut, aber er ist dann auf den Inhalt (der Bilder), fast nie auf Buchstaben oder Wörter zu sprechen gekommen. Gelegentlich wollte er das eine oder andere Wort vorgeschrieben haben, in erster Linie seinen Namen oder die Namen der anderen Familienmitglieder. Ben ist also in einer an Material und Modellen schriftreichen Umwelt aufgewachsen, so dass er mit verschiedenen Verwendungsformen, d.h. mit der Funktion der Schriftsprache beiläufig vertraut wurde. Er hat aber keine systematische Vorförderung genossen, erst recht keine Einführung in den technischen Aufbau der Schrift. Seine (wenigen) Lese- und (häufigeren) Schreibversuche oder seine »Theorien« haben die Eltern mit Interesse und Anerkennung aufgenommen, bei sachlichen Fehlern in der Regel nur dann korrigiert, wenn er ausdrückliche Feststellungen traf (z. B. »Das heißt…«). Auch mit weiterführenden Erklärungen (»Das Schild heißt FOTO, weil…«) haben sie sich sehr zurückgehalten.

Die im Folgenden berichteten Situationen waren nicht arrangiert, ihre Beschreibung basiert auf raschen Notizen in der Situation bzw. auf den Produkten, die der Vater fortlaufend gesammelt, aber nicht systematisch dokumentiert hat. Bei der Deutung und Ordnung dieser Daten beziehen wir uns auf Kategorien der »Entwicklungsmodelle«, die wir an anderer Stelle (*Kapitel 8, → Lernfelder A und S*) als Stufen des Lesen- und Schreibenlernens skizziert haben (*vgl. auch »Kinder auf dem Weg zur Schrift«, S. 57–59, 158–159, 203–207*).

Bens eigene Wege in die Welt der Schrift

In der Zeit vor Bens 5. Geburtstag sind keine Lese- und Schreibversuche aufgefallen. Es gibt eine Reihe von Zetteln nur mit Kritzelschrift, die sich im Einzelnen nicht datieren lassen, aber mit Sicherheit aus seinem 6. Lebensjahr (5;1 bis 5;11) stammen: ein ganzes Blatt mit durchgehenden Auf-und-ab-Spuren wie bei der Handschrift, zum Teil wortartig unterteilt (*Abb. 1*). Das Prinzip der Linearität unserer Schrift ist also erkannt, ohne dass diesen Spuren eine bestimmte Bedeutung (»Das heißt…«) zugewiesen würde, während Ben andere Zeichen als Zahlen interpretierte.

Abb. 1

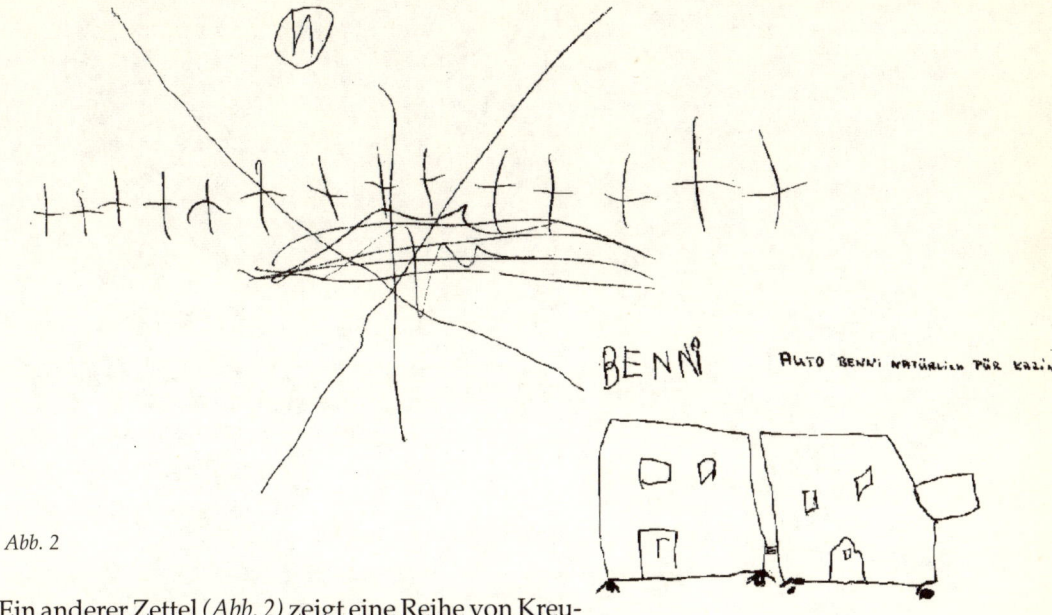

Abb. 2

Abb. 3

Ein anderer Zettel (*Abb. 2*) zeigt eine Reihe von Kreuzen (Prinzip der Reihung wiederkehrender Zeichen, aber noch nicht deren Variation durch Wechsel der Formen), außerdem ein spiegelverkehrtes »N« auf der Vorder- und ein mühsames, ebenfalls spiegelverkehrtes »B« sowie ein »N«, das mit Kritzeln fortgeführt wird, auf der Rückseite. Aus dieser Zeit (5;5) gibt es auch Bilder und andere Darstellungen mit seinem Namen »BENNI«. Die Eltern können aber nicht mehr sagen, wann diese Kennzeichnung anfing. Manchmal diktiert er auch etwas dazu (»AUTO BENNI NATÜRLICH FÜR KARIN«; *Abb. 3*). Ebenfalls etwa ein Jahr vor Schulbeginn experimentiert er mit Zahlziffern und Buchstaben (E, S, M) sowie mit buchstabenähnlichen Formen (*Abb. 4*).

Abb. 4

Auf der Schreibmaschine tippt er (mit 5;5) willkürliche Buchstabenfolgen, in denen sich zweimal »benni« und einmal »zoo« findet – eingegeben mit Großbuchstaben, ausgedruckt mit Kleinbuchstaben (*Abb. 5*; Rahmung der Wörter nachträglich von uns), wobei er den Hinweis auf ihre Gleichwertigkeit ohne Nachfrage akzeptiert.

Mit 5;2 sagt er zum Vater: »Ich will lesen lernen. Du sagst mir vor, ich sage nach.« Er hat also eine Vorstellung davon, dass die Sprache in Schriftzeichen steckt, weiß aber nicht, wie man diese selbstständig entschlüsseln kann. Auch Ziffern und Buchstaben unterscheidet er noch nicht: »Schreibst du Buchstaben?« (als der Vater Zahlen notiert). Mit 5;7 liegen Kinderpost-Telegramme

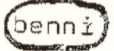

benni

edrfgvcxcvfgbghztrnnbnbennicxvvngftrzujhnbvcxselmn

qawsdexyxcvbmhjuretweüoiuzvcdsxyavcfdsaqw.kikjuzüp

dsfcvbnmjhzutrepoüztrewqüäölk,mnbvcxsdfrttzfüpoizh

zodüpoiuztredfg vmkioqayüpoizutrcbnnbvcxdfbghn *Abb. 5*

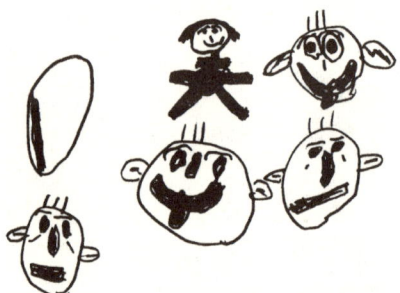

Abb. 6

Abb. 7

Abb. 8

vor, in die senkrechte Striche, Zahlen und Kritzellinien eingetragen sind, einmal auch »BENNI« *(Abb. 6)*. Die Differenziertheit seiner Zeichnungen in dieser Zeit (5;9) zeigen die lachenden und weinenden Gesichter *(Abb. 7)*. Mit 5;8 schreibt er einen »Reisepass« mit »BENNI« und (z.T. spiegelverkehrten) Zahlziffern *(Abb. 8)*. Sein Name taucht nun häufiger auf *(Abb. 9)*. Mit 5;9 entwirft er einen visuellen Unterscheidungstest für den Vater *(Abb. 10)*, nachdem dieser ihm Standardbuchstaben in Kartenpaaren zum Vergleich vorgelegt hatte (mit dem rein visuellen Wortvergleich hatte Ben keine Schwierigkeiten). Mit 5;10 bucht er von einem selbst geschriebenen »Konto« 20 Mark ab, indem er »Zwei Einsen und eine Null sperrt« *(Abb. 11)*. Mit 5;11 schreibt Ben »LIEBERHANS« (vermutlich von einer Vorlage ab). Auf verschiedenen Zetteln tauchen in dieser Zeit die Buchstaben O, A, P, H, M, F, W *(Abb. 12)*, vor allem aber Zahlen auf. Daneben gehen die Experimente mit unkonventionellen Kombinationen aus den Buchstabenelementen weiter *(Abb. 13)*. – Etwa mit 6 Jahren weist er auf das Ortsschild: »Da steht LEESTE«. Andere Wörter, die er in dieser Zeit (woran auch

Abb. 9

Abb. 10

immer) erkennt und auf einen Blick benennt, sind ZOO, POLIZEI und BENNI *(Abb. 14)*. Er hat auch eine Vorstellung von der Leserichtung: »Das [STUTTGART] fängt mit deinem [HANS] letzten an«.

Mit 6;0 markiert er auf einem »Scheck« die Wortgrenzen durch Kreuze und schreibt – neben BENNI – lautlich willkürliche Buchstabenfolgen *(Abb. 34; S. 76)*. Bereits genutzte (beherrschte?) Schriftmerkmale verlieren wieder an Bedeutung: Schreibrichtung und Raumlage einzelner Buchstaben verstoßen gegen die Konvention. Das passiert ihm im Folgenden nicht nur dort, wo Platzprobleme bestehen.

Einen entscheidenden Fortschritt in der Deutung der Beziehung von Schrift und Sprache zeigt seine Kürbis-Theorie von den Buchstaben, die beim Sprechen unsichtbar aus dem Bauch kommen, ein halbes Jahr vor Schulanfang (5;10 – *s. oben S. 23*).

Aber er kann sie noch nicht in eigenständige Lese- oder Schreibversuche umsetzen, während er im Rechnen schon relativ komplizierte Aufgaben nach selbst gefundenen Verfahren löst *(s. Kasten »Auch Mathematik erfinden Kinder auf ihre Weise«)*.

Abb. 11

Abb. 12

Abb. 13

Abb. 14

Vom Einfachen zum Schweren?
Auch Mathematik erfinden Kinder auf ihre Weise

Dank seiner Fußballerfahrung konnte Ben sehr früh sagen, dass ich noch zwei Tore schießen müsste, um beim Stand von 6:8 mit ihm gleichzuziehen. Wurde er aber gefragt, wie viel sechs und zwei ist, hätte er mit den Fingern zählen müssen. Und das immerhin zu einer Zeit, da er im Kopf und blitzschnell errechnet hat, dass 15 Pfennig und 10 Pfennig zusammen 25 Pfennig sind – wenn es darum ging, ihm wichtige Dinge zu kaufen.

Kurz nach seinem 6. Geburtstag verblüffte Ben mich mit der Feststellung: »50 und 49 ist 99.«

Auf meine Rückfrage: »Wie kommst du darauf?« erklärte er: »50 und 50 ist 100; aber 49 ist eins weniger, also sind es nur 99.« Zu derselben Zeit hat Benjamin gerne von 1 bis 100 gezählt. Dabei ergab sich stereotyp folgende Situation: Er zählte: »…37, 38, 39 – was kommt nach 39? …47, 48, 49 – was kommt nach 49?« Derselbe Junge, der wusste, dass 50 weniger 1 gleich 49 ist, fragte also, wie viel 49 *und* 1 ist. Oder mathematisch ausgedrückt: Benjamin konnte in einem Bereich subtrahieren, in dem er noch nicht addieren konnte. Für die Mathematik-Didaktiker ergänzen sich diese beiden Aufgaben, allenfalls geht das Addieren dem Subtrahieren voraus.

Ein anderes Beispiel: Benjamins grundlegende Zeiteinheit war in einer bestimmten Phase die halbe Stunde oder die Sesamstraße, die Kinderfernsehsendung also, die genau 30 Minuten dauert. Wenn wir auf der Autobahn nach Köln fahren, dann sind das anfangs noch sechs Sesamstraßen und zur Halbzeit nur noch drei. Benjamin hat auch schnell begriffen, dass zwei Sesamstraßen eine Stunde sind. Wenn man ihm sagt, dass es noch fünf Sesamstraßen dauert, bis die Omi zu Besuch kommt, dann sagt er zum Beispiel: »Das sind noch zwei Stunden und eine halbe.« Wenn man Ben aber fragt, wie viel ein und ein halbes Pfund Zucker und dazu noch ein halbes Pfund Zucker sind, wird er wütend.

Unsere Begriffe von »einfach« (Addieren im Einer-Bereich) und »schwierig« (Addieren mit Zehner-Übergang) versagen vor diesem Leistungsprofil ebenso wie unsere Vorstellung von der Einheitlichkeit mathematischer Operationen – unabhängig von ihrem Anwendungsbereich. Oder psychologisch ausgedrückt: Ben zeigt keinen Transfer, z. B. aus dem Zeit-Bereich in den Zucker-Wiege-Bereich. Die Welt im Kopf der Kinder organisiert sich nach einer anderen Logik als der Systematik der Fachwissenschaften, an denen sich unsere Schulbücher immer noch orientieren. Aufgabe der Schule ist es – wie bei der Rechtschreibung – den Weg vom einen zum anderen zu erleichtern. Von der Invention (Erfindung) zur Konvention (Vereinbarung) ist ein langer Weg.

In dieser Zeit bewältigt Ben auch schon mathematische Alltagsprobleme der folgenden Art: »Wenn 21 Uhr 9 ist, dann ist 23 Uhr 11.«

Es ist also wohl kein Zufall, dass bei seinen Schreibversuchen fast immer Ziffern auftauchen und dass er ihre Verkettungslogik auch früher beherrscht als das Erlesen oder Schreiben von Wörtern. So schreibt er im Alter von 6;3 – also noch vor Schulbeginn – Rechenaufgaben wie »5 + 5 = 10« ohne Hilfe – wenn auch einzelne Zahlen wieder spiegelverkehrt *(Abb. 15; das Muster dürfte er aber seinem größeren Bruder abgesehen haben).* Beim Abschreiben aus einer Fibel (»Da die Tinte. Reib sie ab. – Abreiben – nein…«) tauchen mit 6;3 zum ersten Mal Kleinbuchstaben auf *(Abb. 16);* die Unsicherheit in den Formen zeigt, dass es sich nicht um ein bloßes Kopieren, sondern um Urteile über die definierenden Merkmale handelt. Ben baut die Buchstaben aus einfachen (wiederkehrenden) Grundformen zusammen. Den Wortzwischenraum markiert er noch nicht. Mit 6;4 kommt Benni in die Schule. Aus dieser Zeit stammt eine Liste von Namen mit einem selbstständigen »BENNI« sowie dem abgeschriebenen »BRÜGELMANN« *(Abb. 17),* eine andere mit PUMUCK und TRIM [?] *(Abb. 18)* und eine weitere mit allen Namen in der Familie – »BRÜGELMANN« »KARIN«, »MATTI«, »BENNI« und »HANS« von rechts nach links, das »N« wieder spiegelverkehrt *(Abb. 19).*

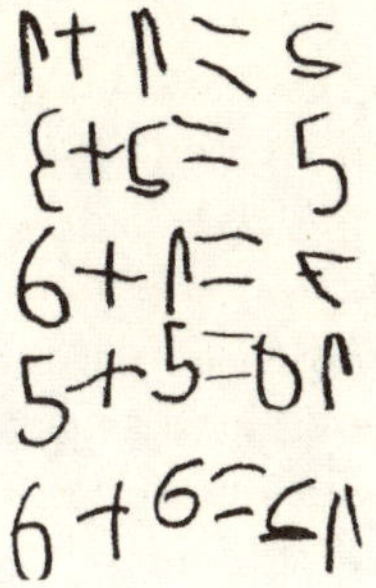

Abb. 15

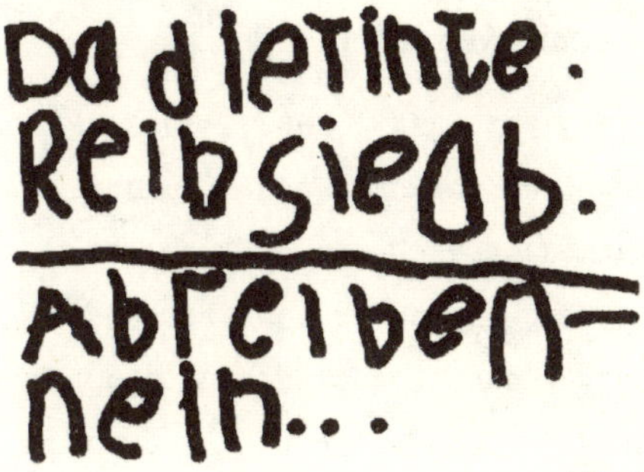

Abb. 16

Abb. 17

Abb. 18

Abb. 19

Sein Entwicklungsstand zum Schulanfang lässt sich folgendermaßen zusammenfassen:

- *Lesen:* wenige »Sichtwörter« (die er »auf einen Blick« erkennt); gelegentlich situationsgebundenes Benennen im vertrauten Kontext;
- *Schriftform:* verfügt über die meisten Blockbuchstaben, ohne sie benennen zu können (allenfalls: »Der ist in meinem Namen«); beginnt, Kleinbuchstaben mit der Hand zu »drucken«; verdreht (erst in letzter Zeit) einzelne Buchstaben oder vertauscht ihre Folge;
- *Verschriftung:* schreibt wenige Wörter aus der Erinnerung (auch mit Konsonantenverdopplung!); keine eigenständigen Versuche, Lautfolgen in Buchstaben zu übersetzen.

17333333333333333333333333333333333333333333333333333333333344444444444444433

00000000000000000000000000000000000000000000000000000000000000000000000000000

000000000000000000000000000000000000000000000000000000000000000000000ꝘꝘꝘꝘꞑꞑꞑ

00000000000000000000000000000000000000000000000000000000000000000000000000000

00000000000000000000000000000000000000000000000000000000000000000000000000000

00000000000000000000000000000000000000000000000000000000000000000000000000000

0000000900000000000000000000000000000000000000000000000000000000000000 *Abb. 20*

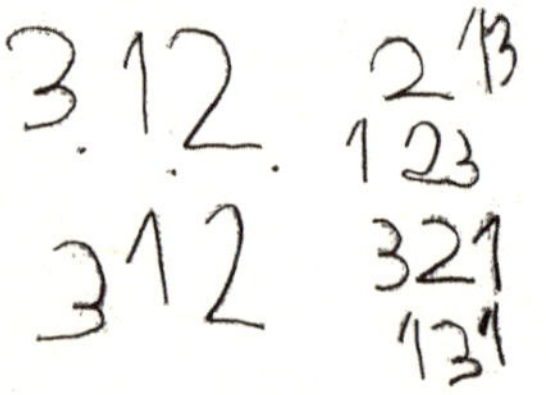

Abb. 21

In der Schule lernt Ben nach dem CVK-Lehrgang von *Vestner (1974)*. Dieser Lehrgang führt an ganzen Wörtern, die vollständig durchgliedert werden, in die Beziehung von Lautfolge und Buchstabenkette ein *(s. unten Kapitel 7)*. Zu Hause schreibt er aber immer noch am liebsten Zahlen *(Abb. 20 und 21)*.

Mit 6;6, zwei Monate nach Schulanfang, lässt der Vater ihn ein »gezinktes Memory« spielen, bei dem die Namen der Gegenstände auf der Rückseite (also sichtbar) aufgedruckt sind *(s. oben S. 22)*: Während er beim ersten Mal auf Teil-Gleichheiten (<Brot> und <Boot>) hereinfällt, zehn Tage später mühsam mit den Fingern Buchstabe für Buchstabe vergleicht, kann er beim dritten Mal (noch einmal eine Woche später) bereits die erste Karte umdrehen, ehe er noch die zweite prüft. Ohne »lesen« zu können, hat er begriffen, dass es auf die Identität der Buchstabenfolgen ankommt. Das bestätigt für das Schreiben eine Korrektur von »AtuO« in »Auto«. Auffällig dabei ist auch die deutliche Wortmarkierung durch Strich und Nummer, nachdem er früher ganz ohne Wortgrenzen geschrieben hatte *(Abb. 5 und 16)*.

Mit 6;7 – 3 Monate nach Schulbeginn – erfolgen die ersten für die Eltern erkennbaren selbstständigen Er-Leseversuche: aus »mit« wird beim gedehnten Lautieren »MII-TE«, aus »Not« wird »NOO-TE«. Auch eine erste selbstständige (Skelett-)Schreibung gibt es aus dieser Zeit: »FE« für »Feuer(wehr)«

Abb. 22

(*Abb. 22* – evtl. bedingt durch den knappen Raum).

Weiter stammt aus dieser Zeit ein selbst zusammengeklebtes Heft, auf dessen Blätter er einmal Zahlenfolgen (*Abb. 23*), ein andermal Lehrgangswörter auflistet. Ebenfalls mit 6;7 entwickelt Ben anhand der Schreibung »maus« in einem Bilderbuch seine Theorie vom »kleinen Buchstaben« und dem »kleinen Tier« (*s. oben S. 25*), also eine gegenständlich-analoge Deutung der Schriftzeichen (erstaunlicherweise parallel zur beginnenden Lautorientierung beim eigenständigen Schreiben).

Vier bis fünf Monate nach Schulbeginn (6;8 und 6;9) schreibt Ben sein Lieblingswort »POLIZEI« immer noch (und mehrfach) mit verdrehtem »Z« (*Abb. 24*). Einige Wörter schreibt er in Groß-, andere in Kleinbuchstaben, wobei er relativ häufig nur den Wortanfang groß schreibt (auch eine lautorientierte Schreibung, zusammen mit dem Rechtschreibmuster <ie>: LIEBR, ist zu beobachten). In den Weihnachtsferien, nachdem er einige Male der Fördergruppe langsamer Leser zugeordnet war, sein erstes großes Erfolgserlebnis: Ben liest ein Heft – 8 Seiten mit je einem Satz und einem Bild aus der Sammlung von *Reichen (1982)* – selbstständig: »Ich habe schon ein ganzes Buch gelesen!«

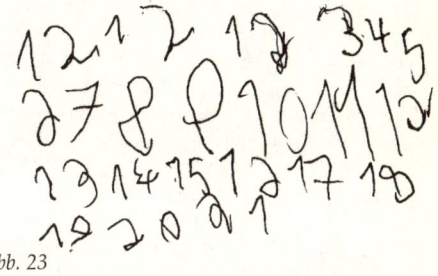

Abb. 23

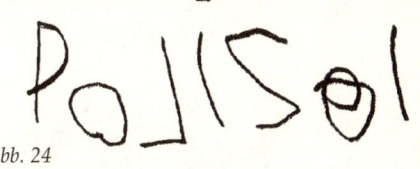

Abb. 24

Dass er fünf Monate nach Schulanfang (6;10) Wörter nicht mehr als vertraute Buchstabenfolge hinnimmt, sondern sie bewusst analysiert, bestätigt seine Aufregung über die »KÖLLN-Flocken« im Vergleich mit dem Stadtnamen »Köln« (*s. oben S. 19*). Aus dieser Zeit (6;10) stammen auch die ersten selbstständigen Verschriftungen größeren Umfangs – mit den für diese Phase charakteristischen Überakzentuierungen der abgefühlten eigenen Aussprache (z. B. BSUre« für »BESUCHE«; dies wohlgemerkt neben dem Lehrgang, allerdings einem, der solches selbstständige Experimentieren beim Verschriften der eigenen Aussprache ermutigt).

Wie rasch er jetzt Besonderheiten der Rechtschreibung einordnet, zeigt seine Aufmerksamkeit für den Buchstaben <-d> als Bezeichnung des auslaufenden /t/ in »Lummerland« (*vgl. oben S. 27*). Und doch gibt es Rückfälle auf die Stufe der Begriffsschrift, wenn er sich z. B. mit 7;0 beschwert: »Frau Pinz sagt aber, Kaba schreibt man so: K-A-K-A-O!« (*s. oben S. 21*).

Für seine Schrift-Verwendung typisch sind aus dieser Zeit Fußballtabellen (*Abb. 25* mit 6;11), erstaunlicherweise noch (oder wieder?) ein Schreibschrift imitierendes Kritzelschreiben (mit 7;0) und eine Mischung beider »Schreibweisen« (*Abb. 26* mit 7;0).

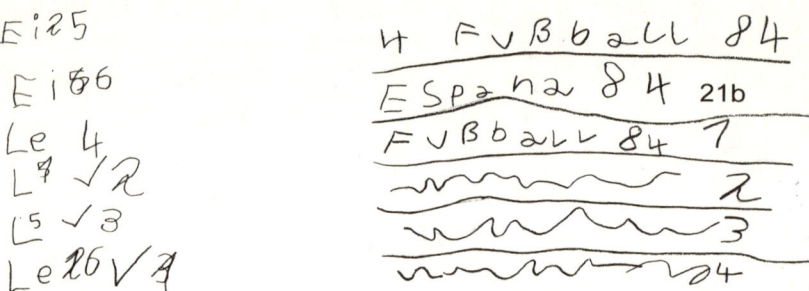

Abb. 25

Abb. 26

Entwicklungsstand gegen Ende des 1. Schuljahres

Eine Liste von Sätzen durch Variation des Grundmusters »Pumuckel ist...« (*Abb. 27* mit 7;1) gibt einen guten Überblick über seinen Entwicklungsstand gegen Ende des 1. Schuljahres:

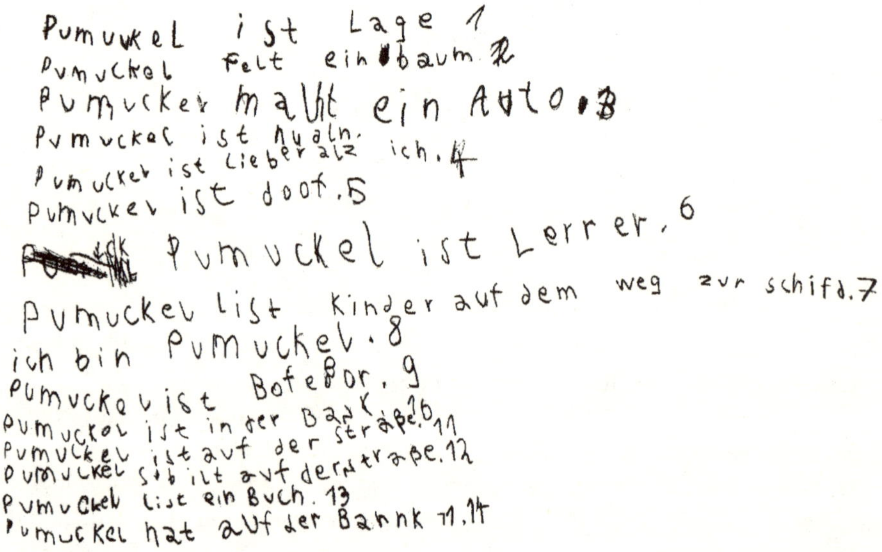

Abb. 27

- Er beherrscht die großen und kleinen Druckbuchstaben und weitgehend auch die Großschreibung von Hauptwörtern;
- er kennt auch die Rechtschreibung von einzelnen Wörtern (mit besonderen orthografischen Anforderungen) über den Lehrgang hinaus (<Weg>, <Kinder>, <doof>);

72

- er kennt besondere Rechtschreibmuster wie -ck-, -ß-, -ie-, Dehnungs-h und Vokal-Konsonanten-Verdopplung, auch wenn er sie z. T. übergeneralisiert (»Bannk«) oder illegal verwendet (»Lerrer«);
- unbekannte Wörter kann er sich lautierend erarbeiten: <Lage> für »lange«; <Sbilt> für »spielt«; <alz> für »als«, dabei verwendet er auch besondere Rechtschreibmuster: <schifd> für »Schrift«.

Nach einem guten halben Jahr Schule beginnt er die lateinische Ausgangsschrift gelegentlich auch beim freien Schreiben zu nutzen (Abb. 28), aber in der Regel »druckt« er weiter mit der Hand (Abb. 29) – ganz konsequent später als Jugendlicher und als Student. Gestützt wird die Druckschrift durch das auch in dieser Phase noch beobachtete Abschreiben.

Sein immer noch viel größeres Interesse am Verständnis der Zahlenwelt belegt unter vielen ähnlichen selbstständigen Erklärungen sein Fazit: »Aha, bei Minusaufgaben ist das Gleich so gesagt ein Plus« (7;3). Für den Schriftbereich stammt aus derselben Zeit die Sammlung selbst ausgedachter »Galgenmännchen«-Aufgaben, bei denen er sich die Buchstabenfolge eines jeden Wortes im Kopf vorstellen musste.

Ein Jahr und drei Monate nach Schulanfang (7;7) die nachdrückliche Schreibschrift-Äußerung »Die Schule ist Doof Ja!« in einer klaren und flüssigen Form – trotz des langen Druck-Schreibens, meist in Blockschrift. Eine Zeile tiefer experimentiert er frei mit der neuen Technik (Abb. 28). Mit 7;8 eine Mischung von Druck- und Schreibschriftwörtern in der »Gechite [Geschichte] von Matias« (den er früher oft richtig <Matthias> geschrieben hat, hier aber auch einmal <Matias> schreibt; Abb. 30). Auch jetzt (1 Jahr; 4 Monate in der Schule) noch lautierendes Schreiben (<Arbenz>, <räuwt> = rauft, <drunich SU auf> = drück nicht so auf) neben Rechtschreibungen (wie <schreibt> und <Haare>). Auch die Verwendung des (neuen) Doppelpunktes gelingt erst näherungsweise.

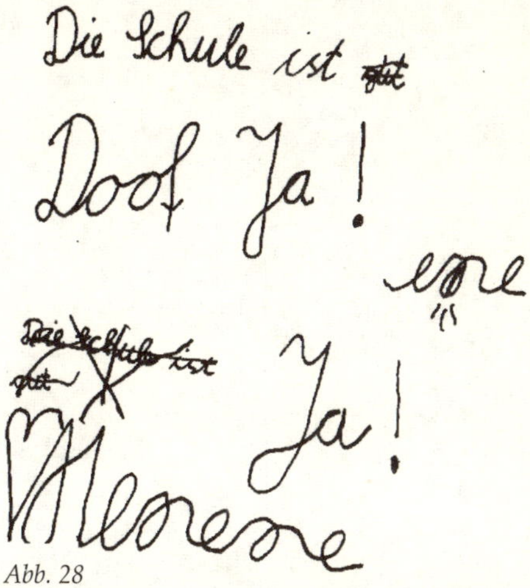

Abb. 28

Abb. 29

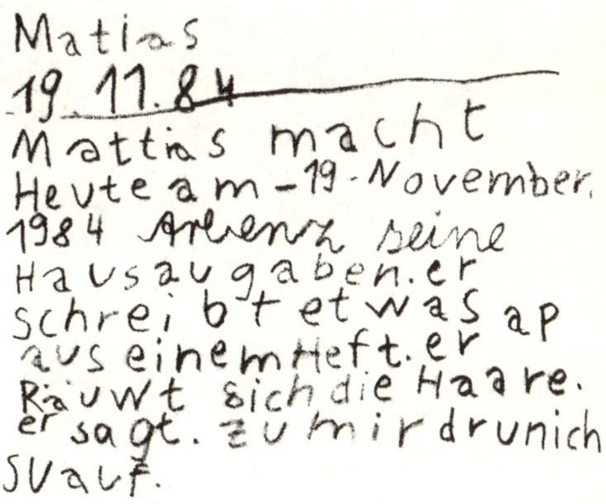

Abb. 30

73

Die Verwendung der Schreibschrift reduziert sich jetzt meist auf die Unterschrift *(Abb. 31)*, einmal ausdrücklich als »Autogramm« stilisiert *(Abb. 32)*. Sogar die Blockschrift wird für Texte lieber verwendet *(Abb. 33)*.

Abb. 32

Abb. 31

Abb. 33

Lesen- und Schreiben(lernen), wenn es Sinn macht

Wie bereits erwähnt, gehört Ben drei Monate nach Schulbeginn zeitweilig zur Fördergruppe der »langsamen (Lese-)Lerner«. Gegen Ende des 1. Schuljahres hieß es im Zeugnis : »Benni kann Texte in Druck- und Schreibschrift sinnbetont vorlesen.« Er wurde nun der Gruppe fortgeschrittener Leser aus beiden ersten Klassen zugeordnet. Mitte des 2. Schuljahres hieß es in Bens Zeugnis: »Benjamin kann ungeübte Texte zügig und sinnbetont lesen.«

Zu Beginn des 3. Schuljahres ist Ben ein erfolgreicher und teilweise auch interessierter Leser (z. B. von Stücken aus der Morgenzeitung, aus Sachbüchern und ganzer Pippi-Langstrumpf-Bände) und ein guter Rechtschreiber – trotz seines anfänglichen Rückstandes im Vergleich zum Klassendurchschnitt und trotz der vielen Umwege, die auch die lehrgangsbegleitenden Lese- und Schreibversuche erkennen lassen.

Während der Sekundarschulzeit hat Ben nicht besonders gern und viel gelesen. Er hat phasenweise intensiv am Computer gespielt, er hat viel ferngesehen, in der Schule ist er ohne besondere Probleme, aber auch ohne besonderes Engagement mit den Anforderungen zurechtgekommen. Gelesen hat er eher, was den Eltern inhaltlich nicht so gefiel (z. B. im Urlaub die »BILD«-Zeitung…). Nach einem trotzdem ordentlichen Abitur und einem Jahr Zivildienst in einer Behindertenwerkstatt hat Ben in seinem selbst gewählten Fach das Studium aufgenommen. Hierfür liest er (aus der Sicht der Eltern) plötzlich überdurchschnittlich viel – und mit überdurchschnittlichem Erfolg.

Blicken wir also noch einmal zurück:

Schematische Darstellung von Bens Entwicklungsverlauf

Lesen	Alter	Schreiben
	bis 5;0	
– keine Dokumentation und keine Erinnerungen zu Lese- bzw . Schreibversuchen –		
	5;1	lineare Kritzelspuren ohne Bedeutungszuweisung
	;4	erste Ziffern, Buchstaben (E, S, M) und buchstabenähnliche Formen
	;5	Buchstabenfolgen *ohne Lautbezug;* Diktat eines Satzes zu einem selbst gemalten Bild; tippt erste vertraute Wörter ohne Vorlage (ZOO, BENNI)
	;7	weist Kritzellinien/Buchstabenfolgen Funktionen zu (Reisepass, Konto, Telegramm)
»Kürbis-Theorie« (alfabetisches Prinzip)	;10	
einige Sichtwörter, nicht nur im Kontext (LEESTE, POLIZEI, BENNI)	6;0	erste Verstöße gegen die Raumlage einzelner Buchstaben und die Schreibrichtung
	;3	erste Kleinbuchstaben beim Abschreiben
Schulanfang mit	6;4	
– systematische Vermittlung des alfabetischen Prinzips (CVK-Lehrgang) –		
lautierendes Erlesen neuer Wörter (MIETE für »mit«)	+ ;3	»Maus-Theorie« (Prinzip der Bilderschrift); *Skelettschreibung*
mühsam sinnentnehmendes Erlesen eines fremden Textes	+ ;4	
	+ ,5	*lauttreue* Schreibweise, aber auch erste Rechtschreibmuster (LIEBER)
»KAKAO« – KABA (Begriffsschrift-Theorie)	+ 7	*phonetische Umschrift* der eigenen Aussprache
	+ 9	erste Großschreibung von Hauptwörtern, weitere *Rechtschreibmuster,* Übergeneralisierung
flüssiges sinnentnehmendes Lesen (»guter Leser«)	+ 1;3	Verwendung von Schreibschrift in eigenem Text
	+ 1;4	Fehlschreibung bereits richtig geschriebener Wörter durch konsequente Lautorientierung
	+ 1;6	kaum Fehler in Diktaten aus geübtem *Grundwortschatz*

Ben ist trotz (wegen?) des schriftbestimmten Elternhauses kein »Spontan-schreiber« oder »Frühleser« geworden. In der Familie hat er vor allem naive Erfahrungen mit den Verwendungsformen der Schriftsprache und einigen ihrer technischen Aspekten, sammeln können. Schrift hat er genutzt, wenn und wie es seinen Möglichkeiten entsprach.

Die entscheidenden Impulse für konkrete Fortschritte hat ihm die Schule ver-mittelt. Aber deren Angebote hat er jeweils auf die ihm eigene Weise verar-beitet. Er hat nicht einfach »übernommen«, was gerade im Unterricht gelehrt wurde.

Ben macht alle die Fehler, die bei anderen Kindern oft als Anzeichen von Le-seschwierigkeiten oder gar »Legasthenie« gedeutet werden (s. vor allem die »Wortruinen« und die »Raum-Lage-Verwechslungen«). Er hat keinen leich-ten Start im Anfangsunterricht. Aber trotz der vielen Fehler bei seinen ersten Schreibversuchen bekommt er später keine Rechtschreibschwierigkeiten.

Dabei werden »kritische Schritte« erkennbar, die auch in Entwicklungsmo-dellen hervorgehoben werden. Einen klaren Vorlauf des Lesens oder des Schreibens vor der jeweils anderen Tätigkeit gibt es nicht. Und: die Übergän-ge von einem Niveau zum nächsten sind fließend – sowohl in der Fertigkeit (Nebeneinander von orthografischen und lautierenden Schreibweisen) als auch in der gelegentlichen Diskrepanz von Tätigkeit und »Theorie«.

Wer sich als Erwachsener selbst beim Lernen beobachtet, wird sich darüber nicht wundern.

Unser Fazit: Es hat Ben zumindest nicht geschadet, dass die Eltern ihm Zeit gelassen, seine teilweise irreführenden Theorien interessiert zur Kenntnis ge-nommen und (an der Normschrift gemessen) unzulängliche Lese- und Schreibversuche über lange Zeit akzeptiert haben.

Und was er auf jeden Fall gelernt hat: Dass er selbstständig lernen kann – dass er sich aber auch selbst organisieren muss, um dies erfolgreich zu tun.

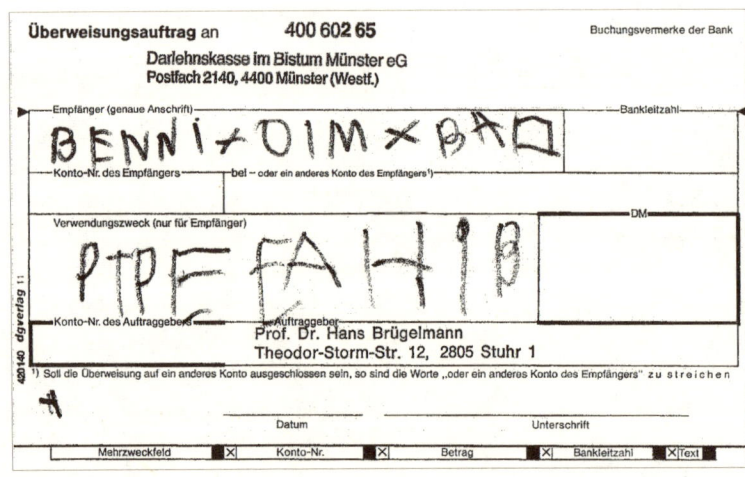

Abb. 34

Lisa – eine Spontanschreiberin, die in der Schule nicht mehr schreiben wollte

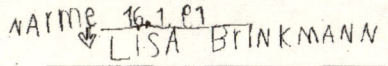

Abb. 1

Lisa
kurz vor der
Einschulung.

Das ist Lisa, sechs Jahre alt, kurz vor ihrer Einschulung. Sie malte dieses Selbstporträt *(Abb. 1)* vor dem Spiegel, um ihre Augen und auch die Zahnlücken möglichst genau wiederzugeben. Bei den Haaren schummelte sie: Sie trug zu der Zeit einen kurzen Pagenkopf, wünschte sich aber nichts sehnlicher, als genau solche langen Haare zu haben wie auf dieser Zeichnung (zwei Jahre später hatte sie ihr Ziel erreicht).

Dieses Bild steht beispielhaft für Lisas Lernprozesse in der Vorschulzeit: Vieles übernahm sie durch Nachahmen und Abgucken (wie hier das Kopieren vor dem Spiegel), aber immer flossen auch ihre eigenen Wünsche und Vorstellungen mit ein – und, was sie sich in den Kopf setzte, verfolgte sie zielstrebig (wie das Wachsenlassen ihrer Haare – gegen den Wunsch ihres Vaters). Da Lisa als jüngste von fünf Schwestern aufwuchs, hatte sie Vorbilder genug, von denen sie Rollschuhfahren, Schleifebinden, Hexentreppen-Falten, Seilspringen und auch das Malen und Zeichnen abgucken konnte. Ihrer zwei Jahre älteren Schwester Anna war es allerdings gar nicht recht, dass Lisa sich sehr häufig ihre Bilder als Vorlage nahm und diese kopierte – jedoch (und das betonte Lisa) immer mit kleinen Veränderungen, die sie sich selber ausdachte.

Als Jüngste in einer so großen Familie hat man es leicht und schwer zugleich: leicht, weil immer etwas los ist, immer jemand da ist, der sich um einen kümmert, einem etwas zeigen kann, und schwer, weil die »Großen« immer schon viel mehr können und man sich sehr anstrengen muss, um mithalten zu können und nicht immer hören zu müssen: »Das kannst du noch nicht, dafür bist du noch zu klein!«

Lisa interessierte sich schon sehr früh für alles, was mit Schrift zu tun hatte. Kein Wunder, wenn man vier große Schwestern hat, die täglich Hausaufgaben machen, der Vater (Lehrer) ständig Zeitung liest, die Mutter jeden Abend vorliest (und neben ihrem Hausfrauendasein studiert). Warum hat sich Anna dann nicht ebenfalls schon vor der Schule mit dem Lesen und Schreiben beschäftigt, außer dass sie ihren Namen unter ihre gemalten Bilder schrieb? Oder Benni, der in einer so schriftreichen Umgebung aufwuchs *(siehe oben S. 63 ff.)*?

Offensichtlich ist es nicht das Umfeld allein, das die Kinder frühzeitig (oder eben auch nicht) zum Umgang mit Schrift provoziert. Sie müssen auch persönlich daran interessiert sein und die Schrift für sich als etwas erleben, was man braucht, woraus man einen persönlichen Nutzen ziehen kann.

So wie Sara, Lisas älteste Schwester, die nach einem halben Jahr Schule das erste Mal die Schrift für einen eigenen Zweck benutzte: um ihrer Mutter mitzuteilen, dass sie erst abends um sechs wieder von ihrer Freundin nach Hause kommen würde. Dies tat Sara, so gut sie es eben konnte, mit all den Fehlern, die man dabei macht, wenn man das erste Mal selbstständig etwas aufschreibt. Leider hatte Saras Mutter zu dem Zeitpunkt noch keine Ahnung davon, dass Fehler auch beim Schriftspracherwerb zum Lernen dazugehören, sondern machte sich große Sorgen um Saras künftige Orthografie. Aus Angst, dass sich diese Fehler einprägen könnten, lobte sie zwar Saras Umsichtigkeit, einen Zettel aufgeschrieben zu haben, erklärte ihr aber auch, wie die einzelnen Wörter »richtig« geschrieben werden müssten. Der Erfolg war durchschlagend: Sara schrieb nie wieder irgendetwas auf, bevor sie nicht die Schreibweise der Wörter beherrschte.

Fünfzehn Jahre später, als Lisa sich mit Schrift auseinander zu setzen begann, hatte die Mutter glücklicherweise dazugelernt und Lisa konnte nun davon profitieren.

Alle Familienmitglieder wurden ermahnt, Lisas Schreibversuche ernst zu nehmen, sich nicht als Lehrerin aufzuspielen, sondern Lisa nur etwas zu erklären, wenn sie danach gefragt hatte (z.B. »Wie schreibt man ein ›k‹?« oder »Was ist das für ein Buchstabe?«), und ihr nur gewünschte Wörter vorzuschreiben. Fehler sollten nicht bemängelt werden – was allerdings bei den Großeltern auf völliges Unverständnis stieß. Außerdem wurden alle Schreibversuche von Lisa gesammelt, sodass ihre Motivation dadurch sicher noch zusätzlich gefördert wurde.

Mit 2;2 Jahren schrieb Lisa einen Kritzelbrief an ihre Schwester, die zu der Zeit als Aupair-Mädchen in London war, und »las« ihn der Familie vor: »Da steht: ›Liebe Sara, komm bald wieder, deine Lisa.‹« Am nächsten Tag »las« Lisa noch einmal vor: »Liebe Sara, wie geht es dir? Deine Lisa.« Sie hatte also verstanden, dass durch die Schrift eine Bedeutung vermittelt wird, dass damit aber gleichzeitig auch die Sprachform fixiert und der Inhalt des Textes nicht von der LeserIn bestimmt wird, war ihr offensichtlich noch nicht bewusst.

Kurze Zeit später ergab sich für Lisa das erste Mal die Notwendigkeit, ihren Namen zu schreiben, als sie mit 2;4 Jahren in der Adventszeit mit ihren Schwestern am Tisch saß und die Wunschzettel geschrieben wurden. Anna und Lisa malten alles auf, was sie sich wünschten, und Lisa fragte plötzlich: »Woher weiß der Weihnachtsmann denn, dass er *mir* diese Geschenke bringen soll?« Daraufhin ließ sie sich ihren Namen vorschreiben und versuchte, diesen abzumalen. Da ihr die Buchstaben außer dem A aber noch nicht gelingen wollten, malte sie schließlich eine Kritzellinie als Unterschrift und hängte das A, das sie schon schreiben konnte, ans Ende *(Abb. 2)*.

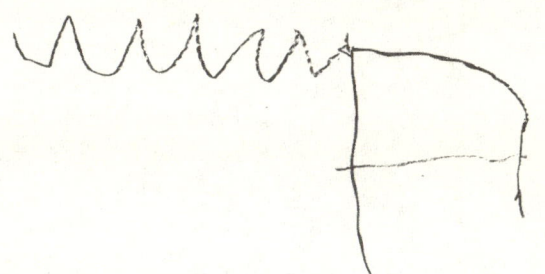

Lisas schwungvolle Unterschrift auf ihrem Wunschzettel im Alter von 2;4 Jahren.

Abb. 2

In der folgenden Zeit versuchte sie immer wieder ihren Namen zu schreiben, um beispielsweise Bilder o. ä. zu kennzeichnen, und es gelang ihr zunehmend besser *(Abb. 3)*.

Allerdings wollte ihr die Rundung beim »S« nicht glücken, es wurde immer spitz wie ein »Z«. Das ärgerte Lisa und eines Nachmittags setzte sie sich hin und übte so lange Rundungen (so wie sie sonst auch z.B. Notenschlüssel- oder Füchse-Malen übte, *Abb. 4 und 5*), bis sie das »S« schließlich zufriedenstellend zu Papier brachte *(Abb. 7)*.

Den Pandabären zeichnete und signierte Lisa mit 3;2 Jahren.

Abb. 3

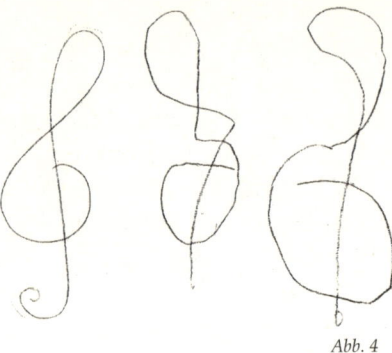

Abb. 4

Im Alter von
3;4 Jahren übte Lisa
häufig Buchstaben
(vgl. das »S« in
Abb. 3 vs. Abb. 6),
aber auch andere
schwierige Formen,
wie Notenschlüssel
oder Füchse.

Abb. 5

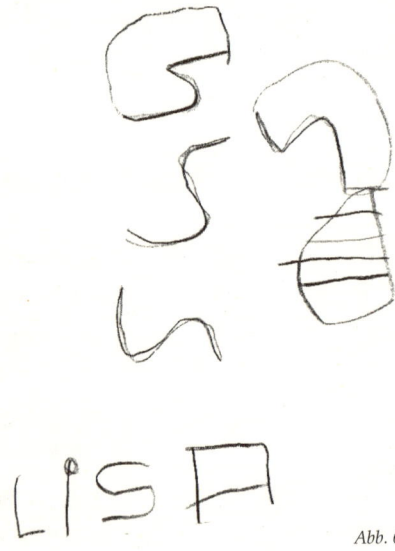

Abb. 6

Immer häufiger ließ Lisa sich nun Namen und Wörter vorschreiben, die sie für Bildbeschriftungen brauchte oder weil sie – wie die anderen Geschwister auch – unbedingt »Hausaufgaben« machen musste, bei denen sie unter keinen Umständen gestört werden durfte! Diese Hausaufgaben bestanden meistens aus »schönen« Buchstaben, einer Aneinanderreihung von den Buchstaben, die sie schon konnte, und buchstabenähnlichen Zeichen (die sie vermutlich auch für Buchstaben hielt), denn Schrift scheint für Kinder zuerst ein offenes System aus Zeichen zu sein, die sich aus denselben Elementen vielfältig kombinieren lassen. Erst mit zunehmender Schrifterfahrung wird ihnen deutlich, dass es nur einige, ganz bestimmte Zeichen sind, die wir für die Schrift verwenden.

Rasch kannte Lisa dann eine Reihe von Namen und Wörtern auswendig wie z. B. die Namen ihrer Schwestern, die sie dann ohne Vorlage aufschreiben und sie zwischen anderen Wörtern herausfinden und lesen konnte. Kritzelbriefe schrieb sie schon lange nicht mehr.

In dieser Phase war Lisa sehr häufig auf die Hilfsbereitschaft ihrer Schwestern beim Schreiben angewiesen, weil sie sich jedes neue Wort, das sie schreiben wollte, vorschreiben lassen musste. Bald ging sie dazu über zu fordern: »Sag mir die Buchstaben, die ich schreiben muss!« Dabei brauchte sie nur noch manchmal die Vorlage einzelner Buchstaben, die sie noch nicht konnte. In dieser Zeit begann sie auch, sich für das Lesen zu interessieren, und fragte immer mal wieder bei einzelnen

Wörtern, die ihr gerade ins Auge sprangen (z.B. besonders groß oder farbig gedruckte Wörter in der Zeitung oder auf einer Plakatwand) nach, was da stehe.

Mit 3;5 fanden sich erste Hinweise darauf, dass Lisa begann, einen Lautbezug zwischen der gesprochenen und der geschriebenen Sprache herzustellen. Sie fing an mit der Schreibweise ihres Namens zu experimentieren und schrieb z.B. nur die ersten drei Buchstaben auf. Dann wollte sie wissen: »Was steht da?« Nach der Antwort »Lis« schrieb sie nur noch das L und das I auf und sagte: »Und jetzt heißt es Li!« Ihr war also der Lautwert einzelner Buchstaben und deren Funktion im Wort bewusst geworden, ohne dass sie ausdrücklich belehrt worden war.

Häufig schrieb sie in dieser Zeit Buchstabenfolgen auf wie »ANOSB«, die sie sich dann vorlesen ließ. Mit 3;8 versuchte Lisa beim Abendessen (es gab Buchstabensuppe), mit den Nudelbuchstaben ihren Namen am Tellerrand zu legen, was ihr sofort gelang, und dann TOBIAS, den Namen ihres Freundes

Lisas erster, selbst geschriebener Brief an Tobias.

aus dem Kindergarten, ebenfalls daneben zu »schreiben«. Wir versuchten zusammen herauszuhören, welche Buchstaben man dafür brauchte und legten den Namen dann gemeinsam. Am nächsten Morgen wollte Lisa Tobias einen Brief schreiben. Sie fragte: »Wie wird Tobias noch mal geschrieben? Den ersten weiß ich noch und dann kommt ein O. Und was dann?« Daraufhin wurde ihr ein »B« in die Luft gemalt

Abb. 7

und als Laut genannt. Lisa schrieb es auf und hängte ein »I« daran nachdem ihr auch das gesagt worden war. »Und dann noch ein ›A‹ und ein ›S‹«, sagte sie und schrieb die Buchstaben ebenfalls *(Abb. 7)*. Kurz darauf: »Und wie schreibt man ›ich‹?« Als Antwort bekam sie: »Zuerst ein ›I‹.« Empört sagte Lisa: »Dann heißt es ja ›iiiich‹!« *(Zu Länge und Kürze s. oben Kapitel 3 »Wie lang ist der Schwanz des Pumas?«)*

Seit sie verstanden hatte, dass man zum Schreiben einzelner Wörter eine ganz bestimmte Anordnung bestimmter Buchstaben braucht, fanden sich in ihren Schreibungen nur noch dann willkürlich aneinander gereihte Buchstaben, wenn sie z.B. wieder einmal »Schule« spielte und »schöne« Buchstaben schreiben »musste«. Buchstabenähnliche Zeichen tauchten dabei nun nicht mehr auf, nur noch »echte« Buchstaben *(Abb. 8)*.

Abb. 8

Lisa (3;10) hat eine Maus gemalt. Nun will sie »Maus« darunter schreiben. »Mit ›M‹ fängt es an. Was kommt dann?« »Ein ›A‹ und ein ›U‹. Beim ›U‹ musst du einen Bogen schreiben und dann noch ein ›S‹ dahinter« *(Abb. 9).*

Abb. 9

In der Folgezeit merkte Lisa nach und nach, dass sie ganz alleine schreiben kann, wenn sie sich die Wörter genau vorspricht. Nur manchmal musste sie dabei noch fragen, wie man z. B. den Laut /f/ verschriftet, den sie für ein neues Schild für ihre Zimmertür brauchte: »Verboten – wer reinkommt, ist blöd« war die wichtige Botschaft, die sie mit großem Eifer zu Papier brachte *(Abb. 10).*

Mit 4;3 malte Lisa eine Uhr mit sämtlichen Ziffern darauf (teilweise spiegelverkehrt, *Abb. 11*). Auf die Frage, woher sie die Zahlen wisse, sagte sie: »Die hab' ich von der Uhr abgeguckt.« Das schien einleuchtend, aber einen Monat später öffnete Lisa das dritte Türchen ihres Adventskalenders und zeigte und erklärte, in welcher Reihenfolge die Türchen geöffnet werden müssten. Sie nannte dabei auch alle Zahlen! Woher wusste sie dies?

*»Verboten –
wer reinkommt,
ist blöd«,
lautet die wichtige
Mitteilung auf
Lisas Türschild.*

Abb. 10

Lisa versuchte nun auch häufig zu lesen, pickte sich aber – auch aus fortlaufenden Texten – immer nur einzelne Wörter heraus. Sie kannte zu diesem Zeitpunkt noch nicht alle Buchstaben, besonders die kleinen machten ihr noch
Probleme, so dass sie beim Lesen noch häufig Unterstützung brauchte. Offensichtlich war die Sinnentnahme beim Lesen für Lisa noch nicht das zen-
trale Motiv, sondern eher die Technik, die sie dabei ausprobierte.

*»Die Zahlen?
– Die hab ich
von der Uhr
abgeguckt!«*

Abb. 11

Mit 4;4 Jahren spielte Lisa mal wieder »Schule« und rief: »Mama, ich komme
wohl gerade aus der Schule. Guck mal, was für ein schwieriges Wort ich lesen
musste!« Sie hielt einen Zettel in der Hand, auf den sie verschiedene »Wörter«
aus kleinen und großen Buchstaben geschrieben hatte. Sie las mir vor: »naoB«
(das Wort stand in der Mitte), »anosB« (erste Zeile) und »NaBsLO« (ganz
unten). Ihre Aussprache entsprach dabei der Buchstabenfolge.
In der Zeitung stand in dicken Lettern das Wort »Humanitas«. Lisa (4;5) lau-
tierte »HUMA…« und überlegte dann, was das bedeuten könnte; dann sagte

sie: »Aha, Hummer!« Mit dem Begriff »Hummer« konnte sie – im Gegensatz zu »Humanitas« – etwas anfangen: Ihre Schwester Nina hatte zum Geburtstag gerade zwei kleine Hummer in einem Aquarium bekommen. Das Lesen hatte nun mit der Suche nach einer (für Lisa sinnvollen Bedeutung) eine neue Qualität gewonnen.

Einen Monat später (4;6) begann sie sich plötzlich auch für Bücher zu interessieren und änderte ihre Lesestrategie. Sie versuchte nun, nicht nur einzelne Wörter, sondern den ganzen Text zu lesen. Lisa begann z.B. mit dem ersten Wort und sprang dann zum dritten. Offensichtlich war ihr noch nicht bewusst, dass es eine verabredete Folge der Wörter gibt. Da sie bislang auch nur Einzelwörter geschrieben hatte, war dies für sie noch nicht zum Problem geworden. Wenn Lisa zwei, drei Wörter auf einer Seite gelesen hatte, reimte sie sich den Rest des Textes mit Hilfe des Bildes zusammen. Kurz darauf zeigte Lisa, ohne zu zögern, auf die linke obere Ecke eines Zeitungsblattes, als sie gefragt wurde, wo man denn mit dem Lesen anfangen müsse. Am gleichen Tag las Lisa in der Zeitung den Satz »Machen Sie mehr aus Ihrem Urlaub« in dieser Reihenfolge: »Urlaub – machen – Sie – aus«. Noch stellte sich für Lisa das Problem einer bestimmten Leserichtung auf der Wortebene nicht – sie fing einfach irgendwo an. Erst ein halbes Jahr später fragte sie das erste Mal nach, wo sie mit dem Lesen beginnen müsse.

Beim Schreiben machte ihr die Richtung auch keine Probleme: Lisa (4;6) schrieb für drei Kinder aus ihrem Kindergarten eine Faschingseinladung (*Abb. 12a und 12b*). Zuerst von links nach rechts »FABIJAN«, dann spiegelverkehrt von rechts nach links »LENA« und »TOBIJAS«.

Später las Lisa (unterstützt durch ihren Zeigefinger) vor, was sie geschrieben hatte: Bei »Fabian« gab es keine Schwierigkeit, denn sie las von links nach rechts. »Lena« wollte sie ebenfalls in dieser Richtung lesen, merkte dann aber schnell, dass sie dabei andersherum anfangen müsste und bei »Tobias« auch.

Abb. 12 und 12a

Auf die Rückseite der Einladungs-
karte schrieb sie »LISA« und
»FON«, las aber später richtig »von
Lisa« vor *(Abb. 13)*.

Das Wort »TOBIAS« hatte Lisa zu
diesem Zeitpunkt sicher schon 25-
mal richtig geschrieben, es gehörte
bereits fest in ihren »Sichtwortschatz«: Beim Lesen erkannte sie
das Wort auf Anhieb und wusste
die Buchstabenfolge beim Schreiben auswendig. Dadurch, dass sie
mit dem Herstellen des Lautbezugs

Abb. 13

eine wichtige neue Einsicht in den Aufbau unserer Schrift gewonnen hatte
und die Folge der Laute beim Sprechen genau abfühlte, schrieb sie nun Wörter falsch (TOBIJAS), die sie vorher schon richtig schreiben konnte.

Mit viereinhalb Jahren begann Lisa neben Einkaufszetteln, Listen mit den
Lieblingsgerichten der Familienmitglieder (die als Kochanregung an den
Kühlschrank gehängt wurden), Geburtstagseinladungen und Eintrittskarten
für ein Kaspertheaterstück zunehmend längere Texte zu schreiben. Für Anna,
die gerade eingeschult worden war, schrieb sie z. B. eine neue Fibelseite, damit
Anna nicht immer das Gleiche lesen müsste *(Abb. 14)*.

Lisa schrieb allerdings so gut wie nie, wenn sie dazu aufgefordert wurde, sondern nur dann, wenn sie es für richtig hielt und einen ganz bestimmten Zweck
damit verfolgte. Die Bitte, doch einen Einkaufszettel zu schreiben, lehnte sie

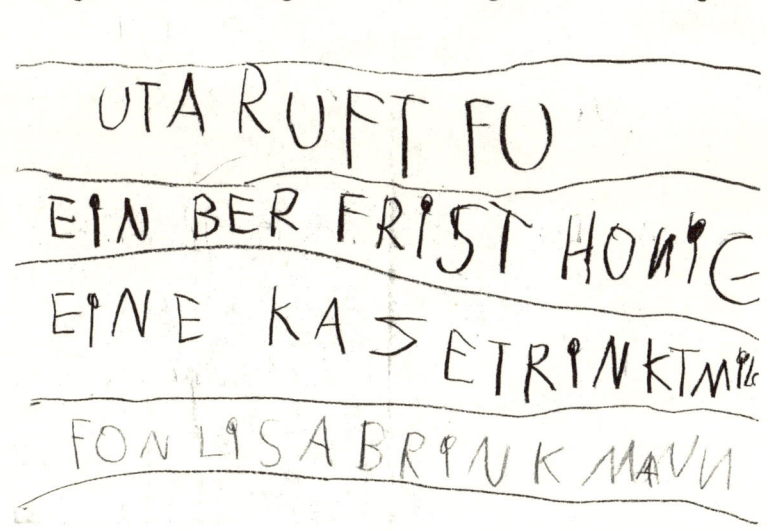

Abb. 14

Mit 5;9 Jahren schrieb Lisa diesen Brief an ihre Schwester…

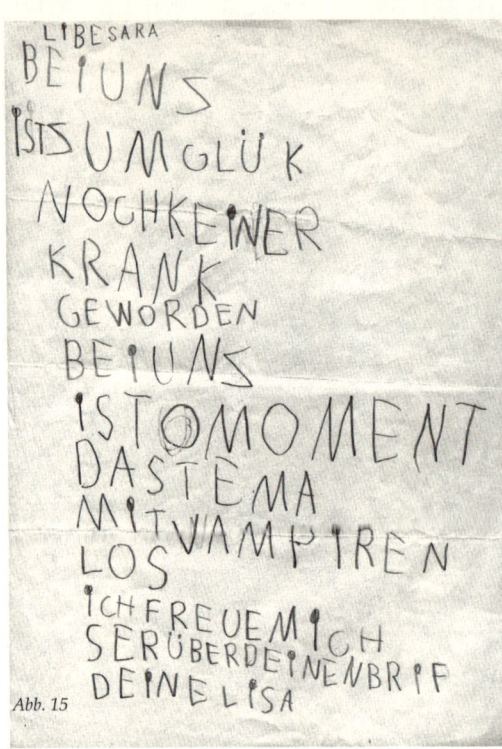

Abb. 15

…und für das Schulespielen erstellte sie jeweils Stundenpläne.

Abb. 16

meistens kategorisch ab, es sei denn, sie konnte einsehen, dass es gerade niemand anderes tun konnte. Es gab aber auch schon genug andere Anlässe zum Schreiben: z. B. schrieb sie viele Briefe an Freunde und Freundinnen und an ihre Schwestern, wenn diese verreist waren *(Abb. 15).*

Aber auch in Spielsituationen war für Lisa das Schreiben wichtig – natürlich besonders beim »Schulespielen«, wobei sie sich immer als Erstes einen Stundenplan machte *(Abb. 16).*

In den Geschichten, Briefen und anderen zusammenhängenden Texten markierte sie so gut wie nie die Wortgrenzen. Dies findet man bei vielen Kindern, die beginnen, selbstständig kleine Texte zu verfassen, weil man zum Schreiben diese Markierungen nicht braucht – sie sind nur wichtig, um die Texte dann leichter lesen zu können *(vgl. Kapitel 4, »Kinder entdecken die Schrift?«).*

Dass sie bereits einen Wortbegriff entwickelt hatte und nur noch keine Notwendigkeit darin sah, die Wörter voneinander abzugrenzen, zeigte sich, als sie eines Tages am Computer schrieb. Sie erhielt nur den Hinweis, dass man nach jedem Wort (ohne diesen Begriff näher zu erläutern) die Leertaste drücken müsse. Lisa schrieb am Computer daraufhin diesen Brief:

»LIBE MAMA ICH FINDE DEINEN KOMPJUTER ECHT TOL DEINE GUTENSCHTÜFTE FINT ICH ECHT TOL DEINE LISA«

Kurze Zeit später erklärte Lisa (5;9), dass sie sich entschlossen habe, Schriftstellerin zu werden. Sie verfasste eine Geschichte über Vampire (angelehnt an die abendliche Vorleselektüre »Der kleine Vampir«), heftete die Seiten zusammen und schrieb schließlich auf das Deckblatt »1 DM« *(Abb. 17)*. Da sie dieses Buch sofort verkaufen konnte, wollte sie gleich ein weiteres anfertigen und begann als Erstes die Blätter zusammenzuheften und das Deckblatt zu beschriften. Dieses Mal schrieb sie »2 DM« über das Titelbild…

Da sie in der Aufregung über ihren neuen Beruf aber bei dem noch leeren Buch aus Versehen den Titel auf die Rückseite gesetzt hatte, kam sie nach dem Schreiben der ersten Seite (es war gleich die dem Deckblatt folgende Seite) nicht weiter – denn nach dem Umblättern von links nach rechts war sie wieder beim Titel angelangt. Also blätterte sie in die andere Richtung um und schrieb, genauso flüssig wie immer, den weiteren Text von rechts nach links mit spiegelverkehrten Buchstaben! Kein Anzeichen für eine »Raum-Lage-Labilität« also, sondern eine rein pragmati-

Als Lisa Schriftstellerin werden wollte, schrieb sie eine Vampirgeschichte.

Abb. 17

sche Entscheidung *(Abb. 18 auf der nächsten Seite)*. Lisa bildete in ihrer Schrift die Laute zunehmend geschickter ab und verwendete nach und nach immer mehr und immer konsequenter Rechtschreibmuster wie das <ei>, <eu> und <au>, das <-d> und das <-g> im Auslaut, das nicht hörbare <-er> am Wortende (z. B. in »Butter«). Die systematische Anwendung von solchen neu entdeckten Rechtschreibmustern führte allerdings nicht immer zu einer korrekteren Rechtschreibung, z. B. in den Wörtern »MEI«, »PFLÖTE«, »BRIVE« und »NUSJOGURD«.

Hier liegt keine Raum-Lage-Labilität vor, sondern ein flüssig weitergeschriebener Text von Lisa aus einem Heft, das sie irrtümlicherweise von hinten begonnen hatte.

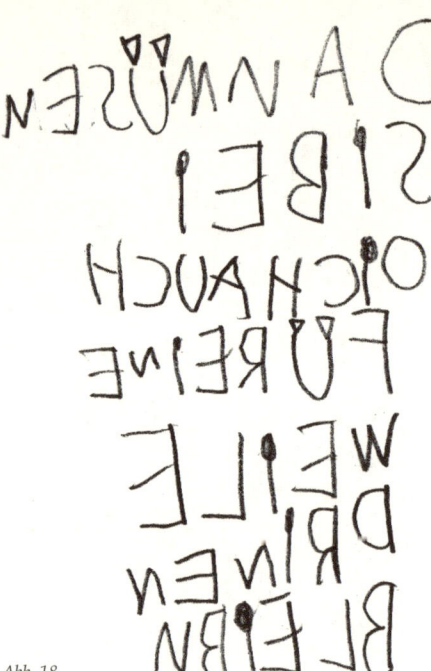

Abb. 18

Englisch? No problem!

Abb. 19

Lisa nutzte ihre Schreibfähigkeiten natürlich auch, um ihre Englischkenntnisse zu Papier zu bringen (*Abb. 19*).

Mit genau sechs Jahren wurde Lisa, die es kaum abwarten konnte, als »Kann-Kind« eingeschult. Zu diesem Zeitpunkt schrieb sie gerne lange Geschichten und konnte alles, was sie interessierte, lesen (vorzugsweise kurze Texte in großer Schrift mit vielen Bildern). Während ihrer Vorschulzeit hatte sie bereits ca. 1800 Wörter geschrieben (s. die Auswertung in *Brügelmann/Richter, 1994, S. 87 ff.*). Dies entspricht ungefähr der Zahl an Wörtern, die ein Durchschnittskind im Laufe der ganzen ersten Klasse schreibt.

In der Schule sollte Lisa nun das Lesen und Schreiben mit dem gleichen Lehrgang lernen, den schon ihre Schwester Anna zwei Jahre zuvor durchlaufen hatte und dessen Texte Lisa bereits damals als Lesestoff für ihre Schwester zu langweilig fand. Nachdem sich Lisa am ersten Schultag die Fibel durchgelesen hatte, war sie zu Hause nicht mehr zu motivieren, ihre Hausaufgaben im Lesen zu machen. Es war sehr mühsam, sie nachmittags wenigstens zu ihren Schreibaufgaben zu überreden. Eigene Geschichten schrieb sie nicht mehr.

Erst zu Beginn der 3. Klasse machte Lisa das Schreiben wieder etwas mehr Spaß. Während der Sommerferien hatte sie mit Anna und zwei Freundinnen tagelang »Alte Schule« gespielt. Abwechselnd

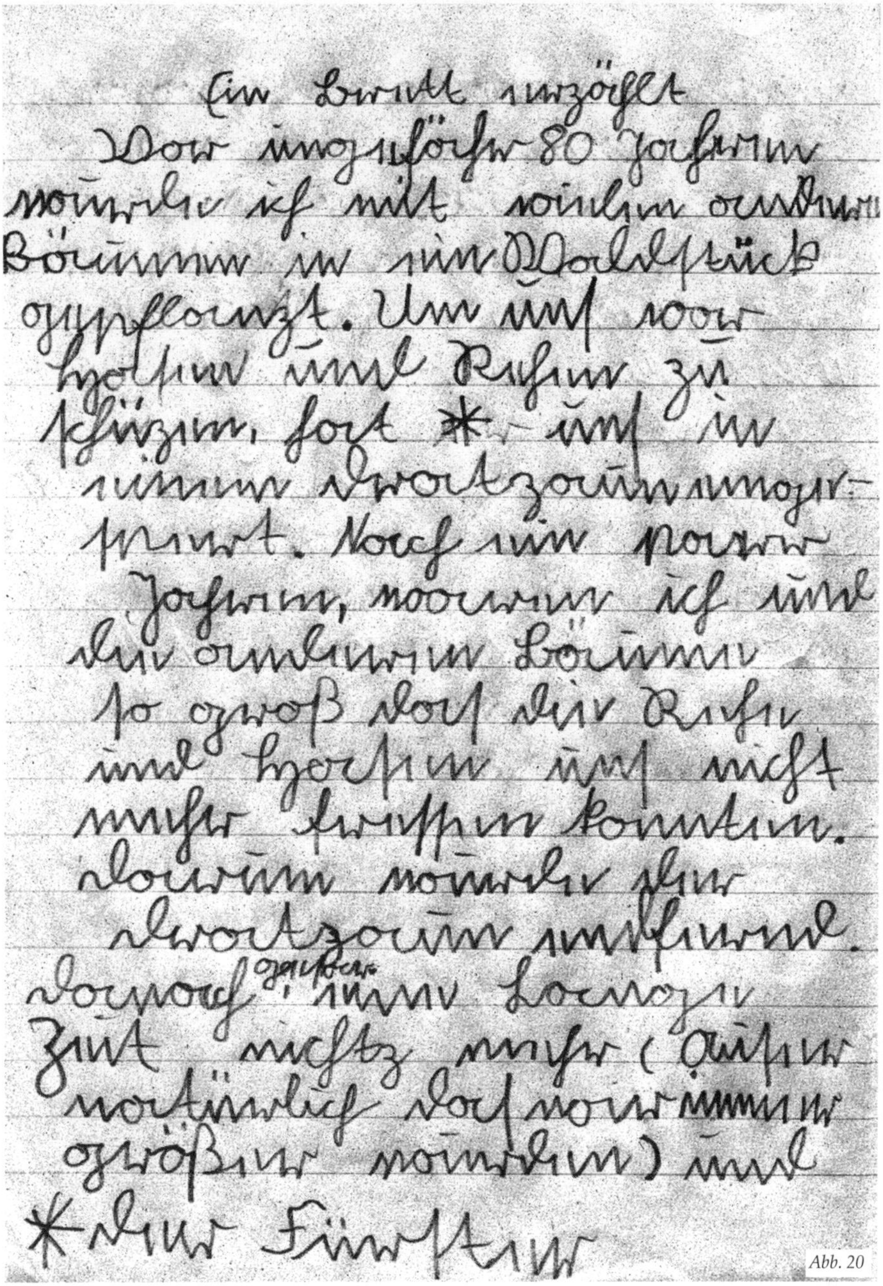
Ein Baum erzählt
Vor ungefähr 80 Jahren
wurde ich mit vielen andern
Bäumen in ein Waldstück
gepflanzt. Um uns vor
Hasen und Rehen zu
schützen, hat * uns in
einem Drahtzaun einge-
sperrt. Nach ein paar
Jahren, waren ich und
die andern Bäume
so groß daß die Rehe
und Hasen uns nicht
mehr fressen konnten.
darum wurde der
Drahtzaun entfernt.
danach geschah eine lange
Zeit nichts mehr (außer
natürlich daß wir immer
größer wurden) und
*die Förster

Abb. 20

Zum Spiel »Alte Schule« gehörte für Lisa und ihre Freundin auch das Erlernen der alten deutschen Schrift, die sie sich selber beibrachten.

war eines der Mädchen immer die strenge Lehrerin, deren Anweisungen die Schulkinder brav befolgen mussten. Alle waren natürlich mit der entsprechenden Verkleidung und den notwendigen Utensilien wie Schiefertafel, Griffel, alten Heften, Federhaltern und Scriptol ausgestattet. Mit Hilfe eines alten Schriftenbuches brachten sich die Mädchen die alte deutsche Schrift bei, die Lisa rasch so flüssig schreiben konnte, dass sie im neuen Schuljahr alle Texte weiterhin in dieser Schrift schrieb, was der Lehrer dankenswerterweise tolerierte *(Abb. 20)*. Nur die Diktate durfte sie so nicht schreiben. Inzwischen ist Lisa zu einem Teenager herangewachsen, der die Schule als notwendiges Übel versteht, das man bei möglichst geringem Aufwand mit größtmöglichem Erfolg durchlaufen muss. Dies gelingt ihr bisher zufriedenstellend und sie ist eine gute Rechtschreiberin geworden. Außerhalb der Schulverpflichtungen schreibt Lisa wieder viel und gern: Mit mehreren Freundinnen tauscht sie regelmäßig sogenannte »Freundschaftsbücher« aus, in die man abwechselnd Erlebnisse und Gedanken hineinschreibt, die sehr geheim sind und die niemand außer der »Freundschaftsbuchpartnerin« erfahren darf. Außerdem nutzt Lisa jede sich bietende Gelegenheit, um im Internet zu »chatten«. Da sitzen dann zwei, drei Mädchen gemeinsam stundenlang an einem Computer, schreiben sich die Finger wund und amüsieren sich köstlich, weil sie zusammen als eine fiktive Person im Internet auftreten und als diese mit anderen (vorzugsweise jungen Männern) kommunizieren.

Obwohl Lisa während ihrer ersten Grundschuljahre lange Zeit keine Lust mehr zum Lesen und Schreiben hatte und die (Abschreib-)Hausaufgaben oft nur unter großem Protest zustande kamen, hat die Schrift für Lisa nun wieder eine wichtige Bedeutung gewonnen, die – wie schon in ihrer Vorschulzeit – überwiegend von ihren persönlichen Interessen bestimmt wird.

Schwierige Verwandte:

Kapitel 7

Gemeinsamkeiten mit und Unterschiede zu anderen DidaktikerInnen

Das Feld der Lese- und Schreibdidaktik ist unübersichtlich geworden. In den 50er- und 60er-Jahren war die Geografie klar: hier die Ganzheitler, die den Leseunterricht mit Wörtern oder ganzen Sätzen anfingen, da die Synthetiker, die die Kinder Buchstabe für Buchstabe in die Welt der Schrift hineinführten. In den 70er-Jahren entstanden verschiedene Mischformen bzw. Kombinationen. Aber auch diese gingen entweder vom Wort/Satz oder von einzelnen Buchstaben/Lauten aus, sodass sie in der Tendenz eher dem einen oder anderen Lager zugeordnet werden konnten.

Eine Ausnahme bildete der dritte Ansatz: die systematische Einführung in die Struktur der Buchstabenschrift. Am frühesten und konsequentesten wurde dieser analytisch-synthetische Ansatz von KollegInnen in der DDR entwickelt und umgesetzt. Im Westen war es Mitte der 70er-Jahre *Hans Vestner* mit seinem »CVK-Lehrgang«, in dem die Kinder Wörter aus Buchstabenkärtchen »handgreiflich« auf- und umgebaut haben; Buchstaben wurden immer im Wortzusammenhang eingeführt, indem den Kindern verdeutlicht wurde: Der Austausch eines Buchstabens führt zur Änderung der Lautfolge und damit zu einer anderen Bedeutung.

Heute gibt es neben diesen verschiedenen Lehrgangstypen weitere Konzeptionen wie »Lesen durch Schreiben«, den »Spracherfahrungsansatz« und unterschiedliche Varianten eines »offenen Anfangsunterrichts«, der Kinder von Anfang an auf ihre Weise lesen und schreiben lässt.

Für Lehrerinnen und Lehrer sind diese Angebote mit ihren jeweils spezifischen Absichten, ihren Vor- und Nachteilen nur schwer durchschaubar. Darum wollen wir auf den folgenden Seiten in wenigen Sätzen deutlich machen, wo sich unsere eigenen Vorschläge einordnen lassen.

Als Erstes möchten wir hervorheben, dass auch einige KollegInnen, die weiterhin Fibel-Lehrgänge befürworten oder gar neu entwickeln, mit uns wichtige Annahmen teilen: Wir gehen aus vom Lernen der Kinder und sehen die Aufgabe der Lehrperson darin, die Lese- und Schreibversuche des Kindes zu unterstützen, d.h. seine individuellen Zugänge zur Schrift aufzunehmen, zu erweitern und zu differenzieren. Die meisten DidaktikerInnen haben insofern die Vorstellung aufgegeben, es könne einen sachlogisch oder psychologisch begründeten optimalen Lehrgang für alle Kinder geben, den sie in gleicher Folge oder gar im Gleichschritt durchlaufen.

Lernen ist ein eigenaktiver Prozess. Unterricht kann ihn anregen, stützen, auch kritisch herausfordern, aber nicht Schritt für Schritt steuern. Der Perspektivenwechsel in den letzten 15 Jahren – vom Lehren zum Lernen – ist eine kleine didaktische Revolution, die auch auf andere Fächer übergreift *(vgl. die Beiträge in unserem Buch »Kinder lernen anders«)*. Diese Gemeinsamkeit ist es vor allem, die wir bei allen Unterschieden betonen müssen, um den KollegInnen in der Praxis und den Eltern die entscheidende Veränderung zum traditionellen Lese- und Schreibunterricht zu verdeutlichen.

Zentral sind dabei folgende Annahmen:
1. Kinder sind schon schriftspracherfahren, wenn sie in die Schule kommen. Darum: Es gibt keinen Nullpunkt für den Unterricht – weder für die Einheiten (Buchstaben, Wörter) noch für die Tätigkeiten (Lesen, Schreiben).

2. Kinder sind kompetente Lerner und »Sinnsucher«. Darum muss der Unterricht wegkommen von einer Belehrung über Schrift hin zu ihrem persönlichen Gebrauch und zur aktiven Erkundung ihrer Logik.

3. Lernen ist kein Transport von Wissen, sondern eigenaktive Konstruktion. Deshalb sind individuelle Wege wichtig und Fehler als Vorformen zu akzeptieren. Und deshalb ist auch kein Gleichschritt durch sachlogisch aufgebaute Einheiten möglich.

Dies ist ein breiter Konsens unter FachdidaktikerInnen, zu dem schon vor mehr als 20 Jahren so unterschiedliche KollegInnen wie *Wolfgang Eichler* mit seiner Studie zum Spontanschreiben, *Gudrun Spitta* mit ihrer Kritik am »Legasthenie«-Konzept und mit ihren Versuchen zum freien Schreiben sowie *Jürgen Reichen* – methodisch mit seiner Anlauttabelle, pädagogisch mit seinem Werkstattunterricht – wichtige Beiträge geleistet haben, ehe z. B. wir uns in Bremen und dann viele andere sich an ihren Orten auf den Weg gemacht haben. Beispielsweise ist Jürgen Reichens »Lesen durch Schreiben« (vorgedacht schon bei *Montessori* und in einigen reformpädagogischen Schulen der 20er-Jahre) ein zentrales Element in unserem Spracherfahrungsansatz geworden. Reichens Ansatz zeichnet sich dadurch aus, dass die Kinder erst schreiben, dann lesen sollen. Die Aktivitäten der Lehrerin konzentrieren sich in der ersten Phase darauf, den Kindern zu helfen, dass sie ihre eigene Aussprache genau abhören und diese lauttreu durch Buchstaben verschriften. Eine Anlauttabelle ermöglicht ihnen, unbekannte Buchstaben anhand der Anlautbilder aufzufinden. Inhaltlich sind die Kinder frei, das aufzuschreiben, was ihnen persönlich wichtig ist. Indirekt entdecken die Kinder mit der Zeit, dass sie auch solche Wörter und Texte lesen können, die sie selbst nicht geschrieben haben.
Explizit deckt »Lesen durch Schreiben« allerdings nur drei der acht Felder in

unserer »didaktischen Landkarte« wichtiger Erfahrungen mit Schrift ab (und diese auch nicht vollständig, *s. Kapitel 8, → Lernfelder A, B und L*).

Deshalb ist uns als Ergänzung wichtig,

- dass Kinder vom ersten Schultag an freien Zugang zu Literatur erhalten;

- dass sie Erwachsene als Modelle des Lesens und Schreibens erleben;

- dass Wörter in der Normschrift von Anfang an angeboten und die Kinder auf solche orthografischen Modelle aufmerksam gemacht werden – auch wenn ihnen die richtige Schreibung nicht abverlangt wird;

- dass im Klassenzimmer eine »Kultur« des Füreinander-Schreibens und Vorlesens entwickelt wird;

- dass nicht nur Aktivitäten zum eigenständigen Entdecken des Lautprinzips, sondern anschließend auch zur Erarbeitung orthografischer Merkmale (L*a*ck, *vie*r, M*oo*s usw.) und später des morfematischen Prinzips (W*al*d / W*äl*der) angeboten werden.

Fast noch wichtiger als das didaktisch-methodische Prinzip »Lesen durch Schreiben« ist eine zweite Gemeinsamkeit, die Reichen unter dem Stichwort »Werkstattarbeit« zusammenfasst. Denn seine Vorstellung vom Lese- und Schreibunterricht gewinnt eine besondere Qualität erst durch die Einbettung in eine pädagogische Konzeption, die die Selbstständigkeit von Kindern als Ziel und als Prinzip des Unterrichts in den Vordergrund rückt. Insofern ist das, was die Kinder fachlich lernen (sollen), immer auszubalancieren mit dem, was sie an Grundqualifikationen wie (Mit-)Verantwortung, Fähigkeit zur Verständigung und Zusammenarbeit, Kritikfähigkeit usw. erwerben. Die Bedeutung dieser Dimension von Unterricht haben wir unter dem Stichwort »Öffnung des Unterrichts« herausgearbeitet (*vgl. oben Kapitel 5* und unseren Beitrag in *Balhorn/Niemann 1996, 43 ff.*).

Es gibt andererseits Punkte, die uns an dem Ansatz »Lesen durch Schreiben« irritieren. Viele Aufgaben innerhalb des Werkstattunterrichts sind eher geschlossen (vgl. das Zusatzmaterial zu »Lesen durch Schreiben« in »Lehrgangs«form und eine Reihe von Aufgaben in den Heften zum Sachunterricht). Wir teilen auch nicht die verbindliche Anforderung einer (durchgängig) lauttreuen Schreibung – als ob es nicht wichtige Vorstufen (noch) nicht lauttreuen Schreibens gäbe, die manche Kinder erst in der Schule durchlaufen (*vgl. oben S. 63 ff. »Ben – das Kind, das vor allem rechnen wollte«*).

Insgesamt haben wir den Eindruck,

- dass im Konzept »Lesen durch Schreiben« die Bedeutung von Modellen im Lernprozess unterschätzt wird (gegenständlich in Form von Wörtern und

Texten, personal in Form von lesenden und schreibenden Vorbildern) und damit auch die Notwendigkeit, Modelle in der Schule bewusst anzubieten und zu kultivieren (»Lesewelt Schule« [*Heide Niemann, 1995*]);

- dass die Rolle des ersten Lesens neben dem Schreiben vernachlässigt wird, und zwar nicht das laute Vorlesen (in dessen Ablehnung sind wir uns einig), sondern das selbstständige leise Lesen, einschließlich seiner Vorformen wie das Anschauen von Bildern – damit auch die Notwendigkeit, Kinder neben dem freien Schreiben anzuregen und herauszufordern zum Umgang mit Büchern;

- dass die Bedeutung von Teilleistungen unzulässig heruntergespielt wird: denn aus unserer Sicht gibt es
  – einen Unterschied in den Strategien von Anfängern und Fortgeschrittenen (den Reichen beim Schreiben ja durchaus macht) und
  – einen Unterschied zwischen bewussten Vorformen, auf die bei besonderen Anforderungen (z. B. beim Entziffern von Beipackzetteln zu Medikamenten) auch immer wieder zurückgegriffen wird, und unbewusster sozusagen »automatisierter« Leistung, zu der nach der Forschungslage eindeutig immer auch der Zugriff eines einzelheitlichen Er-lesens gehört (auch wenn bei uns VielleserInnen nur selten noch in bewusster Form).

Fast ironisch wirkt es, dass genau dieses Erlesen beim »Lesen durch Schreiben« indirekt meist mitgeübt wird, wenn die Kinder sich vor-flüstern, wie weit sie die Laute schon verschriftet haben.
Insofern treffen wir uns wieder mit Reichen: Es geht zentral um andere Formen, wie gelernt wird, nicht nur darum, dass anderes gelernt wird.

> Unsere Kurzformel, welche die Nähe zu und die Abgrenzung von »Lesen durch Schreiben« gleichermaßen betont: *Lesen lernt man durch Lesen, Schreiben lernt man durch Schreiben.*

Aber wo stehen wir im Verhältnis zu den gängigen Fibelansätzen?
In der letzten Zeit sind verschiedene Fibeln neu auf den Markt gekommen, die den LehrerInnen einen »offenen Lehrgang« zum Lesen- und Schreibenlernen versprechen.
In den dazugehörigen Handbüchern wird dann z. B. von einem »…interessanten, anregenden, handlungsorientierten, fächerverbindenden und differenzierten Anfangsunterricht« gesprochen, »der auf die unterschiedliche Entwicklung der Lernanfänger eingeht« (*Bücherwurm, Klett-Verlag 1997*). Es ist die Rede davon, »allen Kindern erfolgreiches Lernen zu ermöglichen und hierfür ein Lesewerk anzubieten, das sich im Spannungsfeld zwischen einem systematischen (methodisch durchgestalteten) Herangehen und offenen Lernformen bewegt« (*Lesezauber, Volk & Wissen 1997. Lehrerband, S. 5*).

In all diesen Handbüchern berufen sich die AutorInnen – mehr oder weniger ausgeprägt – auf neuere Forschungsergebnisse zum Lesen- und Schreibenlernen wie in der »Leseschule« *(Oldenburg 1995. Lehrerband, S. 5)*: »Alle Untersuchungen zum Schriftspracherwerb, die sich mit dem Leselernprozess und dem Aneignen der Buchstabenschrift beschäftigen, weisen auf die Bedeutung der Eigenaktivität, des aktiven handelnden Umgangs mit Schrift hin. Kinder brauchen eine anregende Schriftumgebung, Hilfen und Materialien, die sie die Zusammenhänge zwischen Buchstaben- und Lautstruktur der Sprache, die Wortbildung und die syntaktischen Strukturen entdecken lassen und Sinnentnahme ermöglichen. Dabei sind Lernvoraussetzungen, Motivation, Wahrnehmung, Lerntempo und Anstrengungsbereitschaft der Kinder so unterschiedlich, dass ein gleichschrittiges Vorangehen nicht möglich ist.« Aus diesen so wichtigen Überlegungen heraus entscheiden sich die FibelautorInnen der »Leseschule« dann für folgende Lösung: »Der Lehrgang der Fibel bietet in seinem Arbeitsheft und den darin angebotenen Übungen die Möglichkeit, alle für das Lesen notwendigen Teilhandlungen zu erlernen, und stellt eine gemeinsame Plattform dar, von der aus Kinder sich auf ihren eigenen Weg begeben« (ebda.).

Die Kinder sollen also erst einmal gemeinsam den Lehrgang durchlaufen, um danach dann eigene Wege gehen zu können?

Noch deutlicher wird dies in den Anmerkungen zum Schreibenlernen: Das »spontane Schreibdrucken« der Kinder soll gefördert und für das Lesenlernen genutzt werden – aber, »da die Hand des Schulanfängers noch wenig belastbar ist«, erst dann, wenn genügend Lockerungs- und Kräftigungsübungen durchgeführt, die Formelemente der Druckschrift geübt und alle Bewegungsabläufe für alle Buchstaben erlernt worden sind, denn »Schreiben ist ein zielgerichteter Bewegungsablauf. Es darf deshalb nicht über Versuch und Irrtum gelernt werden, sondern es muss immer eine Spurvorlage vorgegeben sein« (a.a.O., S. 24). Das heißt, die Kinder dürfen erst dann »spontan« schreiben, wenn sie alle Buchstaben gelernt haben, oder nur solche Wörter zum »spontanen« Schreiben verwenden, die aus den Buchstaben bestehen, die schon »dran« waren! In diesem Sinne ist wohl auch das folgende Zitat zu verstehen: Das Kind wird »durch das Spielen mit Wortmaterial zum Autor eigener, neuer Texte« (a.a.O., S. 3). Die Kinder sollen also selbstständig, in ihrem eigenen Tempo, anknüpfend an ihre individuellen Lernvoraussetzungen lernen und spontan eigene Texte verfassen, aber erst, wenn die entsprechenden Grundlagen für alle in gleicher Weise gelegt wurden?
Auch zum Lesenlernen verfolgen die FibelautorInnen hehre Ziele: »Fibeltexte sind im Wesentlichen Leselerntexte, müssen aber, um eine dauerhafte Lesemotivation zu begründen, gleichzeitig interessant und inhaltlich anregend sein« *(Bücherwurm, Klett 1998. Konzeptionsbeschreibung, S. 5)*. Praktisch umge-

setzt werden diese Ziele dann in folgender Weise: »Die beiden Ganzwörter ›ruft‹ und ›ist‹ ermöglichen sehr früh das Lesen von Sätzen. Das Wort ›ruft‹ stellt dabei vor allem kommunikative Bezüge, das Wort ›ist‹ im Zusammenhang mit ›im‹ und ›am‹ vor allem örtliche Bezüge im Satz her« (a.a.O., S. 5). Wem fallen da nicht sofort altbekannte Fibelsätze ein, die immer wieder zitiert werden, um zu zeigen, wie arm, wenig anregend und fern von den tatsächlichen Interessen der Kinder die Inhalte dieser Sätze sind?

Alle diese »offenen« Ansätze haben eines gemeinsam: Sie bieten einen kleinschrittig aufgebauten, systematischen Lehrgang an, sei es direkt in der Fibel oder auch in begleitenden Arbeitsbüchern und -heften. Die »Öffnung« findet dabei auf unterschiedlichen Ebenen statt: Der »Bücherwurm« z.B. bietet verschiedenfarbige Seiten in der Fibel, durch die sich »im Unterrichtsprozess Phasen vorwiegend gemeinsamen Lernens (weiße Lehrgangsseiten) mit Phasen freien, selbst bestimmten Lernens (gelbe Seiten) abwechseln« (a.a.O., S. 7). Anregungen und Hilfen zur Differenzierung gibt es im Lehrerband der »Leseschule« zu den einzelnen Fibelseiten, z.B. »Lernstationen« mit Übungen zur akustischen und optischen Analyse, zur Förderung der »taktilen und kinästhetischen Wahrnehmung« des entsprechenden Buchstabens und Schreib- und Leseübungen. Für die Organisation solcher Phasen werden Arbeitspläne und Piktogramme für die unterschiedlichen Aktivitäten angeboten. Aber Raum für eigenständige Entdeckungen und das Lernen auf unterschiedlichen Entwicklungsniveaus ist nirgends zu finden – der Lehrgang wurde lediglich auf Stationen verteilt.

Viele gute Ideen für zusätzliche Aktivitäten, sozusagen um den Lehrgang herum, die den Kindern selbstständiges Lernen auf eigenen Wegen ermöglichen, finden sich im Kommentar zum »Lesezauber«, zur Fibel »rundherum« (*Mildenberger 1997*) und in ganz besonders ausführlicher und gelungener Weise zu »Löwenzahn und Pusteblume« (*Schroedel 1997*).

Bei all diesen Ideen wird allerdings an keiner Stelle gesagt, was man von den vielfältigen Lehrgangsmaterialien weglassen kann und muss, um Zeit für die Verwirklichung der schönen Zusatzaktivitäten zu gewinnen.

Trotz aller Fortschritte, die hier ausdrücklich anerkannt werden sollen:[*] Schaut man sich die Fibeln selbst einmal an, sehen die meisten nicht anders aus als die, die es schon seit langem gibt: Jede erfahrene LehrerIn könnte damit ihren gewohnten Lehrgangsstil unverändert fortsetzen. Der Lehrgang »Löwenzahn und Pusteblume« ist der einzige, der nicht aus einer Fibel, sondern aus vier »Leselernbüchern« besteht, von denen das erste – ähnlich wie die »Tobi-Fibel« – Bilderbuchcharakter mit einer fortlaufenden Geschichte

---

[*] Wegen des begrenzten Raums müssen wir darauf verzichten, die Pluspunkte der besprochenen Lehrgänge im Einzelnen zu kommentieren, ersparen den Fibeln dafür aber auch manche harsche Kritik im Detail…

hat. Die Konzeption der Fibel »rundherum« sieht als zentrales Medium eine »Eigenfibel« vor, in der die freien Texte der Kinder Eingang finden sollen; ebenso können die von den Kindern in individueller Weise bearbeiteten Arbeitsblätter in dem mitgelieferten Hefter (Eigenfibel) abgelegt werden.
Aber: Was macht diese Sammlung zur Eigenfibel?
Als ästhetisch besonders gelungen und zum Stöbern und Blättern verlockend fällt dabei der von dem Kinderbuchautor *Paul Maar* mitgestaltete »Lesezauber« auf. Als ein erstes eigenes Buch für die Hand der Kinder, in dem sie nach Lust und Laune herumblättern und lesen dürfen, ist es ein reicher Schatz.
Zu allen Lehrgängen werden Anlauttabellen für die Kinder mitgeliefert, die zum Teil wesentlicher Bestandteil des Konzepts sind und von Anfang an zum selbstständigen, lauttreuen Verschriften der Kinder dienen sollen (»Löwenzahn und Pusteblume«, »rundherum« und »Lesezauber«). Eine eher nebensächliche Funktion scheinen die Tabellen im »Bücherwurm« und der »Leseschule« zu haben, sie sind auch die einzigen, die nicht auf die Bedürfnisse der Kinder beim Schreiben abgestimmt sind: Die für die Verschriftung der Vokale so wichtigen beiden Lautvarianten (»kurzer« und »langer« Vokal) sind hier nicht abgebildet. Von der Idee und der Gestaltung her fällt wiederum die Anlauttabelle des »Lesezaubers« auf: Zu jeder Abbildung gibt es im Buch für die Kinder einen witzigen Merkvers, der beim Einprägen der Laut-/Buchstabenbeziehung helfen kann.

Alle erwähnten Konzeptionen haben gemeinsam, dass sie die »Öffnung« als etwas verstehen, das zusätzlich zum Lehrgang passieren sollte (oder in manchen Fällen auch nur als schmückendes Beiwerk gedacht ist), vom Lehrgang selbst werden nur in den seltensten Fällen Abstriche zugunsten eines aktiven, handelnden und selbst bestimmten Umgangs mit Schrift (bei dem das Wortmaterial nicht vorgegeben ist) gemacht. Dies hat Konsequenzen. Jede Lehrerin, die einmal ein erstes Schuljahr mit einem Lehrgang unterrichtet hat, weiß, dass dieser sehr viel Zeit in Anspruch nimmt – denn in der Regel sind Lehrgänge so konzipiert, dass man mit ihnen die für das Lesen- und Schreibenlernen zur Verfügung stehende Zeit auch restlos füllt. Wann also soll man die schönen und für die Kinder so wichtigen Anregungen aus den Lehrerhandbüchern verwirklichen, die zusätzlich zu den Lehrgängen gegeben werden? Den Umgang mit einer Anlauttabelle zu lernen, um später mit ihrer Hilfe lautierend schreiben zu können, braucht beispielsweise bei einzelnen Kindern sehr viel Zeit. Es reicht dafür nicht aus, den Kindern hin und wieder Schreibanlässe anzubieten (wie z. B. auszufüllende Sprechblasen im Arbeitsheft o. ä.). Manche Kinder können aufgrund ihrer breiten Schriftvorerfahrung sofort mit der Tabelle umgehen – sie sind in der Regel die Selbstläufer beim Schriftspracherwerb, die es (egal mit welcher Methode) sowieso rasch lernen. Sie brauchen diese zusätzlichen Anregungen gar nicht mehr so sehr. Andere Kinder aber sind noch längst nicht so weit, haben viel Mühe und brauchen sehr lange, bis sie mit der Anlauttabelle vertraut sind und sie nutzen können. Gerade für diese Kinder ist es wichtig, dass ihnen diese Zeit gelassen wird und sie schließlich dahin kommen, dass sie selbstständig Wörter lauttreu verschriften können und damit das wichtigste Ziel des Anfangsunterrichts erreicht haben: um den grundlegenden Aufbau unseres alfabetischen Schriftsystems zu wissen. Um diesen zu verstehen, reichen aber die wenigen Situationen, die in den Lehrgängen für das selbstständige Verschriften mit Hilfe der Anlauttabelle vorgesehen sind, bei weitem nicht aus. Oft führen sie eher dazu, dass sich diese Kinder als nicht erfolgreich erleben, dass sie nicht können, was von ihnen erwartet wird. Andere Kinder, die »guten« SchülerInnen, leisten dies aber offenbar ohne Probleme. Der typische Teufelskreis aus Frustration und Lernversagen beginnt.

Dieses Zeitproblem lässt sich nur lösen, indem man bestimmte, im Lehrgang vorgesehene Aufgaben und Übungen, z. B. zur akustischen und visuellen Analyse (diese werden auf die wirksamste Art und Weise bereits durch das lautierende Schreiben mit der Anlauttabelle trainiert), weglässt. Davon ist in den Lehrerhandbüchern allerdings nicht die Rede. Dabei wären doch gerade diese Hinweise für die KollegInnen eine wichtige Hilfe, die die Lehrerhandreichungen hier leisten könnten. Denn es ist beileibe nicht egal, welche Angebote wir den Kindern im Anfangsunterricht neben dem Verschriften mit der Anlauttabelle machen, damit sie alle die für das kompetente Lesen und Schreiben notwendigen Einsichten, Fähigkeiten und Strategien entwickeln können (→ Kapitel 10, »Ein Lehrgangsöffner für ihre Fibel«).

Seit kurzem gibt es mit »Konfetti« (Diesterweg 1998) eine löbliche Ausnahme bei den Lehrwerken zum Anfangsunterricht im Lesen und Schreiben. Auch dieses Werk versteht sich als eines, das für die Entwicklungsunterschiede und das Lernen der Kinder in ihrem je eigenen Tempo offen ist. Auf der Anspruchsebene nichts Neues im Vergleich zu den oben genannten Fibeln. Neu ist allerdings der Schluss, den die AutorInnen aus dieser programmatischen Erklärung ziehen: Sie erklären eine Fibel für überflüssig und halten stattdessen neben dem Schreiben mit der Anlauttabelle Materalien als Lernangebote bereit, die ausdrücklich nicht aufeinander aufbauen, also nicht als Lehrgang gedacht sind, sondern die den Kindern unterschiedliche Zugriffsmöglichkeiten auf ihrem jeweiligen Niveau ermöglichen.

Doch zurück zu den grundsätzlichen Positionen, denn es geht um mehr als nur um die pragmatische Frage, wie viel Zeit für welche methodischen Aktivitäten zur Verfügung stehen soll.

Lehrgangsautoren
- schätzen die Lehrbarkeit von Lesen und Schreiben höher ein als wir, die wir Anregungen, Herausforderung und Unterstützung der Kinder durch

die Lehrperson und das Material für möglich und für notwendig halten, eine Steuerung des Lernens aber für nicht möglich (und auch nur in engen Grenzen für wünschbar);

- machen oft einen Unterschied im Lernen von leistungsstarken und leistungsschwachen SchülerInnen, den wir nicht teilen, weil sich nach empirischen Studien die Wege von schnellen und langsamen LernerInnen als grundsätzlich gleichartig (aber erheblich zeitversetzt) erwiesen haben;
- sehen in Fibeln und Lehrgängen eine Stütze und Stärkung der LehrerInnen, wo wir eher eine Einschränkung und eine Verführung zur Unselbstständigkeit wahrnehmen.

Positiv bestimmen (und zugleich klarer abgrenzen) lässt sich unser Ansatz anhand des »4-Säulen-Modells«, das in der »Ideen-Kiste 1 Schrift-Sprache« materialisiert worden ist:

Freies Schreiben eigener Texte

* Lust und Zutrauen zum Verfassen eigener Texte gewinnen (z.B.: Kinder diktieren Erwachsenen eigene Texte.);

* Hilfsmittel benutzen (z.B.: Anlauttabelle. Wort-Bild-Lexikon):

* Verschiedene Verwendungsformen der Schrift erproben (Briefe. Merkzettel, Einkaufszettel schreiben, Bilder beschriften):

* Austesten von orthografischen Hypothesen und Schreibstrategien durch lauttreues Verschriften.

Gemeinsames (Vor-)Lesen von Kinderliteratur

* Lust auf Bücher und auf's Lesen bekommen:

* entdecken. dass Schriftzeichen Bedeutung tragen:
* Baumuster und Sprachformen von Texten kennen lernen als Modelle für eigene Texte:

* Auseinandersetzen mit verschiedenen Selbst- und Weltsichten;

* Informationen gewinnen.

Systematische Einführung von Schriftelementen und Leseverfahren

* Arbeiten am „Buchstaben der Woche":
nach und nach die Form- und Lautvarianten einzelner Buchstaben kennen lernen:

* Minimalpaare vergleichen. um Einsichten in die Struktur der Buchstabenschrift zu gewinnen (gezinktes Memory):

* Auf- und Abbauübungen zur Festigung der Synthese und des „Sprungs zum Wort" (Lesekrokodil):

* Aufbau der Sinnerwartung beim Lesen durch Nutzung des Kontextes. z.B. in Lückentexten. zerschnittenen Geschichten oder Sätzen.

Aufbau und Sicherung eines Grundwortschatzes

* „Eigene" und „wichtige" Wörter sammeln (z.B. in einem Schatzkästchen):

* Die Schreibweise häufig gebrauchter Wörter automatisieren:

* Modellwörter für unterschiedliche Rechtschreibmuster kennenlernen und schreiben lernen (Analogiebildung):

* Alphabetisches Prinzip als Ordnungs- und Suchhilfe kennen lernen.

Abbildung aus: Offenheit mit Sicherheit aus der »Ideen-Kiste 1«.

Wir fordern also parallel Aktivitäten in vier Bereichen, von denen keiner für sich ausreicht, denn Lese- und Schreibanfänger brauchen Erfahrungen in und Zugänge aus verschiedenen Perspektiven:

1 freies Schreiben,
- um den Kindern »das Wort zu geben«, wie *Célestin Freinet* sagt, – und damit sie selbstständig in den »technischen« Aufbau der Schrift eindringen können;

2 das gemeinsame (Vor-)Lesen,
- um eine aktive, sinnsuchende Haltung gegenüber Texten zu entwickeln,
- aber auch, um Lust auf das Lesen zu gewinnen,
- und um beiläufig die Konventionen des Lesens kennen zu lernen;

3 das Erforschen der Schrift und das Nachdenken über ihre Besonderheiten,
- um individuelle Strategien zu entwickeln,
- aber auch um Allgemeines aus den persönlichen Erfahrungen herauszuarbeiten;

4 das Einüben von Teilleistungen,
- um das Lesen und Schreiben zu beschleunigen,
- um den Kopf aber auch zu entlasten von den technischen Schwierigkeiten und die Aufmerksamkeit auf den Inhalt konzentrieren zu können.

Mit einigen AutorInnen neuer Fibeln verbindet uns, dass sie auch alle vier Bereiche für wichtig halten, wenn auch im Einzelnen – vor allem in der methodisch-organisatorischen Umsetzung – mit anderen Akzenten. Zudem erachten sie es für sinnvoll, die Aktivitäten über einen gemeinsamen Lehrgang zu organisieren. Wir halten diese Form dagegen für ausgereizt und denken, wir müssen LehrerInnen helfen, sich von diesem Medium zu lösen statt es zu optimieren. Eine weitere Gemeinsamkeit: Wie im Fibellehrgang gibt es auch im Spracherfahrungsansatz Phasen, in denen LehrerInnen erklären, in denen Kinder systematisch an formalen Aspekten von Schrift arbeiten und in denen sie üben. Allerdings sollten dabei drei Prinzipien berücksichtigt werden, die im Lehrgangsansatz schwerer oder nur teilweise einzulösen sind:

- Kinder arbeiten entsprechend ihren Erfahrungen und Möglichkeiten an unterschiedlichen Aufgaben bzw. auf unterschiedlichen Niveaus;

- diese Aktivitäten haben sich an bestimmten methodischen Kriterien zu orientieren (z. B. Unterstützung der Selbstständigkeit der Kinder und frühe Förderung ihrer Mitverantwortung für ihre Arbeit);

- Aufgaben sind nicht in der Erwartung angelegt, dass die Kinder unmittelbar lernen, was gelehrt wird; dass sie ungefiltert übernehmen, was gelehrt wird, oder gar dass alle dabei dasselbe lernen.

Zusammengefasst: Auch im Spracherfahrungsansatz spielt die Lehrperson eine aktive Rolle, nutzt ihre Erfahrung und fordert die Kinder – aber sie macht keine verbindlichen Vorgaben, unterstellt z. B. nicht, dass sie dank ihrer Fach- bzw. institutionellen Autorität den Kindern bei der Deutung von Lern- schwierigkeiten oder bei der Auswahl von Aufgaben überlegen ist. Die ver- änderte Perspektive auf den Schriftspracherwerb bedeutet also nicht einfach einen Methodenwechsel. Es geht um eine andere Sicht des Kindes und des Lernens – auch bei scheinbar gleichen Aktivitäten, z. B. wenn die Lehrerin etwas erklärt, wenn das Kind übt, wenn gemeinsam aus einem Buch vorge- lesen wird *(s. oben Kapitel 5)*.

Dies bedeutet für die Lehrerin: Handwerkliches Können und methodisches Geschick sind wichtig, aber die Haltung gegenüber den Kindern und die Ge- staltung des sozialen Raumes prägen ihre Ausformung.

Die geforderte Individualisierung spricht insofern nicht gegen die Verwen- dung von Lesebüchern oder gegen eine gemeinsame Lektüre ausgewählter Bücher – solange die unterschiedlichen Fragen, Deutungen, Zugangsmög- lichkeiten der Kinder zur Geltung kommen. Dies kann geschehen im Aus- tausch (und durch Anregung!) von verschiedenen Lesarten desselben Textes. Es ist möglich durch die Auswahl verschiedener Texte zu einem gemeinsa- men Thema. Gefördert wird der persönliche Bezug auch durch verschiedene Umgangsweisen mit demselben Text (Vorlesen, Besprechen, zeichnerisch Ge- stalten, Vertonen, szenisch Spielen).

Die Gefahr (nicht: ein notwendiger Mangel) von Auswahlbänden (wie Fibeln und Lesebüchern) ist, dass Bestimmtes als gemeinsam motiviert werden muss. Dafür mag es im Einzelfall durchaus Gründe geben. In der Regel soll- te aber das, was einzelne Kinder beschäftigt, als Belastung oder als Reichtum ihrer Erfahrung, in die Gruppe eingebracht und damit gemeinsam werden.

Es stimmt: Fibeln und Lehrgänge engen nicht notwendigerweise den Unter- richt der Lehrerin und die Erfahrungsmöglichkeiten der Kinder ein. Aber ihr Format verführt zur Gefolgschaft und ihre Machart erschwert den bewegli- chen Umgang. Salopp formuliert: Wegwerfen oder unterwerfen heißt die Al- ternative. Darum fragen wir uns, warum die 53. oder gar 64. Fibel entwickelt wird, statt nach alternativen Formen der Darstellung zu suchen.

Die Spannung zwischen der oben geforderten Offenheit und der notwendi- gen Sicherheit/Entlastung ist nicht leicht aufzulösen. Deshalb haben wir be- reits vor 15 Jahren eine Konzeption entwickelt, die beides verbindet und die wir im folgenden Kapitel im Einzelnen erläutern wollen.

Die didaktische Landkarte
und ihre acht Lernfelder

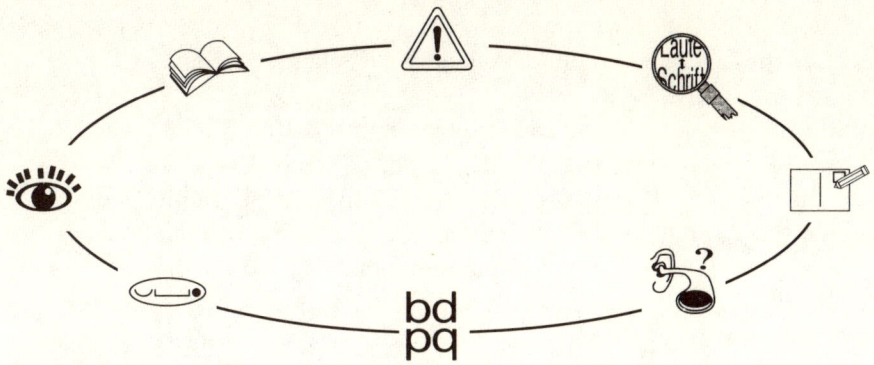

Wer keinen linearen Lehrgang will, in dem die Kinder Schritt für Schritt einzelne Fertigkeiten und Kenntnisse erwerben, braucht eine andere Form der Unterrichtsplanung. Denn ohne ein inhaltliches und methodisches Gerüst kommt auch ein Unterricht nicht aus, der den Kindern verschiedene Zugänge zur Schriftsprache eröffnen will. Als Orientierung für LehrerInnen haben wir bereits in »Kinder auf dem Weg zur Schrift« *(1983)* eine didaktische Landkarte entworfen, und ihren acht Lernfeldern haben wir in dem Vorgängerbuch »Die Schrift entdecken« *(1984)* konkrete Aktivitäten zugeordnet. Diesen Grundgedanken einer flexiblen Organisation haben wir schließlich in einer anderen medialen Form als Kartei umgesetzt in der »Ideen-Kiste Schriftsprache«. Dort haben wir den Ansatz wie folgt beschrieben:

Welche Idee steckt hinter der »Ideen-Kiste«?
Die »didaktische Landkarte« und die »methodische Ideen-Kiste« haben wir entwickelt als einen Versuch, die Spannung von Offenheit und Systematik im Anfangsunterricht und darüber hinaus produktiv zu vermitteln. Wir verstehen die »Ideen-Kiste« als Systematisierung und Ergänzung der Verlagsangebote zum offenen Unterricht, insbesondere der »Regenbogenkiste«. Deren Bücher, Spiele und andere Materialien sind ein solches Angebot. Sie geben vielfältige Lernmöglichkeiten, sind aber kein Lehrgang.
Um diese Lernmöglichkeiten praktisch zu nutzen, bedarf es eines breiten Repertoires an Beobachtungshilfen, an methodischen Ideen und einer Sicherheit des Überblicks. Denn weder viele Ideen noch vielfältiges Material machen schon guten Unterricht aus. Um in der Klasse mit den Kindern ein produktives Milieu des Lernens zu erzeugen, brauchen wir vieles, allemal brauchen wir eine Konzeption.

Was ist die »didaktische Landkarte«?

Die acht Lernfelder der »didaktischen Landkarte« beschreiben wesentliche Aspekte der Schrift(sprache) bzw. grundlegende Formen des Umgangs mit ihr. Über die vorgeschlagenen Aktivitäten können die Kinder grundlegende Einsichten gewinnen, aber auch spezifische Kenntnisse erwerben und elementare Fertigkeiten festigen.

*

Im Modell der »didaktischen Landkarte« sind die Lernfelder nicht hierarchisch, sondern als gleichwertig, auf einer Ebene angeordnet, zu denken. Sie führen also nicht »vom Einfachen zum Schweren«.
Unterricht sollte deshalb in allen Phasen Angebote in allen Bereichen machen. Er eröffnet damit parallel unterschiedliche Zugänge zur Schrift: Je nach vorschulischer Erfahrung und je nach familiärer Spracherfahrung können sich die Kinder dem neuen Zeichensystem von verschiedenen Seiten nähern.
Die »Landkarte« macht zudem deutlich, welche je anderen Anforderungen jedes Kind auch noch zu bewältigen hat, um den Aufbau der Schrift zu verstehen und um mit den verschiedenen Funktionen der Schrift vertraut werden zu können. Bei Kindern mit anderer Muttersprache als dem Deutschen kommt die Leistung des Verstehens der Inhalte, um die es jeweils geht, und des Kennens und Beherrschens der sprachlichen Strukturen, in denen sie dargeboten werden, immer noch hinzu.
Die »Landkarte« ist außerdem eine Hilfe, um Vereinseitigungen, etwa durch einen Unterricht, der einer Fibel folgt, auszugleichen, sodass Kinder Schriftsprache in allen Aspekten kennen lernen und erproben können.

*

Die Lernfelder geben also *keine* Reihenfolge für konkrete Lernangebote vor. Sie helfen vielmehr, Kindern auf unterschiedlichem Entwicklungsstand Aufgaben zu stellen und ihnen verschiedene Zugänge zur Schrift zu erschließen. Alle Aspekte der Schrift sind von Anfang an wichtig und sie sind mit einem einmaligen Durchgang nicht »erledigt«. Nur gehen die Kinder später zunehmend anspruchsvoller mit ihnen um.
Die Lernwege der Kinder sind deshalb nicht mit einer Treppe zu vergleichen, auf der man von Stufe zu Stufe steigt. Was gelernt wird, ist immer nur vorläufig, ist Grundlage für Erweiterungen und Verfeinerungen. Die Idee des linearen Lehrgangs ist zu ersetzen durch die Vorstellung einer Spirale mit wiederholten Durchgängen durch dieselben Lernfelder – aber auf anderem Niveau.

Im Einzelnen geht es um folgende Aspekte der Schriftsprache (hier alfabetisch geordnet; vgl. zur inhaltlichen Begründung im Einzelnen die acht Leitkarten zu den Lernfeldern in der »Ideen-Kiste«):

Aufbau der Schrift: Bereits Vorschulkinder können sich Wörter an einzelnen Buchstaben(gruppen), am typischen Schriftzug oder am Kontext merken. Oft können sie auch die Buchstabenfolge (z. B. ihres Namens) richtig zu Papier bringen. Lesen und Schreiben setzen aber voraus, dass sie den »Code knacken«, d. h., dass sie die Regeln verstehen und die Elemente kennen, mit deren Hilfe Sprache schriftlich gefasst wird. Und auch später brauchen sie über einen automatisierten »Sichtwortschatz« häufiger Wörter hinaus *(s. unten)* eine entwickelte Strategie, um seltene oder ganz unbekannte Wörter (z. B. auf einem Medikament) zu erlesen und zu schreiben.

Buchstabenkenntnis: Buchstaben rasch, genau und ohne bewusste Aufmerksamkeit zu erkennen ist Voraussetzung für flüssiges Lesen. Sie formgerecht und ohne Nachdenken zu Papier zu bringen erleichtert das Schreiben. Denn schon die Buchstabenkenntnis selbst verlangt mehr als ein rein mechanisches Vergleichen oder Kopieren grafischer Formen. Sie schließt höhere kognitive Leistungen ein (z. B. das Erkennen der definierenden Elemente in verschiedenen Schreibvarianten) und ist nicht gleichzusetzen mit einer möglichst feinen Unterscheidung grafischer Details.

Funktionen der Schriftverwendung: Die technische Logik der Schrift zu verstehen ist eines, ihre vielfältigen Verwendungsformen zu kennen und nutzen zu können etwas anderes, das aber gerade für die Anfänge des Lesen- und Schreibenlernens bedeutsam ist. Den Gebrauchswert der Schriftsprache im Alltag für sich selbst zu erfahren ist u. a. eine starke Motivation, sich immer wieder auf dieses Medium mit seinen besonderen Anforderungen einzulassen.

Gliederung in Bausteine: Lange Wörter stellen eine doppelte Anforderung: Zum einen muss das Wort (vom Umfang her) in handhabbare Teile, möglichst in schon vertraute Bausteine gegliedert werden; zum anderen müssen einzeln erlesene Buchstaben/Laute zu Einheiten unterhalb der Wortebene zusammengefasst werden, um das Kurzzeitgedächtnis beim »Synthetisieren« nicht zu überlasten. Wörter lassen sich in drei Typen von Bausteinen gliedern: in Silben (besonders wichtig fürs Lesen), in Morfeme (sinntragende Wortteile) und in Rechtschreibmuster (häufige Buchstabenverbindungen mit identischem Lautwert; vgl. zu allen drei Typen »Kinder auf dem Weg zur Schrift«, Kapitel 19–21).

Lautanalyse: Das lautierende Schreiben und das (Er-)Lesen von Wörtern sind wichtige Zugriffe auf die Schrift, und sie sind notwendige Vorformen flüssigen Lesens und Schreibens.

Eine besondere Anforderung an die Lautanalyse ist die Gliederung des Sprachstroms (von Sätzen in Wörter, von Wörtern in Silben und einzelne Laute). Zum anderen geht es um die Verbindung von Lauten, das Erproben von synthetischen Lautfolgen und ihre Variation, bis der Klang auf ein mögliches Wort passt.

Sicht-Wortschatz: Das einzelne Wort ist für viele Kinder – in Form von Schildern und Etiketten – der erste Zugang zur Schriftsprache. Es ist aber auch für Schriftkundige eine wichtige Einheit, da wir häufige Wörter zunehmend als verkettete Buchstabenfolgen und außerdem automatisiert, d.h. ohne bewusste(!) Aufmerksamkeit für das einzelne Zeichen, erkennen bzw. niederschreiben.

Verfassen und Verstehen von Texten: Die in frühen Phasen des Schrifterwerbs notwendige Konzentration auf den technischen Aufbau der Schrift kann Kindern den Zugang zur Bedeutungsebene von Texten erschweren. Manchmal liegt das an monotonen Aufgaben, an inhaltslosen »Geschichten« oder an zu schwierigen Wörtern. Um selbstständiges Lesen und Schreiben schon im Anfangsunterricht zu ermöglichen, muss der Anspruch an formale Korrektheit zugunsten inhaltlicher Bedeutung der Texte zurückgestellt werden.

Zeichenverständnis: Zeichen regelgerecht und auf die jeweilige Situation passend zu verwenden ist ein lebenslanger Lernprozess. Jedes Symbolsystem (Piktogramme, Zahlen, Noten, chemische Formeln; aber auch Stadtpläne, Fahrpläne, technische Querschnitte) hat seine eigenen Regeln. Das gilt auch für die alfabetische Schrift – in Absetzung etwa zum gegenständlichen Zeichnen oder zur Welt der Zahlen (vgl. die unterschiedliche Beziehung zwischen Sprechweise und Schreibrichtung: 13 → dreizehn).

Z

Zeichenverständnis:
Symbole vereinbaren,
verwenden, verstehen

V

Verfassen und
Verstehen von Texten:
Schrift als Informationsquelle
und Darstellungshilfe

A

Aufbau der Schrift:
Selbstständiges Erlesen und
Verschriften durch Einsicht in
die Parallelität von
Schriftkette und Lautfolge

S

Sicht-Wortschatz:
Häufige Wörter rasch erkennen und »blind« schreiben

Didaktische Landkarte
zum
Lesen- und
Schreibenlernen

F

Funktionen der
Schriftverwendung:
Soziale Formen
und persönlicher Nutzen
des Lesens und Schreibens

G

Gliederung
in Bausteine:
Gliederung von Wörtern in
Teile – Zusammenfassung
von Buchstaben in Gruppen

L

Lautanalyse:
Sprachlaute unterscheiden,
ausgliedern, verbinden

B bd
pq

Buchstabenkenntnis:
Buchstaben in
Formvarianten erkennen
und verschiedenen
Lauten zuordnen

Z

wie Zeichenverständnis:
Nach welchen Regeln steht ein Symbol für etwas anderes?

Sie sitzen mit Freunden am Tisch, um Memory zu spielen. Vor Ihnen liegt ein Kartensatz wie in der *folgenden Abbildung* (die Bilder auf der Unterseite der Karten liegen wie gewohnt verdeckt auf dem Tisch).

Gezinktes Memory als Selbsterfahrungstest für Schriftkundige.

Die 24 Karten zeigen folgende Wortpaare: Boot, Brot, Boote, Brote, Tor, rot, Kirche, Kirsche, Regen, Neger, Segen, Feger – in Kunstbuchstaben, wobei die Buchstaben Lauten zugeordnet sind (CH und SCH haben also ein eigenes Zeichen) und bei den Buchstaben R und S und F und N sich lediglich die Raumlage ändert. Eine Mappe mit verschiedenen Aufgaben/Spielen in solchen Kunstbuchstaben haben wir als Zusatzmaterial zur »Ideen-Kiste Schrift-Sprache« publiziert. Speziell für Elternabende bzw. für die Aus- und Fortbildung von LehrerInnen.

Was würden Sie tun, wenn Sie im Spiel als Erste/r am Zug sind? Als Schriftkundige kannten Sie bereits die Grundregeln, als Sie oben das gezinkte Memory betrachtet haben. Nur die einzelnen Zeichen waren Ihnen fremd. Viel-

leicht ist Ihnen bei der Betrachtung der Zeichen trotzdem einer der folgenden
Fehler unterlaufen:
– ein Zeichen übersehen (z. B. bei: Kirche/Kirsche),
– ähnliche Zeichen als gleich betrachtet (z. B. R/S, F/N, CH/SCH),
– die Leserichtung nicht beachtet.

Solche Fehler sind eine wichtige Erfahrung für Erwachsene: Es reicht nicht,
»einfach hinzuschauen«. Unbekannte Zeichen verwirren. Man muss sie erst
einmal ordnen: Welche Zeichen gibt es in dem System, wie unterscheiden sie
sich, an welchen Stellen muss man besonders aufpassen?
Diesen Lernprozess machen wir in unserem Leben immer wieder durch:
wenn wir Fahrpläne lesen, technische Zeichnungen betrachten, chemische
Formeln schreiben, nach Noten musizieren, uns an einer Wanderkarte orientieren usw.
Aufgrund ihrer Schrifterfahrung ist es für Erwachsene beim gezinkten Memory selbstverständlich, nach gleichen Zeichenreihen zu suchen. Bei Schulanfängern ist das nicht so: etwa 25% haben in einem kleinen Experiment, das wir
vor 15 Jahren durchgeführt haben, das Memory so gespielt wie sonst auch
(weitere 5% zumindest anfänglich). Als ob die Oberseite der Karten ein beliebiges Muster trüge und keine Schriftzeichen. Sie haben nicht erkannt, dass
das Memory mit unserer Alfabetschrift »gezinkt« ist *(s. Abb. oben S. 22)*, sodass sich aus den gleichen Buchstabenfolgen gleiche Abbildungen erschließen
lassen.
Ein weiteres Drittel der Kinder nutzt zwar die Schrift, beachtet aber noch nicht
alle Buchstaben oder vernachlässigt die Leserichtung (ROT vs. TOR). Nur
15–20% der Kinder nutzten die Aufschriften konsequent und – abgesehen von
Flüchtigkeitsfehlern – auch erfolgreich.
Als Schriftkundige unterstellen wir dagegen, dass die grafischen Spuren
keine Ornamente sind, sondern Zeichen. Dass sie Bedeutung tragen, »für
etwas stehen«. Wir wären sehr überrascht, wenn wir zwei Karten mit der Aufschrift HAUS umdrehen und einmal eine Ente und einmal ein Auto sehen.
Diese Unterstellung muss man lernen. In der Psychologie sprechen wir von
»Symbolfähigkeit« und »Zeichenverständnis«.
Es reicht aber nicht, allgemein zu wissen, dass grafische Formen für etwas anderes stehen können. Man muss auch wissen, wie die Zeichen Bedeutung darstellen (»repräsentieren«).
Emilia Ferreiro und *Ana Teberosky* haben dazu in den 70er-Jahren einen interessanten Versuch mit Vorschulkindern durchgeführt. Sie haben die Kinder
gebeten, verschiedene Wendungen aufzuschreiben, z. B. »fünf Tomaten« oder
»drei Äpfel«, aber auch »kleine Katze« und »große Katze«. Die Kinder hatten
ja noch nicht gelernt, wie man schreibt, aber viele hatten eine Vorstellung
davon, dass man Buchstaben verwendet. Nur wie?

Manche Kinder haben einfach für jede Frucht einen Buchstaben genommen, oder sie haben »kleine Katze« mit 2–4 Buchstaben, große Katze mit 5 und mehr dargestellt. Die Kinder haben also eine Logik, die sie aus dem Zeichnen von Bildern kannten, auf das neue Zeichensystem »Buchstaben« übertragen. Auch wenn sie sich nicht an die (ihnen unbekannte) Logik der alfabetischen Schrift gehalten haben, war ihre Lösung der Aufgabe nicht willkürlich (vgl. dazu ähnliche Beispiele → *Lernfelder F und A).*

Die besondere Logik der alfabetischen Schrift lässt sich nicht in einem Schritt begreifen. Eine erste Einsicht in die Lautbindung der Buchstaben kann man Kindern erschließen, wenn man beim Vorlesen zwischendurch auf einzelne Wörter zeigt und deutlich macht: »Guck mal: KUH, ein großes Tier, aber nur ein kleines Wort – weil man es auch nur kurz spricht. MAI-KÄ-FER spricht man lang, darum ist das Wort auch lang, obwohl das Tier so klein ist.« (vgl. auch die Beispiele in *Abb. Z. 3).*

»Welches Wort ist länger...?« ⚠ Z.3

Schon in den 30er-Jahren hat *Bernhard Bosch* Kindern die Frage gestellt: »*Welches Wort ist länger, das Wort ›klitzeklein‹ oder das Wort ›groß‹?*« Er fand mit verschiedenen Varianten (z. B. »Haus«/»Streichholzschächtelchen« oder »Piepvögelchen«/ »Kuh«), dass viele Kinder ihr Urteil über die Wort»länge« nach der Bedeutung und nicht nach der Lautform gaben.

Wir haben diese Aufgabe etwas variiert, indem wir den Schulanfängern Karten mit Schriftwörtern vorlegen. Auch hier handelt es sich um Gegenstände unterschiedlicher Größe oder Länge (z. B. »Zug«/»Lokomotive«):

»*Das sind Karten, da stehen Wörter geschrieben. Ich zeige euch immer zwei Karten und ihr versucht herauszufinden, auf welcher Karte welches Wort steht. Nehmen wir diese beiden Karten: Wo steht <Salat> und wo steht <Salatblatt>?*« (...) »*Ja, Sa-lat-blatt wird länger gesprochen, darum ist es auch das längere Wort.*«

Lokomotive	Zug
Streichholz	Ast
Hosentasche	Hose
Fingernägel	Hand
Salatblatt	Salat
Eiskugel	Eis
lang	kurz
Ameise	Meise

Viele Kinder wissen auch gar nicht, dass alle gesprochenen Wörter (und nicht nur die Haupt- oder Tätigkeitswörter) verschriftet werden. Deshalb ist es hilfreich, beim Vorlesen ab und zu begleitend auf die langsam gesprochenen Wörter zu zeigen. So wird ihnen bewusst, dass in der Schrift auch Artikel und andere Funktionswörter auftauchen (die man beim Zeichnen ja nicht abbildet).

Jedes Zeichensystem hat eben seine eigenen Regeln. Es gibt eine ganze Menge von Besonderheiten, die zu beachten sind, wenn man unsere alfabetische Schrift richtig lesen will (vgl. die »Acht kritischen Einsichten« oben in *Kapitel 3)*. Was also können wir tun, um Kindern zu diesen Einsichten zu verhelfen? Als erstes: das Memory gezinkt mit Schrift spielen *(s. S. 22 und S. 108)*. Ohne viel zu erklären, denn die Kinder lernen selbst aus ihren Versuchen und Fehlern. Zum Beispiel sind viele verblüfft, wenn sie REGEN und NEGER oder KIRCHE und KIRSCHE umdrehen, aber die Bilder nicht identisch sind. Bei genauerer Betrachtung der Schrift werden sie auf die bedeutsamen Unterschiede aufmerksam, und oft tasten sie bei weiteren Versuchen die Schrift auf den Karten Buchstabe für Buchstabe ab. Das ist ein wichtiger Schritt zum genauen Lesen – auch wenn die Kinder in dieser Phase noch gar nicht wissen, was die einzelnen Buchstaben bedeuten (s. Stufe 1 oder 2 in dem »Entwicklungs-Modell Lesen«, *S. 153 → Lernfeld S).*

Zentral ist, dass die Kinder begreifen: Dieselbe Buchstabenfolge steht immer für eine Bedeutung – »dieselbe« ist sie aber nur, wenn auch die Folge der Zeichen von links nach rechts dieselbe ist.

Dabei gibt es eine Schwierigkeit. Schilder und Etiketten, aber auch Handschriften zeigen, dass »dasselbe« Zeichen verschiedene Formen annehmen kann. So müssen die Kinder dazulernen: Eine Buchstabenfolge behält ihre Bedeutung auch in verschiedenen Schriftarten. Eine wichtige Variante des Spiels könnte also so aussehen, dass die Wörter auf den beiden Karten in verschiedenen Drucktypen geschrieben sind *(→ Lernfeld B).*

Um das Zeichenverständnis und einen beweglichen Umgang mit Symbolen zu fördern, eignen sich Aktivitäten wie:
– selbst Zeichen erfinden für die Länge und Höhe von Tönen *(Abb. Z. 4)*,

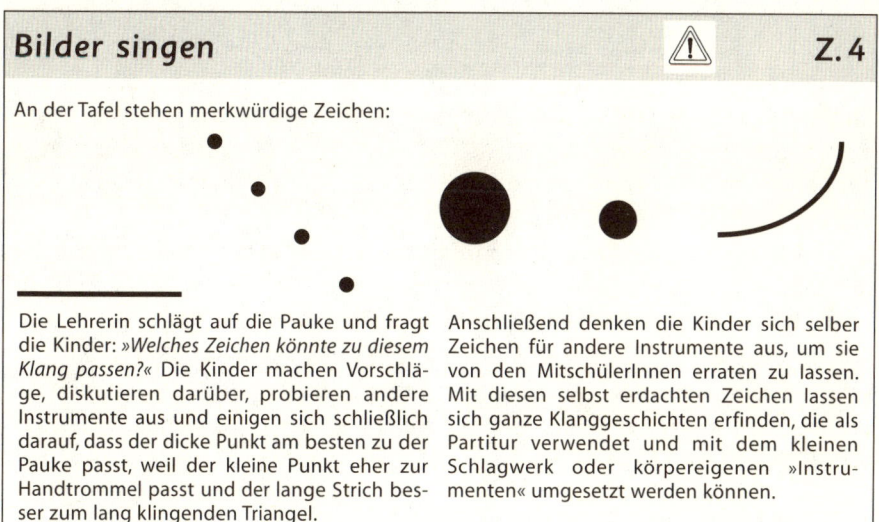

Bilder singen ⚠ Z. 4

An der Tafel stehen merkwürdige Zeichen:

Die Lehrerin schlägt auf die Pauke und fragt die Kinder:»*Welches Zeichen könnte zu diesem Klang passen?*« Die Kinder machen Vorschläge, diskutieren darüber, probieren andere Instrumente aus und einigen sich schließlich darauf, dass der dicke Punkt am besten zu der Pauke passt, weil der kleine Punkt eher zur Handtrommel passt und der lange Strich besser zum lang klingenden Triangel.

Anschließend denken die Kinder sich selber Zeichen für andere Instrumente aus, um sie von den MitschülerInnen erraten zu lassen. Mit diesen selbst erdachten Zeichen lassen sich ganze Klanggeschichten erfinden, die als Partitur verwendet und mit dem kleinen Schlagwerk oder körpereigenen »Instrumenten« umgesetzt werden können.

– Pläne zeichnen von Räumen oder von Geräten,
– Zeichen für Aktivitäten in einem Tages- oder Arbeitsplan absprechen,
– eine »Geheimsprache« für bestimmte Begriffe vereinbaren,
– sich Kürzel für Merkzettel (z. B. Hausaufgaben) ausdenken,
– Logos und Schriftwörter aus der Werbung den Waren zuordnen *(Abb. Z. 12)*,
– zur Musik Bilder malen oder Bewegungen ausdenken.

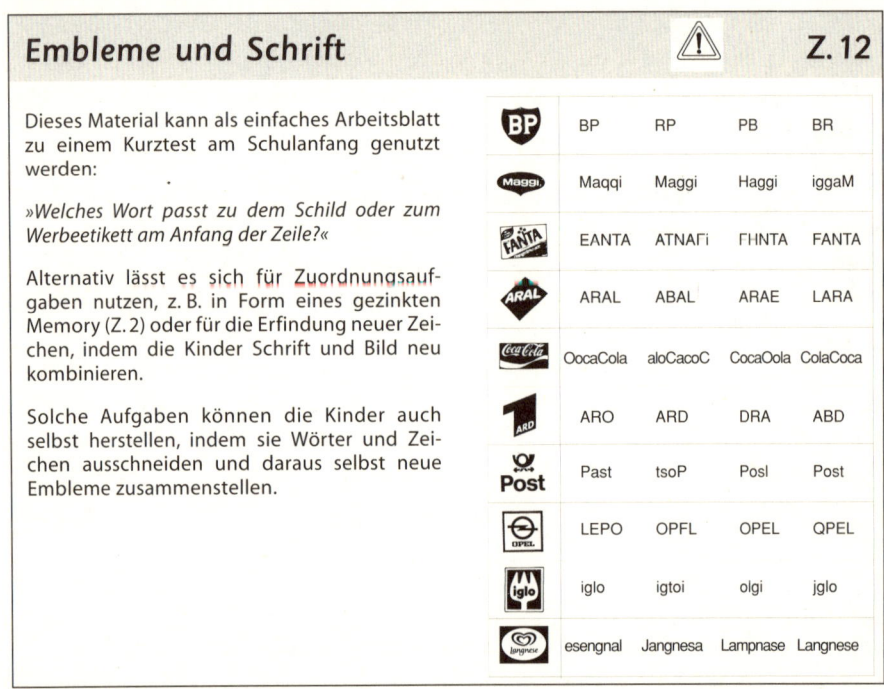

Embleme und Schrift ⚠ Z. 12

Dieses Material kann als einfaches Arbeitsblatt zu einem Kurztest am Schulanfang genutzt werden:

»Welches Wort passt zu dem Schild oder zum Werbeetikett am Anfang der Zeile?«

Alternativ lässt es sich für Zuordnungsaufgaben nutzen, z. B. in Form eines gezinkten Memory (Z. 2) oder für die Erfindung neuer Zeichen, indem die Kinder Schrift und Bild neu kombinieren.

Solche Aufgaben können die Kinder auch selbst herstellen, indem sie Wörter und Zeichen ausschneiden und daraus selbst neue Embleme zusammenstellen.

Logo				
BP	BP	RP	PB	BR
Maggi	Maqqi	Maggi	Haggi	iggaM
Fanta	EΛNTA	ATNAΓi	ΓHNTA	FANTA
Aral	ARAL	ABAL	ARAE	LARA
Coca Cola	OocaCola	aloCacoC	CocaOola	ColaCoca
ARD	ARO	ARD	DRA	ABD
Post	Past	tsoP	Posl	Post
Opel	LEPO	OPFL	OPEL	QPEL
iglo	iglo	igtoi	olgi	jglo
langnese	esengnal	Jangnesa	Lampnase	Langnese

Das gemeinsame Gespräch ist dabei Voraussetzung dafür, dass den Kindern bewusst wird:
Zeichen kann man willkürlich vereinbaren, aber sie nutzen nur etwas, wenn man sich an die Vereinbarungen hält. Die Lesbarkeit von Zeichen hängt davon ab, dass die Schreiber die Regeln einhalten (z. B. formgerechte Buchstaben, Schreibrichtung, Zeilensprung, später auch: Rechtschreibung).
Über das wiederholte Vorlesen von Geschichten begreifen Kinder, dass Texte nicht einfach (wechselnde) Erzählungen zu Bildern, sondern dass sie buchstäblich »an den Wortlaut« gebunden sind. Entsprechend streng fordern sie »die ganze Geschichte« ein, wenn wir abends beim Vorlesen versuchen, Abschnitte zu überspringen, um Zeit zu gewinnen, ja, sie monieren es, wenn wir aus lauter Müdigkeit einzelne Wörter überlesen oder austauschen… Ideen zu den anderen Schwierigkeiten der Schrift finden sich in den folgenden Lernfeldern.

F wie Funktionen der Schrift:

Wozu ist Lesen und Schreiben eigentlich gut?

Schriftkundige Erwachsene können sich oft nicht vorstellen, dass Kindern un-klar ist, was man mit Schrift alles machen kann, wozu sie nützlich ist. Vor allem LehrerInnen leben im Alltag in einer Schriftkultur, die vielen Kindern fremd ist.

Kinder aus Akademikerfamilien machen diese Erfahrungen mit Schrift beiläufig, sodass sie LehrerInnen oft selbstverständlich erscheinen. Wie reich diese Erfahrung sein kann, zeigen die folgenden Beispiele aus der Schriftver-wendung von Lisa vor der Schule *(s. oben S. 77):*

> *Das war für Lisa so wichtig, dass sie es aufschreiben wollte:*
> ** der eigene Namen (z. B. unter Bildern) * Namen von FreundInnen*
> *und Familienmitgliedern * Buchstaben, Stundenpläne, Texte abschreiben beim*
> *Schulespielen * Briefe * Einladungskarten * Wunschzettel * Bildunterschriften*
> ** Koch-/Backrezepte * Einkaufszettel * Schilder für die Zimmertür: Eintritt*
> *verboten, Bitte nicht stören, Werkstatt * Telefonnummern aufschreiben * Datum*
> *auf Bild schreiben * Spielanleitung zu selbst gebasteltem Spiel * Eintrittskarten*
> *für Kaspertheater * Liste von Gerichten, die Lisa mag * Kofferpackliste*
> ** Liebesbriefe * Geschichten * Verabredungszettel * Notizen*
> ** Anleitung zur Kaninchen-Pflege * Nachrichten*
> ** Wutbriefe * Gedichte*

Dies bringt das eine Kind als Voraussetzung mit, auf der wir unausgespro-chen im Unterricht aufbauen. Anderen Kindern fehlt ein solcher Rahmen, in dem Lesen und Schreiben, damit aber auch der anstrengende Erwerb dieser Fähigkeiten erst Sinn machen.

Dabei kann man die Funktion von Schrift auch dann kennen lernen, wenn man noch nicht alfabetisch schreibt (geschweige denn rechtschriftlich korrekt; vgl. oben die Geschichte von Benni).

Am Ende des Kindergartens haben wir Vorschulkindern eine Aufgabe aus den KIM-Spielen gestellt. Solche Merkaufgaben waren früher auf Kinder-geburtstagen beliebt: Verschiedene Gegenstände wurden auf einem Tisch ausgelegt, kurz gezeigt und dann abgedeckt. Wer hinterher am meisten erin-nerte, hatte gewonnen.

Wir haben diese Aufgabe Kindern kurz vor oder kurz nach Schulbeginn ge-stellt. Allerdings gab es von den Gegenständen unterschiedliche Anzahlen,

z. B. zwei Stifte, acht Lego-Steine, drei Autos, vier Häuser usw. Außerdem erzählten wir den Kindern, dass wir erst am nächsten Tag nachfragen wollten. Dafür gaben wir ihnen ein Blatt Papier und einen Stift, »falls du dir einen Merkzettel machen willst…«.

Viele Kinder haben zunächst protestiert, sie könnten gar nicht schreiben. Aber erstaunlicherweise haben nach unserer Ermutigung: »Schreibt so gut, wie ihr könnt, ihr habt sicher schon mal gesehen, wie Mama oder Papa schreiben«, fast alle von dieser Möglichkeit Gebrauch gemacht. Orthografisch richtig schreiben konnte keines. Aber jedes nutzte seine persönlichen Möglichkeiten, um seine Beobachtungen als Merkposten festzuhalten.

Beispiele für »vier Häuser« haben wir an anderer Stelle dargestellt und kommentiert *(vgl. »Kinder lernen anders«, S. 50 f.)*. Analog sind die folgenden Schreibweisen für »fünf Bälle« idealtypisch konstruiert, um unterschiedliche Strategien von Kindern zu veranschaulichen.

FEMPF BELE

1 2 3 4 5

5 P

O O O O O -   FÜNNF BÄHLÖ
                         FMF BL

FIF PEL

BKALR

FÜMF BELLE

Wir stellen zu dieser Abbildung eine kleine Aufgabe, die wir oft in Seminaren eingesetzt haben:

Überlegen Sie für jede Schreibweise, was sich das Kind gedacht haben könnte, als es »fünf Bälle« so geschrieben hat, welche Vorstellung vom Aufbau der Schrift also in der besonderen Schreibweise zum Ausdruck kommt. In einem zweiten Schritt können Sie die Schreibungen danach ordnen, wie viel die Kinder schon vom Aufbau der Schrift verstanden haben.

***

Denkpause

***

Die Kinder lösen solche Aufgaben mit den Mitteln, die ihnen zur Verfügung stehen. Es geht hier nicht darum, ob sie anschließend wieder lesen können, was sie geschrieben haben. Uns interessiert, welche Einsichten in die Prinzipien der Schrift in den Schreibversuchen zum Ausdruck kommen. Damit gewinnen wir ein einfaches diagnostisches Mittel. Wir sehen, wo einzelne Kinder stehen, was sie schon können, worauf wir aufbauen können (s. zu unserer Interpretation der obigen Beispiele und zum *»Entwicklungsmodell Schreiben« → Lernfeld A*).

Zum anderen sind solche Situationen Anlass, um Lösungen oder Strategien zu vergleichen, auf Schwierigkeiten und auf Alternativen aufmerksam zu machen. Z. B. kann <LT> einerseits LEITER bedeuten, andererseits auch LATTE oder LOTTO. Also ist es wichtig, weitere Laute darzustellen.

Sinn machen solche Hinweise für die Kinder, weil sie mit dem Lesen und Schreiben ein Handlungsziel verfolgen, sie wollen etwas bewirken. Um des Erfolgs in der Sache willen lohnt es sich für sie, auch in der Form genauer zu werden.

Wie also können wir die Schule, den Klassenraum, den Unterrichtsalltag gestalten, dass Kinder die Schrift »funktional« erleben? Vieles ist in Grundschulklassen Alltag:

– täglich die Namensschilder (im Wechsel) durch ein Kind verteilen lassen
– Hausaufgaben notieren lassen,

Die Schule beschildern   F.6

»Wo ist das Klo?« – »Wohnt hier der Hausmeister?« – »Meine Schwester ist in der Klasse 3A, wo ist die?«

Die Kinder können Schilder der betreffenden Räume abschreiben, eigene Zeichen erfinden oder einer schreibkundigen Person diktieren (Kinder aus höheren Klassen oder Eltern einladen!). In mehrsprachigen Klassen sollten diese Sprachen auch bei der Beschilderung der Räume berücksichtigt werden. Davon profitieren dann nicht nur die Kinder mit anderer Muttersprache, sondern auch die deutschen: Hier

wird klar, dass die Bezeichnungen der Dinge willkürlich sind, in jeder Sprache werden sie anders benannt; die Bild-Symbole jedoch sprechen für sich.

WC

SPOR

PAUSENHALLE / KANTIN

ERSTE HILFE / ILK YARDIM

3A

PUTZ-RAUM / TEMIZLIK ODASI

HAUSMEISTER / HADEME

WERKRAUM / ATÖLYE

- Tagesplan vereinbaren und festhalten,
- Etiketten an den Gegenständen befestigen – in den verschiedenen Sprachen der Kinder dieser Klasse,
- die Schule beschildern *(s. Abb. F. 6)*,
- Anwesenheitsliste jeden Tag unterschreiben lassen,
- Ausleihbuch mit Buchtitel und Namen führen,
- Pinnwand mit Nachrichten, Witzen, Rätseln,
- Wort-Bild-Lexika und Sachbücher zu aktuellen Themen nutzen,
- ein Postkasten, der regelmäßig geleert wird *(s. Abb. F. 3)*.

Unser Postkasten F.3

Ein Schuhkarton, gelb bemalt, mit dem Posthorn bemalt oder beklebt und mit <POST> beschriftet, dient uns als Postkasten. In den Deckel schneiden wir einen Schlitz und schon kann es losgehen. Die Kinder werden das neue Stück im Gespräch rasch identifizieren und ihre Erfahrungen mit Briefen austauschen.

Dann kommt unser Auftritt:

»Frank, dich ernenne ich heute zu unserem Postboten. Schau mal nach, ob wir schon Post haben!«

Es hat einige Arbeit gekostet, jedem Kind einen Brief zu schreiben – wie kurz auch immer (und es wird noch mehr Disziplin verlangen, auf die Briefe der Kinder zu antworten). Auf dem Umschlag steht der Name, so dass der Postbote weiß, für wen der Brief bestimmt ist. Die Namenskärtchen auf den Tischen (oder Rückfragen bei den Kindern) helfen dem Briefträger, die Post richtig auszutragen. Dieses Amt wechselt ab jetzt täglich oder wird bewusst auch schwachen LeserInnen übertragen. Für sie, die Wörter noch nicht erlesen können, ist dies ein konkreter Anreiz, sich erst einmal die Namen der anderen Kinder einzuprägen.

Damit die Kinder Lesen und Schreiben als Bestandteil einer alltäglichen Schriftkultur erleben, muss die Schule auch zu einem Ort der Begegnung mit Büchern und Geschichten werden *(s. Abb. F. 18)* – mit Beispielen aus der Literatur, aber auch mit eigenen Texten *(→ Lernfeld V)*. Manche Kinder machen diese Erfahrung vor der Schule, anderen fehlt diese wichtige Grundlage. Für sie ist entscheidend, ob es gelingt, die Schule als einladende »Lesewelt« zu gestalten *(s. Abb. F. 17)*.

Die Lernfelder F und V lassen sich nicht leicht voneinander abgrenzen. Uns geht es in F darum, den sozialen Rahmen zu beschreiben, innerhalb dessen die Kinder über bestimmte »Institutionen« bzw. »Rituale« verschiedene Funktionen des Lesens und Schreibens als selbstverständlich und sinnvoll erleben.

Lesewelt Schule F.17

• In der Pausenhalle steht ein großer Schrank, der jeden Morgen vor dem Unterrichtsbeginn geöffnet wird. Dort können sich die Schüler-Innen Bücher ausleihen, die sie während der Pausenzeiten, vor oder nach dem Unterricht oder in Phasen freier Arbeit lesen.

• Neben jeder Klassentür hängt eine Pinn-wand, auf der unter der Überschrift »Unsere Lieblingsbücher« die Kinder der jeweiligen Klasse Buchbeurteilungen/-empfehlungen aushängen.

• Präsentation von Büchern: auf Fenster-bänken, auf Regalen, auf Tischen, auf Bücher-leisten, sodass die Titel selbst zu sehen sind und zum Lesen verlocken (also nicht in Kartons versteckt oder nur mit dem Buchrücken sicht-bar aufbewahrt werden).

• Eltern, Großeltern, die zum Vorlesen in die Schule kommen, vielleicht während des Unter-richts, vielleicht als Zusatzangebot.

• LehrerInnen, die in der Pause in Büchern blättern, weil Kinder- und Jugendbücher als Vorlesebücher auf einem Tisch im Lehrer-zimmer ausgestellt sind.

• Zum Abschluss jeder Gesamtkonferenz wird ein Kinderbuch vorgestellt.

• Absprachen wie: Einmal im Schuljahr macht jede Klasse ein Buch selbst, eine Ausstellung, zu der Eltern eingeladen werden bzw. die am Elternsprechtag o.ä. gezeigt wird, schließen sich an.

Regenbogen-Bücher: Planeten- und Spuren-Box, 40 leichte Lese-Texte bei *vpm*.

Leseteppich F.18

Wie jeden Dienstag von 10.00 bis 10.45 Uhr ist auch heute Lesestunde in der zweiten Klasse.

Alle Kinder haben die Aufgabe, sich mit Büchern zu beschäftigen – auch die Lehrerin sitzt in einer Ecke und liest ein Buch.

Julia hat sich heute kein Buch geholt, sie möch-te sich lieber etwas vorlesen lassen. Deshalb hat sie sich auf den kleinen grünen Lese-teppich gesetzt und guckt nun erwartungsvoll in die Runde, wer sich wohl zu ihr setzen wird, um ihr vorzulesen. Lange muss sie nicht war-ten, bis *Pia* sich auf das bereitliegende Vorlese-kissen setzt, ihr Buch aufschlägt und zu lesen beginnt.

Oft sieht die Situation in der Lesestunde auch umgekehrt aus: Ein Kind sitzt mit seinem Buch auf dem Kissen und wartet, bis sich noch je-mand auf den Leseteppich setzt, um sich vorle-sen zu lassen.

Zum Vorlesen gehören interessierte Zuhörer und Zuhörerinnen. Dann erst macht es Sinn und Spaß. Oftmals ist aber das Lesen in der Schule reduziert auf das gemeinsame Reihum-Lesen eines Lesebuchtextes. Geübte LeserIn-nen langweilen sich rasch dabei, weil sie den Text längst zu Ende gelesen haben, wenn die vorlesenden Kinder noch nicht einmal ein Drit-tel geschafft haben. Ungeübtere LeserInnen erleben das laute Vorlesen als eine sehr quälende Situation, in der sie etwas vorführen müssen, von dem sie wissen, dass sie es nicht gut können. Wer liest hier wem gern vor und wer hört interessiert zu?

Lisa will eine Suppe kochen. Sie füllt einen Topf mit Wasser, holt sich einen Rühr-löffel und sagt dann: »Zuerst brauche ich aber noch ein Rezept.« Sie schreibt auf einen Zettel »Brot«, »Butter«, »Zitrone« und »Zucker«. Sie holt alle Zutaten und rührt sie in ihre Suppe hinein. Zwischendurch guckt sie immer wieder auf ihr Rezept, »damit ich auch alles richtig mache«. Nachdem ihre Suppe fertig gekocht ist, fällt ihr noch ein, dass etwas auf dem Rezept fehlt: Sie hat vergessen »Wasser und die Cornflakes«, die sie zum Schluss noch über die Suppe gestreut hat, aufzu-schreiben. Lisa ergänzt diese Zutaten noch und ist nun sehr zufrieden mit ihrem Werk. Eine halbe Stunde nach dieser Kochaktion kommt Lisa mit einem »Back-rezept« und verkündet, dass sie nun einen Kuchen backen wolle.

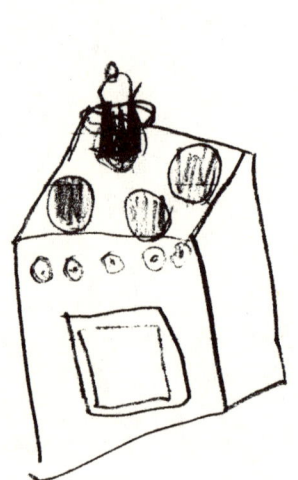

V wie Verfassen und Verstehen von Texten:

Wie erschließe ich beim Lesen mir selbst und wie beim Schreiben den anderen die Bedeutung von Texten?

Wie im *Lernfeld F* steht hier ebenfalls der Sinn des Lesens und Schreibens im Vordergrund, aber auf einer anderen Ebene: Wie lernen Kinder, Texte sinnvoll zu gestalten bzw. sich den Sinn eines Textes zu erschließen – und in welchen Situationen/an welchen Aufgaben können sie die erforderlichen Strategien entwickeln?

Wie eng beide Aspekte im Unterrichtsalltag miteinander verschränkt sind, zeigen Institutionen wie die »Schreibkonferenz« *(Abb. V. 8)* und das Vorlesen einer »Fortsetzungsgeschichte«.

Schreibkonferenz   V. 8

Schreiben zu einem vorgegebenen Thema ➔ Text abgeben ➔ bewertet und in korrigierter Form zurückbekommen ➔ Text noch einmal abschreiben = Aufsatzerziehung?

Es geht auch anders.
Heiner hat eine kleine Geschichte für das Klassengeschichtenbuch geschrieben. Bevor er den Text mit dem Ricto-Set (A. 13) setzt, stellt er ihn zwei anderen Kindern vor, die ihm dann zurückmelden, ob sie die Geschichte inhaltlich verständlich finden, ob sie gut klingt und ob die Ausdrücke gut gewählt sind. Wenn ihnen etwas nicht gefällt, machen sie *Heiner* Verbesserungsvorschläge, die er dann aufnehmen kann, aber nicht muss.
In einem nächsten Schritt wird der Text auf die orthografische Richtigkeit hin überprüft. *Thorstens* Einwand: »*Ich glaube, ›kommen‹ schreibt man mit zwei ›m‹*«, wird mit Hilfe eines Wörterbuches überprüft und das Wort gegebenenfalls verbessert. Nachdem der Text in dieser Form überarbeitet worden ist, spricht die Lehrerin ihn noch einmal mit *Heiner* durch und beseitigt die von der Gruppe nicht bemerkten Fehler, bevor *Heiner* seinen Text für das Buch druckt und die Geschichte dann von den anderen Kindern der Klasse gelesen werden kann.
Tief in Gedanken versunken, sitzt auch *Arzu* an ihrem Tisch und schreibt. Sie schreibt in ihrer Muttersprache. Anschließend wird auch sie mit ihren türkischen KlassenkameradInnen über ihre Texte sprechen. (Wenn das in der Klasse nicht möglich ist, sollten die Kinder Gelegenheit haben zu einem Austausch mit Kindern anderer Klassen.) Auch ihr Text wird dann, nachdem er überarbeitet worden ist, in dem Geschichtenbuch stehen – natürlich mit einer Übersetzung.

> Nur wer gar nicht schreibt, schreibt nichts verkehrt!

> Und wer viel schreibt, schreibt auch vieles richtig.

Eltern und LehrerInnen gönnen sich und ihren Kindern viel zu selten, längere Geschichten in Fortsetzungen vorzulesen. Dabei ist dies eine der wichtigsten Formen der Leseförderung. Kinder, denen im Vorschulalter viel vorgelesen worden ist, haben es mit dem Lesen- und Schreibenlernen leichter als andere.

Eine entsprechend gemütliche Situation macht den Umgang mit Büchern schon atmosphärisch reizvoll. Längere Geschichten erzeugen einen Spannungsbogen, der Neugier weckt und Kindern ermöglicht, sich in eine fremde Welt hineinzuleben. Rückfragen (»Wo haben wir gestern aufgehört?«), Vermutungen über Gedanken und Gefühle der handelnden Personen (»Ob der kleine Junge jetzt Angst hat?«), Erwartungen an den Fortgang der Handlung (»Was könnte er jetzt machen?«), Verbindungen zur Erfahrung der Kinder (»So ähnlich war das doch auch, als wir damals im Zoo…«) fördern eine aktive Haltung gegenüber Texten.

Aber dies ist nicht nur eine Frage der Motivation. Beim Vorlesen begegnen die Kinder der Schriftsprache in der bereits gemeisterten gesprochenen Form. Sie werden vertraut mit ihren besonderen Wendungen (»es war einmal«), mit dem anderen Satzbau (»…kam sein Vater. Der brachte…«) und den texteigenen Bezügen (»gestern« bezieht sich nicht auf die Vorlesesituation, sondern auf die »Welt im Text«).

Bei ihren eigenen Leseversuchen verfügen Kinder mit Vorleseerfahrung also über ein Rahmenwissen, wie Geschichten geschrieben werden. Das erleichtert ihnen, aktiv und mit passenden Rastern an Texte heranzugehen. Versuche der Gedächtnisforschung zeigen: Auch Erwachsene filtern Geschichten durch die Brille ihrer Text-Erfahrung. Unvertraute Muster machen Schwierigkeiten, die Inhalte werden »passend« umgedeutet. – Auch in diesem Sinne gilt der Satz von Proust: *Jeder Leser ist ein Leser seiner selbst – wenn denn in seinem Kopf überhaupt entsprechende Erfahrung verfügbar ist.*

»Zerschnittene Texte« sind eine Aufgabe, die auch viele Arbeitshefte der Fibellehrgänge nutzen: Einzelne Sätze werden in Hälften geschnitten und gemischt oder ganze Geschichten werden satzweise aufgelöst, sodass der Ursprungstext rekonstruiert werden muss.

Diese Aufgabe verlangt einerseits genaues Lesen. Das kommt vor allem Kontext-Spekulanten zugute, die sonst zum Raten neigen. Zum anderen muss eine über das einzelne Wort hinausgehende Sinnerwartung aktiviert werden. Das fordert die Strategien von Buchstaben-Sammlern, die Wörter nur mühsam lautieren, und Wortbild-Jägern, die sich Wörter an einzelnen Besonderheiten merken, gleichermaßen heraus (s. zu dieser Typisierung von Leseschwierigkeiten → *Lernfeld A).*

Mit kleinen Variationen lässt sich die Grundfigur dieser Aufgabe leicht variieren:
– grammatisch verdrehte oder semantisch unsinnige Sätze, die zu korrigieren sind *(s. Abb. V. 2);*
– Lückentexte, in die Wörter aus einer Liste eingefügt werden müssen;
– eingefügte Kunstwörter, die zu »übersetzen« sind, besser noch Wörter aus anderen Sprachen, die in der Klasse gesprochen werden, oder aus einer an-

»Dreckfuhler« (S. 16) verlangen ein genaues Lesen des einzelnen Wortes. Die Lösung kann allerdings gefunden werden, ohne dass der Kontext zu beachten ist. Dagegen fordert das Auswechseln ganzer Wörter bei der Aufgabe »Korrekturlesen« eine andere Leistung (die durch die Angabe der Fehlerzahl erleichtert werden kann):

Sein Schwanz [Kopf] war klein. Sein Hals war kurz [lang]. In der Mitte war es dünn [dick]. (aus: »Ein riesiges Tier« in der »Regenbogen-Lesekiste«)

Hier geht es um semantische Passung, die zum Teil aus dem Satzzusammenhang, zum Teil aus der zugeordneten Abbildung erschlossen werden kann. Analog ließe sich die syntaktische Passung prüfen (»Es gab einmal ein großes Tiere« oder »Sein Kopf war war klein«).

Bei grammatischen Veränderungen sind genaues Lesen der einzelnen Wörter und persönliches Sprachwissen aufeinander zu beziehen. Bei der Auswahl solcher Fehler muss man allerdings vorsichtig sein (legale Formen im Dialekt! Schwierigkeiten für Kinder anderer Muttersprachen, z.B. wenn es in ihrer Sprache kein grammatisches Geschlecht gibt).

Sein Kopf war sehr riesig

deren Fremdsprache, die in der Schule als Regional- oder Weltsprache eine Rolle spielt;
– »Geschichten-Sandwich«, in dem zwei Geschichten satzweise gemischt wurden, die stimmig zu rekonstruieren sind *(s. Abb. V. 1).*

Im Unterschied zum üblichen Umgang mit den Arbeitsheften der Leselehrgänge ist uns wichtig, dass die Kinder diese Aufgaben zu zweit oder in der Gruppe bearbeiten. Durch lautes Denken über Alternativen modellieren sie voreinander Strategien des Lesens. Zugleich erfahren sie, dass derselbe Text mehrere sinnvolle Lesarten haben kann.

Emil Schmalohr hat im Umgang mit Leseschwierigkeiten die Institution der »Lesegespräche« genutzt. Er nimmt Kinder als ExpertInnen ihrer eigenen Leseprobleme ernst. Seine Kritik richtet sich auf eine von der Lehrerin – sozusagen »von oben« – verordnete Förderung. Um die Kinder in ihrer Lernfähigkeit zu stärken, schlägt er vor, in drei Schritten vorzugehen:

1. *Klärung des Problems* = Bewusstmachung durch lautes Denken: »Wie lese ich, wo habe ich Schwierigkeiten?«
2. *Er-klärung des Problems* = Suche nach möglichen Ursachen: »Woran könnte das liegen?«
3. *Bearbeitung des Problems* = Selbstanleitung zum Handeln: »Was kann ich tun?«

In diesem Prozess hat die Lehrerin eine wichtige Funktion: als Partnerin, die alternative Sichtweisen einbringt, aber auch als Gegenüber, das eine Auseinandersetzung mit den Schwierigkeiten fordert. Schreibkonferenzen, Leseversammlung, ein regelmäßiger Austausch über »Tips und Tricks« beim Schreiben schwieriger Wörter sind Unterrichtsformen, in denen die Idee des lauten Denkens einerseits, des Modellierens möglicher Strategien andererseits ebenfalls institutionalisiert sind.

Diese Hinweise machen deutlich: eine Öffnung des Unterrichts für selbstständige Aktivitäten der Kinder bedeutet nicht Beliebigkeit. Aber die Kriterien beziehen sich auf Qualitäten des Prozesses gemeinsamer Arbeit. *Peter Gallin* und *Urs Ruf* haben dies auf die prägnante Formel gebracht: von der Singularität über die Divergenz zur Regularität.

In die Alltagssprache übersetzt bedeutet dies, dass wir die Kinder abholen, wo sie stehen. Realistischer und zugleich anspruchsvoller, dass wir ihnen Raum geben, mit dem in den Unterricht einzusteigen, was sie an persönlichen Erfahrungen und Denkweisen, an individuellem Können und Wissen mitbringen (»Singularität«).

Im Austausch unterschiedlicher Ideen, alternativer Lösungen, umstrittener

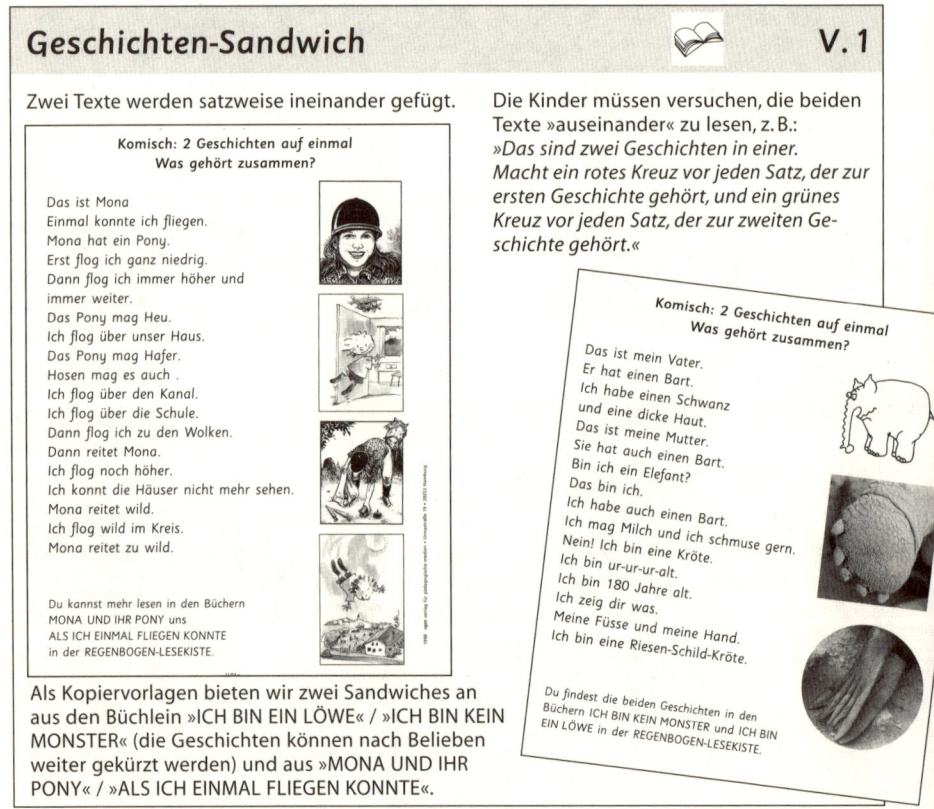

Geschichten-Sandwich   V. 1

Zwei Texte werden satzweise ineinander gefügt.

Die Kinder müssen versuchen, die beiden Texte »auseinander« zu lesen, z. B.:
»Das sind zwei Geschichten in einer. Macht ein rotes Kreuz vor jeden Satz, der zur ersten Geschichte gehört, und ein grünes Kreuz vor jeden Satz, der zur zweiten Geschichte gehört.«

Komisch: 2 Geschichten auf einmal
Was gehört zusammen?

Das ist Mona
Einmal konnte ich fliegen.
Mona hat ein Pony.
Erst flog ich ganz niedrig.
Dann flog ich immer höher und immer weiter.
Das Pony mag Heu.
Ich flog über unser Haus.
Das Pony mag Hafer.
Hosen mag es auch .
Ich flog über den Kanal.
Ich flog über die Schule.
Dann flog ich zu den Wolken.
Dann reitet Mona.
Ich flog noch höher.
Ich konnt die Häuser nicht mehr sehen.
Mona reitet wild.
Ich flog wild im Kreis.
Mona reitet zu wild.

Du kannst mehr lesen in den Büchern
MONA UND IHR PONY uns
ALS ICH EINMAL FLIEGEN KONNTE
in der REGENBOGEN-LESEKISTE.

Komisch: 2 Geschichten auf einmal
Was gehört zusammen?

Das ist mein Vater.
Er hat einen Bart.
Ich habe einen Schwanz und eine dicke Haut.
Das ist meine Mutter.
Sie hat auch einen Bart.
Bin ich ein Elefant?
Das bin ich.
Ich habe auch einen Bart.
Ich mag Milch und ich schmuse gern.
Nein! Ich bin eine Kröte.
Ich bin ur-ur-ur-alt.
Ich bin 180 Jahre alt.
Ich zeig dir was.
Meine Füsse und meine Hand.
Ich bin eine Riesen-Schild-Kröte.

Du findest die beiden Geschichten in den Büchern ICH BIN KEIN MONSTER und ICH BIN EIN LÖWE in der REGENBOGEN-LESEKISTE.

Als Kopiervorlagen bieten wir zwei Sandwiches an aus den Büchlein »ICH BIN EIN LÖWE« / »ICH BIN KEIN MONSTER« (die Geschichten können nach Belieben weiter gekürzt werden) und aus »MONA UND IHR PONY« / »ALS ICH EINMAL FLIEGEN KONNTE«.

Meinungen arbeiten sich die Kinder aneinander und an der Lehrerin ab (»Divergenz«). Mit dem gewachsenen Verständnis und der vertieften Einsicht in die Probleme werden die Kinder offener für technische Vereinfachungen (z. B. Normalverfahren beim Rechnen), für Konventionen (z. B. Regeln sozialen Verhaltens), für das Automatisieren von Routinen (z. B. die Rechtschreibung von Wörtern) (»Regularität«).

Auch für das eigene Schreiben brauchen Kinder Modelle. Literatur, die ihnen vorgelesen wird, kann zu ähnlichen Versuchen anregen. Sie bietet zugleich beispielhaft Standards für »gutes« Schreiben. Die Lehrerin am Tageslichtschreiber, die laut darüber nachdenkt, wie sie ihr Erlebnis im Supermarkt niederschreibt, die nach einer Überschrift sucht, den ersten Satz zweimal durchstreicht, die Stichworte sammelt und ordnet, die die Schreibweise eines Wortes ausprobiert, die Lehrerin, die selbst schreibt und ihre Schwierigkeiten dabei offenbart, ist nicht minder wichtig.

Vor allem aber lernen die Kinder aus den Schreibversuchen der anderen. Das Vorlesen vor der ganzen Klasse, das Kommentieren von Stärken und Schwächen, der soziale Raum des gemeinsamen Nachdenkens über Inhalt, Aufbau und Sprache – all dies trägt dazu bei, dass die Kinder aufmerksam werden auf besondere Anforderungen geschriebener Texte und auf Möglichkeiten, diesen Anforderungen zu genügen.

Umgekehrt sollten wir alles tun, um ihnen selbstständiges Lesen und Schreiben zu erleichtern. Beim Schreiben kommt es auf unsere Bereitschaft an, die Schreibweisen der Kinder auf ihrem jeweiligen Entwicklungsstand zu akzeptieren (→ *Lernfeld A*). Das Lesen können wir erleichtern, in dem wir einige elementare Grundsätze bei der Auswahl oder Gestaltung von Texten beachten (*s. Abb. V. 5*).

Einfache Bücher für kleine LeserInnen V.5

Ein Blatt DIN A4, zweimal gefaltet, unten aufgeschnitten und links geheftet: fertig ist ein kleines Buch mit acht Seiten. Ein leeres Buch, das Sie mit kleinen Texten (und Bildern) füllen können. Über Kopien lassen sich solche Lesehefte auch einfach vervielfältigen.

Aber was macht Texte »einfach« für Leseanfänger? Bei der Entwicklung der REGENBOGEN-BÜCHER als »Bibliothek für Leseanfänger« haben wir uns von folgenden Kriterien leiten lassen:

· wenige Seiten (»Ich habe ein ganzes Buch gelesen!«)
· wenig Text pro Seite (zuerst nur ein Wort, dann ein, zwei Sätze)
· große Schrift (1 cm, ohne Serifen, fett gedruckt)
· kurze Sätze (3 bis maximal 7 Wörter)
· viele Wörter aus der Alltagssprache

· Wiederholung von Wörtern, Satzstücken, mit leichter Variation
· wenige lange Wörter (möglichst nur ein bis zwei Silben)
· wenig Konsonantenhäufungen (vor allem am Silbenanfang/-übergang nicht)
· Vermeidung seltener Buchstaben (y, q, ä, ö, ü, ss) und Reduktion mehrgliedriger Schriftzeichen (ck, ch, ieh…)

Besondere Bücher entstehen, wenn die Texte in zwei Sprachen aufgeschrieben werden. Hier können die Kinder auf natürliche Weise Sprache miteinander vergleichen. Sie werden auch erleben, dass es Unterschiede in der Ausdrucksweise gibt. *»Wie sagt ihr das?«* wird eine oft gestellte Frage bei dieser Arbeit sein.

B
wie *Buchstabenkenntnis:*

Was bedeuten Buchstaben, und wann sind sie »gleich«?

Auch wenn Fibeln Woche für Woche einen Buchstaben »einführen«: Schulanfänger wissen mehr, als Lehrgänge unterstellen. In unseren eigenen Untersuchungen zeigte sich, dass sie spontan im Durchschnitt mehr als 10 verschiedene Buchstaben aufschreiben. Bei Benennung des Lautwerts konnten sie von zehn (häufigen) Buchstaben bei jeweils vier Angeboten sieben Buchstaben richtig einkreisen. Andere Studien kommen zu ähnlichen Ergebnissen.
Allerdings streuen diese Vorkenntnisse breit. Ein Viertel der 500 Kinder schrieben spontan weniger als 7 Buchstaben (darunter einige keinen einzigen); ein Viertel schrieb mehr als 14 (bis hin zu 29 – inklusive mehrgliedriger Grafeme wie <sch> und <ch>). Ähnlich breit streuten die Leistungen beim Buchstabendiktat (von 0 bis 10 aus 10).

Was bedeutet das für den Anfangsunterricht?
Die Kenntnis von Buchstaben und ihren Lauten zum Schulanfang erlaubt eine vergleichsweise gute Vorhersage des Erfolgs im Lese- und Schreibunterricht.

Buchstaben-Diktat   bd pq   B. 14

Jeden Morgen drei Minuten Buchstaben diktieren ist wie Kopfrechnen: es automatisiert grundlegende Fertigkeiten.

Am einfachsten ist es, wenn die Kinder (Schiefer-)Tafeln haben, auf denen sie die Buchstaben groß malen, dann hochhalten und anschließend wieder auswischen können. Oder die Kinder halten die entsprechenden

Buchstabenkarten hoch, wenn diese im *Fibellehrgang* in zureichender Größe verfügbar sind. Als Behelf kommen auch vervielfältigte Formblätter infrage, auf denen für jeden Buchstaben eine Zeile durch die Ziffern 1 bis 10 markiert ist, sodass wir zehn Buchstaben nacheinander diktieren können (mit anschließender Überprüfung unter den TischpartnerInnen).
Als Beobachtungshilfe zum Schulanfang haben wir die Aufgabe etwas vereinfacht durch die Vorgabe von jeweils vier Auswahlbuchstaben (s. Kopiervorlage). Einführung: *»Jetzt bekommt ihr eine Aufgabe als Buchstaben-Detektive. In jeder Reihe sollt ihr einen von den vier Buchstaben herausfinden: Ich sage euch den Namen und ihr macht dann einen Kreis um den Buchstaben. Vor der ersten Reihe seht ihr einen Affen. Sucht in der Reihe mit dem Affen das A. Macht einen Kreis um das A.« usw.* (Bitte bei Konsonanten den Lautwert UND den Namen sagen). *»Wenn ihr den Buchstaben noch nicht kennt, macht einen Kreis um das Bild.«*

Buchstaben-Monster

bd
pq

B. 17

»Ich kenne ein Buchstaben-Monster. Wisst ihr, was das macht? Das frisst nur Buchstaben, von morgens bis abends. Am liebsten mag es ganz verschiedene Buchstaben.

Leider hat es einen so riesigen Hunger, dass ich mit dem Füttern kaum nachkomme. Helft ihr mir?

Bitte schreibt mir so viele Buchstaben auf, wie ihr nur könnt. Aber denkt daran: nicht immer dieselben. Schreibt möglichst viele verschiedene Buchstaben, sonst wird das Essen dem Monster zu langweilig.

Viele Kinder lernen schon vor der Schule eine Reihe von Buchstaben kennen.

Diese Aufgabe hilft, Unterschiede in den Vorerfahrungen der Kinder beim Beachten und Malen von Buchstabenformen festzustellen.

Dies haben Untersuchungen in den USA, aber auch bei uns gezeigt. Aus diesem Befund wurde die Folgerung gezogen, eine vorschulische Förderung der Buchstabenkenntnis könne das Lesen- und Schreibenlernen erleichtern (vgl. die Übungen in der »Sesamstraße«). Der Erfolg solcher Programme ist ernüchternd.

Woran liegt das? Die Lese- und Schreibfähigkeit lässt sich nicht aus einzelnen Fertigkeiten und Kenntnissen zusammenbauen. Es kommt vielmehr darauf an, im Umgang mit Schrift einen Denkprozess in Gang zu setzen und weiterzuentwickeln, der nach und nach zu Einsichten in die Funktionsweise unseres alfabetischen Schriftsystems führt. Dieses geht nicht häppchenweise und schon gar nicht von heute auf morgen. Eine breite Buchstabenkenntnis ist daher bei vielen Kindern ein Indikator für komplexere Fähigkeiten: Vor allem die Kinder können viele Buchstaben benennen und schreiben, die eine reiche Erfahrung mit Schrift haben. Vergleichbare Erfahrungen vermittelt man nicht, wenn Kinder das Alfabet oder Buchstaben und ihre Namen einfach auswendig lernen. – Wenn man sich in der ersten Schulwoche einen Überblick darüber verschafft, welche Schriftvorerfahrungen die einzelnen Kinder eines ersten Schuljahres ganz konkret mitbringen *(vgl. Abb. Buchstaben-Diktat, B. 14; Buchstaben-Monster, B. 17),* merkt man schnell, welche Kinder die ganz

Anlauttabelle

A / a — AFFE, AMEISE	**B** / b — BÄR	**C** / c — COLLIE	**D** / d — DACKEL
E / e — ESEL, ENTE	**F** / f — FUCHS	**G** / g — GIRAFFE	**H** / h — HUHN
I / i — IGEL, ILTIS	**J** / j — JAGUAR	**K** / k — KÄNGURU	**L** / l — LÖWE
M / m — MAUS	**N** / n — NASHORN	**O** / o — ORANG-UTAN, OTTER	**P** / p — PAPAGEI
Qu / qu — QUALLE	**R** / r — REH	**S** / s — SAURIER	**Sch** / sch — SCHAF
Sp / sp — SPINNE	**St** / st — STORCH	**T** / t — TIGER	**U** / u — UHU, UNKE
V / v — VOGEL	**W** / w — WAL	**X** / x — HEXE	**Y** / y — YAK, PONY
Z / z — ZEBRA	**Ch** / ch — CHAMÄLEON	**Au** / au — AUERHAHN	**Eu** / eu — EULE
Ei / ei — EIDECHSE	**Ö** / ö — ÖLSARDINE	**Ü** / ü — ÜBERHOLEN	REGENBOGEN-LESEKISTE

besondere Unterstützung der LehrerIn von Anfang an brauchen. Sie müssen noch viele Erfahrungen mit Schrift in der Schule nachholen, die andere Kinder längst vor der Schule gemacht haben und die in den Lehrgängen regelmäßig vorausgesetzt werden wie z.B., dass man mit Schrift Bedeutung festhalten kann (→ *Lernfeld Z*), wozu Lesen und Schreiben eigentlich gut ist (→ *Lernfeld F*) und dass die Buchstaben mit den Sprachlauten zusammenhängen (→ *Lernfeld A*).

Andererseits stellt sich die Frage, ob wir am ersten Schultag so tun müssen, als ob die Kinder die Schrift erst durch die Schule kennen lernen. Wenn Olaf <Oma> schreiben will, das <O> aber erst in der sechsten Woche »eingeführt« wird, sollten wir nicht verhindern, dass er einen Buchstaben benutzt, der ihm aus seinem Namen schon lange vertraut ist.

Eine Anlauttabelle (→ *Lernfeld A*) hilft den Kindern darüber hinaus, Buchstaben zu finden, die sie noch nicht kennen.

Gleichzeitig wird über die Anlauttabelle immer wieder deutlich gemacht, dass zu jedem Buchstaben ein bestimmter Lautwert gehört. Um den Kindern zu helfen, dieses grundlegende Prinzip unseres orthografischen Systems zu verstehen, muss diese Beziehung immer wieder modellhaft vorgeführt werden (→ *Lernfeld A*). Manche Kinder können sich die Lautwerte der Buchstaben besser merken, wenn sie sich selber aussuchen dürfen, welches Anlaut-Bild sie in einer »wachsenden Anlauttabelle« dem entsprechenden Buchstaben zuordnen wollen (*s. Abb. A. 8, S. 142*).

Aber wie steht es mit Übungen zum Erkennen und zum formgerechten Schreiben von Buchstaben?

In vielen Arbeitsheften zu Fibeln finden wir Aufgaben, in denen die Kinder »gleiche Buchstaben« einkreisen müssen. Dies soll die »visuelle Unterscheidungsfähigkeit« der Kinder schulen.

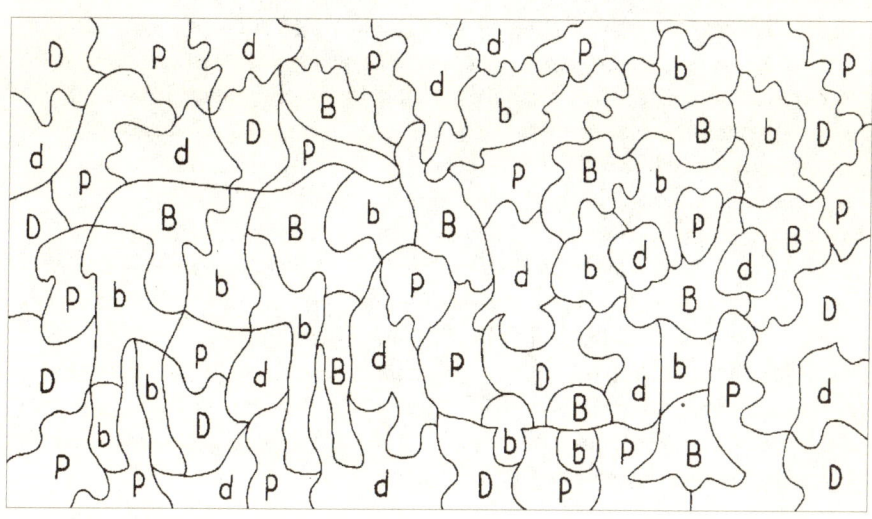

Male alle Felder mit b oder B rot an. »Elch-Test« für die B- und b-Erkennung (aus: Tobi-Fibel, 1993, Cornelsen Verlag, Berlin, S. 4).

Buchstaben-Plakat

bd
pq

B. 1

Jede Woche wird ein bestimmter Buchstabe vorgestellt. Wir sprechen nicht von »Einführung«, da ja viele Buchstaben vielen Kindern schon bekannt sind. Dieses Wissen sollten wir ausdrücklich aufnehmen, in der Festigung sollten wir uns dann auf die Kinder konzentrieren, für die der Buchstabe neu war (siehe Eingangserhebung B. 14; B. 17).

Auf die obere Hälfte eines Plakats wird der Großbuchstabe in gut lesbarer Standardschrift (5–10 cm, möglichst fette Grotesk, also ohne Serifen) geklebt oder gedruckt. Auf die untere

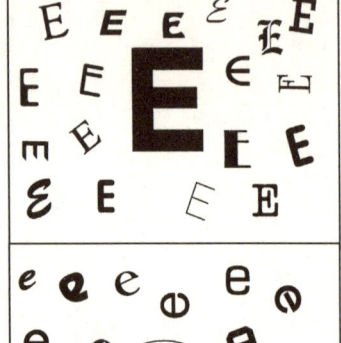

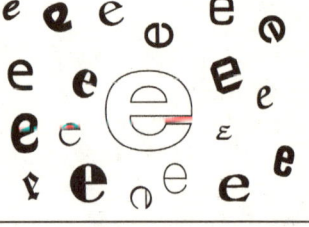

schritt kann schon mit den Kindern gemeinsam durchgeführt werden).

Name und Lautwert des Buchstabens werden benannt: »*Dieser Buchstabe heißt ›e‹. Wenn man Wörter schreibt oder liest, klingt er wie ›lll‹. Zum Beispiel: LLLL-ampe oder llll-aufen.*«

Neben/unter dem Plakat sollten immer genügend Zeitungen, Zeitschriften, Prospekte o. ä. liegen, sodass Kinder weitere Beispiele für den »Buchstaben der Woche« suchen und aufkleben können. Außerdem können die

Hälfte kommt der entsprechende Kleinbuchstabe (zur Unterscheidung evtl. in Hohlform). Um diese »Prototypen« herum werden jeweils einige Varianten geklebt (dieser Arbeits-

Kinder als »Buchstaben-Detektive« außerhalb der Schule nach »getarnten« Beispielen (andere Drucktypen) für den »Buchstaben der Woche« suchen.

Bei typografisch identischen Zeichen fällt das leicht. Trotzdem haben Kinder Schwierigkeiten, in Wörtern die Buchstaben sicher zu erkennen. Das eigentliche Problem liegt nämlich woanders. Im Alltag müssen die Kinder Buchstaben als »gleich« erkennen, obwohl sie unterschiedlich aussehen. Sie müssen also die wesentlichen Merkmale einer Buchstabenform erfassen, sozusagen den Prototyp des jeweiligen Buchstabens verinnerlicht haben, um nicht durch zufällige Variationen der Buchstabenform verunsichert zu werden. Statt »gleiche Buchstaben« zwischen anderen herauszusuchen, sollten die Kinder zu einem Buchstaben möglichst viele unterschiedliche Typen z. B. auf einem »Buchstabenplakat« sammeln. Dabei entwickelt sich implizit bei den Kindern eine Vorstellung der definierenden Merkmale, die den betreffenden Buchstaben von anderen unterscheidet.

Auch das »Bauen« von Buchstaben aus den vier Formenelementen (kurzer Strich, langer Strich, kleiner Bogen, großer Bogen), mit denen man alle großen Druckbuchstaben unseres Alfabets konstruieren kann, unterstützt das Erfassen der wesentlichen Merkmale der einzelnen Buchstaben.

Beim Schreiben der Buchstaben ist es wichtig, dass diese in ihrer Form deutlich und damit gut lesbar sind. Dies lässt sich z. B. beim Ausfüllen von Umrissbildern üben. Dabei wird nebenbei auch der Bezug zum Anlaut und zur Bedeutung des geschriebenen Wortes hergestellt.

Formenstempel für Buchstaben bd pq B. 15

Es gibt so viele verschiedene Buchstaben und die zwei Bögen, zwei Striche und der Punkt sollen ausreichen, um alle diese verschiedenen Zeichen stempeln zu können? Kaum ein Kind wird es glauben – aber alle werden darauf brennen, es zu probieren.

Mit den fünf Grundelementen lassen sich in der Tat alle großen Druckbuchstaben konstruieren. Diese fünf einfachen Formen kann man mit selbstklebendem Moosgummi leicht selbst herstellen (zu beziehen über Bastelgeschäfte). Um die einzelnen Elemente genau zusammenfügen zu können, sollten die Stempelflächen aus durchsichtigem Material (z. B. Acrylglas) bestehen.

Fertige Formenstempel gibt es im Klasse(n)-Paket bei vpm. Die Idee stammt von *M. Sauer-Philippek* (B.10).

Sind solche Stempel in der Klasse vorhanden, können die Kinder versuchen, selbstständig einzelne Buchstaben zu konstruieren, z. B. den »Buchstaben der Woche«, oder sie können ganze Wörter stempeln. Mit etwas Geschick und Kreativität lassen sich auch die meisten Kleinbuchstaben mit

den Stempeln herstellen. Das ist allerdings eine ziemlich anspruchsvolle Aufgabe – für diejenigen Kinder, für die die Großbuchstaben keine Herausforderung mehr bieten.

Manchen Kindern fällt es schwer zu verstehen, dass die Raumlage für die Bestimmung eines Buchstabens ein wichtiges Kriterium sein kann. Wie sich in der geschichtlichen Entwicklung der Schrift verfolgen lässt, war die Einhaltung einer bestimmten Schreibrichtung für die SchreiberInnen nicht wichtig – zum Problem wurden die wechselnden Richtungen des Geschriebenen insgesamt und der einzelnen Buchstaben nur für die LeserInnen, sodass es notwendig wurde, hierfür bestimmte Konventionen zu vereinbaren und einzuhalten *(vgl. Kapitel 4)*.

In der Vorschulzeit haben die Kinder mit der sogenannten »Dingkonstanz« gelernt, dass ein Gegenstand sich nicht verändert, auch wenn er aus unterschiedlichen Perspektiven betrachtet wird: Eine Tasse bleibt eine Tasse, egal ob der Henkel nach rechts oder links zeigt. Dies gilt für die Schrift plötzlich nicht mehr. Das gleiche Zeichen in unterschiedlicher Raumlage kann jeweils etwas ganz anderes bedeuten wie z. B. bei den Buchstaben b, d, p, q. Minimalpaare wie Nadel/Nabel, Haus/Hans oder Mut/Wut machen den Kindern deutlich, dass man bei der Schrift beachten muss, wie herum ein Buchstabe gedreht ist, damit der Sinn des betreffenden Wortes klar wird. Erst wenn die Kinder dieses verstanden haben, werden Hilfen für die Richtungsorientierung sinnvoll wie z. B. das Anmalen aller kleinen <b> in einem Lesetext in blauer Farbe.

Auch hier gilt: Je geübter die Kinder im Umgang mit Schrift werden, je mehr sie lesen und schreiben, desto sicherer werden sie auch in Bezug auf die Raumlage werden. Optische Unterscheidungsübungen mit schriftfreiem Material helfen den Kindern hingegen nicht, mit Schrift kompetenter umzugehen und Buchstaben in ihrer spezifischen Raumlage sicherer zu erlesen und zu schreiben.

L *wie Lautanalyse:*
Wie lassen sich Sprachlaute unterscheiden, ausgliedern, verbinden?

Lisa fragt ihre Mutter: »Wie schreibt man ICH?«
Diese erklärt: »Zuerst ein /i:/.«
Empört lehnt Lisa ab: »Dann heißt es ja IIIICH!«

Kinder sind oft penetrant genau. So nehmen sie Lautunterschiede in der Aussprache wahr, die unsere Schrift vernachlässigt und die wir Erwachsenen durch den Filter dieser Schrift nicht mehr bewusst hören (vgl. die Schreibweise GRISDIJAN für »Christian«). Für die sehr unterschiedlich gebildeten Kurz- und Langvokale hat unser Alfabet jeweils nur einen Buchstaben. Wenn die Kinder das mühsam gelernt haben, kommen wir mit den Anforderungen der Rechtschreibung. Im Wort markiert die Schrift ja durchaus die Länge und Kürze von Mitlauten (KAMM vs. KAM, IM vs. IHM), wenn auch nicht durchgängig und für Anfänger nur schwer durchschaubar (KAMM vs. IM, KAM vs. IHM).

In unseren Seminaren machen wir immer wieder ein kleines Experiment. Wir haben einen befreundeten Kollegen aus Finnland gebeten, fünf finnische Wörter auf Band zu sprechen, und zwar jedes Wort mehrmals hintereinander, mit kurzen Pausen dazwischen. Dieses Band spielen wir in der Gruppe ab. Dazu geben wir folgenden Auftrag:

Versuchen Sie die Wörter so aufzuschreiben, dass ein anderer sie möglichst lautgerecht wieder vorlesen kann.

Das erste und einfachste Wort ist **RUPI,**
hier von 14 LehrerInnen nach Gehör geschrieben:

RUPI	RUMPI
ROBI	RUBI
RAUBI	ROBI
ROUPI	ROPI
RUPI	ROUPI
ROPI	RUBI
ROUBI	RUPI

Wie Sie sehen, haben nur 3 der 14 LehrerInnen, dieses Wort so geschrieben wie die finnische Vorlage. Das ist erstaunlich, denn die Lautfolge scheint eindeutig zu sein.

Schauen wir uns also die Fehler der 14 LehrerInnen genauer an.

6 von ihnen hören ein /b/ statt eines /p/,

7 hören ein /o/ oder ein /ou/ statt eines /u/,

2 hören Übergangslaute, ein /a/ in RAUBI, ein /m/ in RUMPI.

Aus der fließenden Sprache einzelne Laute herauszuhören und genau zu bestimmen ist offensichtlich schwieriger, als es zunächst scheint – vor allem für jene, die das Schriftwort schon kennen.
Die folgende Tabelle zeigt Ihnen, wie die vier weiteren Wörter im Finnischen geschrieben werden und wie sie von den LehrerInnen verschriftet wurden.

ARKKI	PRINSESSA	KASSAKAAPPI	TIETÄMÄTTÖMYYS
ARGI	PRINZESSA	GASSAGABI	DIADEMATAMÜS
ARKI	PRINZESSA	GASAGABI	DIETAMATAMÜS
AREKI	PRINSESSA	GASSAGABI	DIEDAMÄTAMÜS
ARKI	PRINZESSA	GASSAGABI	DIÄTEMETEMÜS
ARKI	PRINSESSA	GASSAGAPI	DIETEMETEMÜS
ARKI	PRINCESSA	KASSAKAPII	TIETAMETTAMYYHS
ARKI	BRINGSÄSSA	GASSAGAABI	DIADAMÄTAMÜS
BARKI	BRINGSESSA	GASSAGABI	DIETAMETAMÜS
ARKI	PRINßESSA	GASSAGAPI	DIETAMATAMÜS
ARKI	PRINZESSA	GASSAGAABI	DIÄTAMATAMÜS
ARKI	PRINSESSA	GASSAGAPI	DIÄTAMÄTTAMÜS
ARKI	BRINGSESSA	GASSAGAPI	DIÄTAMATAMÜS
AARKKI	PRINCESSA	KASSAGAPI	DIETÄMÄTEMÜS
ARKI	PRINZESSA	GASSAGABI	DIETTAMATTEMÜS

→ Versuchen Sie herauszufinden, was die typischen Fehler sind.

Ein zweiter Teil unserer Aufgabe macht deutlich, wo die Probleme liegen. Wir haben die TeilnehmerInnen nämlich gebeten:
Unterstreichen Sie die Stellen, die sie als besonders schwierig empfinden, an denen sie unsicher sind, welchen Laut Sie gehört haben.

Als Erstes war interessant, dass die Schwierigkeiten streuen. Trotzdem gab es typische Probleme. Besonders schwierig scheint zu sein
– die Unterscheidung von stimmhaften und stimmlosen Lauten, die an derselben Stelle des Mundes artikuliert werden, also /b/ und /p/, /d/ und /t/, /g/ und /k/ (s. vor allem KASSAKAAPPI und TIETÄMÄTTÖMYYS);
– die Unterscheidung von benachbarten Selbstlauten, also /o/ und /u/, /o/ und /a/ oder /e/ und /a/ (s. vor allem RUPI und TIETÄMÄTTÖMYYS);
– die Wahrnehmung der Dauer (Länge) von Selbst- oder auch Mitlauten (s. vor allem ARKKI und KASSAKAAPPI).

Wir haben diese Aufgabe inzwischen in ganz verschiedenen Regionen gestellt. Je nach der individuellen Mundart und nach dem Dialekt-Umfeld streuen die Schreibungen, aber auch die Stellen, die als schwierig empfunden werden. Dies macht deutlich, welche Schwierigkeiten vor allem Kinder anderer Muttersprache haben. Die Grenzen zwischen Lauten sind nicht physikalisch bestimmt, sie werden je nach Sprache unterschiedlich definiert.
Akustisch gibt es keine Sprünge zwischen Lauten, sie gehen vielmehr ineinander über. Beispielsweise liegen die Grenzen zwischen /b/ und /w/ einerseits und /b/ und /p/ andererseits im Spanischen bzw. im Finnischen an anderen Stellen auf dem Lautspektrum als im Deutschen. Diese Gruppierung lernen Kinder in den ersten Lebensjahren. Zusätzlich aber wird das /b/ in BALL anders gesprochen als in BLATT oder BROT. Unsere Schrift behandelt also Laute als gleich, obwohl sie physikalisch unterschiedlich sind. Nur durch diesen Kunstgriff kommen wir mit so wenigen Buchstaben aus. Und nur unter Vernachlässigung der unterschiedlichen Aussprache in regionalen oder individuellen Mundarten kann dasselbe Wort immer gleich geschrieben werden. Das erleichtert das Lesen enorm. Das Vergleichen von Wörtern mit »demselben« Anlaut erleichtert es den Kindern, die verschiedenen Laute den Kategorien zuzuordnen, auf die es in unserer Schrift ankommt *(s. Abb. L. 4)*.

Zugleich erschwert es das Schreiben – vor allem in der lauttreuen Phase, in der die Kinder versuchen, ihre Aussprache *buchstäblich* »festzuhalten« *(siehe »Entwicklungs-Modell Schreiben« → Lernfeld A)*. Sie kommen dann zu derselben Vielzahl von Varianten für dasselbe Wort wie unsere LehrerInnen beim Diktat finnischer Wörter.
Die Schrift ist eine große Hilfe, um sich die Gruppierung der Laute in einer Sprache bewusst zu machen. Aber sie kann nicht aus der Lautung abgeleitet werden.
Viele LehrerInnen fordern Kinder zum »Silbenklatschen« auf, um die Doppelkonsonanten »herauszuhören«. Sie hoffen, dass die Kinder klatschen und

Anlaut-Teller

Den Kindern sind vom ersten Schultag an alle Buchstaben zugänglich (A. 2). Dennoch ist es sinnvoll, jede Woche einen Buchstaben ausdrücklich »vorzustellen« (B. 1) – und parallel den entsprechenden Laut.

Auf einem Tablett (o. ä.) liegen ausgewählte Gegenstände, die mit dem entsprechenden Laut beginnen. Für große oder nicht verfügbare Gegenstände können auch Bilder hingelegt werden.

Zunächst werden die Gegenstände gemeinsam betrachtet und benannt und die Kinder darauf aufmerksam gemacht, dass die Namen der Gegenstände »am Anfang gleich klingen: *Wenn du das Wort langsam sprichst, merkst du, dass du mit dem Mund die gleiche Bewegung machst.«*

Zur Veranschaulichung eignen sich besonders gut ein Plakat mit den verschiedenen Mundstellungen und ein Handspiegel, in dem die Kinder ihre eigene Artikulation mit dem Modell vergleichen können (L. 7).

Es empfiehlt sich, mit den leichter zu haltenden Langvokalen und Dauerkonsonanten (/f/, /l/, /m/, /n/, /r/, /s/ und /w/) zu beginnen.

Wir können die Kinder so auch darauf aufmerksam machen, dass sich Wörter mit »demselben« Laut beim Sprechen (im Mund) nie ganz gleich anfühlen. Besonders wichtig ist die Differenz Lang-/Kurzvokal, aber auch der Hinweis auf Veränderungen durch die anschließenden Laute (»Koartikulation«, z. B. die unterschiedliche Mundstellung beim /k/ in »Kisten« oder »Kasten« oder noch deutlicher bei »glimmen« und »glühen«).

sprechen: HAM-MER, KEL-LER bzw. WA-GEN, VA-TER. Tatsächlich ergeben sich beim gedehnten Sprechen HA-MER, KE-LER, aber auch WAG-GEN und VAT-TER. Bei flüssiger Artikulation sprechen wir in HAMMER und KELLER nur ein /m/ bzw. /l/. Was beim Dehnsprechen passiert, hängt bei uns Erwachsenen von unserem Schrift-Wissen, bei den Kindern von Zufälligkeiten der Aussprache ab. Doppelkonsonanten lassen sich durch das Klatschen also *nicht* erschließen, wenn die Kinder im Zweifel sind. Es hilft allenfalls als Erinnerung an das Modell der Lehrerin, wenn diese richtig vorgeklatscht hat. Was können wir aus unseren Beobachtungen lernen?

Erstens: Das Abhören der Lautfolge ergibt immer nur ein ungefähres Raster für das Schreiben. Die Artikulation hilft vor allem, die Reihenfolge der Buchstaben im Blick zu halten bzw. zu kontrollieren.

Zweitens: Die Begegnung mit Schrift hilft, unsere Hörgewohnheiten zu stabilisieren. Insofern sind Aufgaben, bei denen parallel an der Lautung und an der Schriftform gearbeitet wird, besonders wirkungsvoll (z. B. das Berühren der Buchstaben eines Wortes mit dem Finger, während man lautiert).

Drittens: Kinder anderer Muttersprache (dazu zählen auch Dialekte!), aber auch Kinder mit Auffälligkeiten bei der Aussprache sind auf die Stütze des Schriftwortes besonders angewiesen.

Machen Übungen mit der Lautform der Sprache also gar keinen Sinn?
In dem strikten Sinn, dass sie als »Voraussetzung« für einen Zugang zum Lesen und Schreiben erforderlich wären, sind sie sicher nicht nötig und auch nicht besonders wirksam.

Trotzdem hilft es Kindern, eine sogenannte »Sprachbewusstheit« zu entwickeln. Im Alltagsgespräch achten wir ja vornehmlich auf den Inhalt des Gesagten.

LAMPE oder LAMA? L. 19

»Mein Wort fängt mit /l/ an.«

   »Lotto...« – »laufen« – »leer«...

»Nach dem /l/ kommt ein /a/.«

   »lag« – »Lama« – »Lastwagen«...

»Und dann ein /m/.«

   »Lama – hab ich doch gesagt!« –

   »Nein, Lampe!« – »Ich hab´s: Lamm!« –

   »Oder vielleicht: lahm?«

»Nein, dann kommt ein /e/.«

   »? ? ?«

»Und dann ein /t/.«

»Lametta, stimmt´s?«

Das eine Kind gliedert das Wort in seine einzelnen Laute, die anderen versuchen, aus den ersten Stücken das Ganze wieder zusammenzusetzen. Kindern, die noch Schwierigkeiten bei der Lautanalyse haben, sollte sich die Lehrerin als »Spiegel« zur Verfügung stellen: Das Kind flüstert ihr den nächsten Laut ins Ohr und sie flüstert ihm Hilfen für das vollständige Abhören zurück.

Und ihren Wortschatz erweitern die Kinder bei diesem Spiel auch noch. Allerdings sollte man bei Kindern anderer Muttersprache das Spiel – zumindest phasenweise – auf Wörter beschränken, die auf jeden Fall bekannt sind (z.B. durch die Vorgabe von Bild-Karten aus der gemeinsamen Wortschatzarbeit).

STIMMT!

Wo hören Sie das /P/ in LAMPE?

In allen Fibelbegleitmaterialien finden sich solche oder ähnliche Übungen: Zu einem Bild mit drei Feldern zum Ankreuzen sollen die Kinder entscheiden, ob sie einen bestimmten Laut am Anfang, in der Mitte oder am Ende des Wortes hören. Bitte versuchen Sie sich für einen Moment davon zu lösen, dass Sie natürlich wissen, wie »Lampe« geschrieben wird, und sprechen Sie sich das Wort deutlich vor: Wo klingt das /p/ in »Lampe«? Ja, richtig, es klingt deutlich am Ende. Kinder, die dies in der Schule so ankreuzen, bekommen aber in der Regel zu hören, dass dies falsch sei, denn am Ende höre man das /e/.

Dies ist kein Einzelbeispiel, in manchen Arbeitsheften zu einzelnen Fibeln haben wir bis zu zwanzig! solcher Aufgabenstellungen gefunden: Wo klingt das /t/ in »Kiste«, das /k/ in »Wolke«, das /b/ in »Traube«, das /p/ in »Raupe«, »Puppe«, »Hupe«, »Treppe« usw.

Diese Liste lässt sich beliebig fortsetzen. Aber auch die Entscheidungen, wo das /o/ in »Krokodil« klingt oder das /e/ in »Telefon«, sind nicht einfach zu treffen. Nach langem Nachdenken haben wir uns bis jetzt noch nicht endgültig entscheiden können.

Sie merken schon – hier spielt uns unser Wissen einen Streich: Wir können uns nur schwer davon lösen, solche akustischen Diskriminierungsübungen ohne die Brille der Schriftkenntnis zu beurteilen. Erst diese Kenntnis ermöglicht es uns, die Laute da zu »hören«, wo sie sich im geschriebenen Wort befinden. Kinder, die nicht wissen, wie das entsprechende Wort geschrieben wird, können dies nicht. Denn die gesprochene Sprache ist ein einziger flüchtiger Lautstrom. Es gibt keine Abgrenzungen zwischen den einzelnen Lauten, nicht einmal zwischen einzelnen gesprochenen Wörtern. Erst durch die Schrift wird es möglich, diesen Lautstrom zu gliedern. Das bedeutet für die Kinder: Zuerst sind sie höchstens in der Lage, den ersten Laut eines gesprochenen Wortes zu fangen. Erst mit wachsender Schriftkenntnis gelingt es ihnen, auch innerhalb einzelner Wörter einzelne Laute auszugliedern. Solche wie die o. a. Aufgaben sind also von vielen Kindern im Anfangsunterricht noch gar nicht zu lösen und sie lernen es auch nicht mit Hilfe der Aufgabenstellung! Haben sie aber mehr Schrifterfahrung gewonnen und sind in der Lage, die gesprochene Sprache schon zu gliedern, stoßen sie immer wieder auf solche Aufgaben wie die mit dem /p/ in »Lampe« und erfahren dabei, dass ihre Strategie wohl doch nicht richtig ist. Die Kinder brauchen solche Übungen nicht zum Lesen- und Schreibenlernen. Das Durchgliedern von Wörtern und das Unterscheiden von Lauten lernt man am besten – und zwar genau passend zum eigenen Entwicklungsniveau – durch das selbstständige Aufschreiben von eigenen Wörtern und Texten mit Hilfe der Anlauttabelle!

Zum Lesen und Schreiben wird es wichtig, auch auf die Lautform der Wörter zu achten.

Dafür sind Reime geeignet, aber auch Sprachspiele wie:
– »Was wird aus KNOTEN, wenn ich das /k/ weglasse?«
– »Welchen Laut brauche ich, damit aus EIN das Wort WEIN wird?«
– »Mein Wort fängt mit /l/ an … und dann kommt ein /a/…« *(s. o. Abb.
L. 19).*

Solche Sprachspiele können zum Selbstläufer werden, wenn sie von den Eltern, im Kindergarten oder in der Schule lustvoll eingeführt werden.

Anna, Nina und Lisa liegen abends im Bett und denken sich Sätze aus, bei denen die Wörter alle mit demselben Laut (die Älteren sagen: »Buchstaben«) anfangen müssen:
LISA LUTSCHT LIEBER LOLLIS , NINA NAGT NIEMALS NÄGEL, NUR NÜSSE

PaPa PiKt PLÖSLiCH
PUPENDE PriNSESENINEN
LiSa LUTSCHT LIBEr
LiLa LOLiS
NiNa NaKT NiMaLS
NÄGEL NUr NÜSE

Schließlich gibt es noch ein Problem beim Lesen, für das bestimmte Aufgaben auf der Lautebene sinnvoll sind: der schwierige »Sprung zum Wort« *(→ Lernfeld A).*

Wenn Kinder ein neues Wort lautierend erlesen, entsteht eine künstlich klingende Lautfolge (KOOOMEEN oder gar K-OOO-MMM-EEE-NNN statt /kom'n/). Weil sie über das Lautieren nicht automatisch auf die natürliche Aussprache und damit auf die Bedeutung des Wortes kommen, geben manche Kinder diesen Zugriff ganz auf und verlegen sich auf ein blindes Raten. Eine Hilfe: mit Lautkombinationen im Singspiel experimentieren *(s. Abb. L.10).*

B mit 'nem A   L. 10

G   G

1. B mit 'nem A: Ba,   B mit 'nem E: Be,   B mit 'nem

D   G   G

I: Bi,   Ba - Be - Bi.   B mit 'nem O: Bo,   Ba - Be -

D   G   Em   C   D   G

Bi - Bo,   B mit 'nem U: Bu,   Ba Be Bi Bo - Bu.

2. D mit 'nem A: Da,   4. G mit 'nem A: Ga,

3. F mit 'nem A: Fa,   5. H mit 'nem A: Ha   usw.

In vielen ersten Klassen wird dieses Lied täglich gesungen. Die Kinder wählen die Buchstaben aus, die im Lied vorkommen sollen. Heute ist Sabine dran und wünscht sich »ihr« S. Beim *sa, se, si, so, su* hält die Lehrerin jeweils ein großes Papp-S vor die an die Tafel geschriebenen Vokale. Einige Kinder können sicherlich nach kurzer Zeit selbst diese Aufgabe übernehmen, wenn sie einen Buchstaben ausgewählt haben. Vielleicht das Ç oder das Ñ, das sich ein Kind mit einer anderen Muttersprache wünscht.

Mit unserem »Roboterspiel« simulieren wir die Aufgabe, künstliche Lautfolgen gezielt auf eine mögliche Passung zu Wörtern hin zu prüfen. Kinder kennen die synthetische Sprache von Robotern aus Filmen. So lässt sich leicht plausibel machen, dass ihre Aussprache immer noch »übersetzt« werden muss (*s. Abb. L. 1*).

Im Wechselspiel können wir für die Kinder modellieren, wie Wörter in Silben (»O-MA«) oder gar Einzellaute (»O-M-A«) gedehnt werden und wie diese Kunstsprache dann wieder »normalisiert« wird. Die Kinder zeigen uns in ihren Versuchen (»Was meint der Roboter, wenn er sagt F-A-T-A?«), ob sie das Prinzip verstanden haben.

Auch Erwachsene können die Aufgabe des buchstabenweisen Erlesens wieder als Selbsterfahrung nachvollziehen, wenn sie Wörter aus »Anlautbildern« (*s. → Lernfeld A*) lesen sollen, beispielsweise »Regenbogen« aus Tierbildern o. ä., wie in der folgenden Zeile:

Lassen Sie Ihre Kinder doch einmal Wörter aus solchen Bildern legen. Wenn die Partner oder Sie dann lautierend erlesen, werden Sie zugleich zum Modell für den »Sprung zum Wort«. Diesen wichtigen Schritt können Kinder ja sonst bei Schriftkundigen nie beobachten.

Der sprechende Roboter L. 1

»Einige von euch haben sicher schon mal im Film oder auf Kassette einen Roboter sprechen hören. Die sprechen immer so abgehackt: TO-MA-TE oder LO-KO-MO-TI-VE.

Ich spreche jetzt wie ein Roboter und ihr seid Übersetzer: Ihr wiederholt, was ich sage, aber ihr sprecht so, wie wir normal reden.

Ein Beispiel: MÄ-NNER* HA-BEN RO-TE AU-GEN. Was meint der Roboter?

Jetzt tauschen wir: Ich sage euch einen Satz und ihr sprecht ihn wie ein Roboter:

AUTOS HABEN ECKIGE RÄDER. Wie würde ein Roboter das aussprechen? –

Jetzt noch einmal alle zusammen.«

Für Kinder anderer Muttersprache ist darauf zu achten, dass nicht zusätzliche Schwierigkeiten aus der Bedeutung von Wörtern für sie entstehen. Dann sollte man lieber keine »falschen« Aussagen (wie »eckige Räder«) verwenden.

* Dass die Sprechsilben nicht den orthografischen Trennungsregeln entsprechen, ist für Lese- und Schreibanfänger kein Problem.

• Silbenklatschen und -schreiten (L. 14) und das mit Silbenbögen gezinkte Bild-Memory (L.12) variieren die Aufgabe auf der Lautebene.

• IMA und LAGEL (G. 1), Silbenbücher (G. 3) und das mit Bögen gezinkte Schrift-Memory (G. 16) übertragen das Silbenprinzip auf die Schriftebene.

Übrigens: Wenn Sie wissen wollen, wie unser kleiner Finnisch-Kurs mit den LehrerInnen weitergegangen ist, lesen Sie weiter unten nach, wo es um die Gliederung von Wörtern in »Bausteine« geht (→ *Lernfeld G*).

A wie Aufbau der Schrift:

Wie hängen die Buchstaben mit den Sprachlauten zusammen?

Lisa hat die Buchstabenfolge EIEIEIEI geschrieben und sagt: »Lies mal vor!«
Ihre Mutter liest »Ei, Ei, Ei, Ei«, aber Lisa ist offensichtlich nicht einverstan-
den. Sie holt sich noch einmal den Stift und schreibt vor das erste E ein A.
»Jetzt stimmt es!« sagt sie zufrieden.
Sprechen Sie einmal vor dem Spiegel ESEL, AMEISE und EI langsam aus. Bei
welchen beiden Wörtern gleicht sich die Mundstellung am Wortanfang am
deutlichsten?
Lisa hatte beim Vorlesen etwas erwartet, das mit dem Laut /e/ beginnen
würde, weil sie doch zuerst ein »E« geschrieben hatte, nicht aber den Laut
/a/, der am Anfang von »Ei« deutlich zu hören ist. Deshalb schreiben fast alle
Kinder auch zuerst für das <ei> ein »AI« wie Lisa es z. B. später in einer ihrer
ersten Geschichten getan hat: ES WA AINMAL AIN KLAINES METCHEN…

An den Schreibversuchen zum KIM-Spiel (→ *Lernfeld F*) haben wir gesehen,
wie unterschiedlich Kinder den Begriff FÜNF BÄLLE schriftlich notieren
(s. o. S. 114). Hier nun unsere Deutung der verschiedenen Schreibversuche.
Auf einer ersten Stufe begreifen Kinder, dass Spuren auf dem Papier für etwas
anderes stehen, dass sie »Zeichen« sind:

O O O O O   als gegenständliches Bild oder als formal vereinfachter Hin-
                      weis auf wesentliche Merkmale des Gegenstands wie Form
                      und Menge.

Zu unterscheiden von persönlichen Zeichnungen sind gesellschaftlich vereinbarte Zeichen. Die beiden nächsten Schreibproben belegen diese neue Einsicht:

1 2 3 4 5   Ziffern und

BKALR   Buchstaben tragen Bedeutung.

Die Regeln ihrer Anordnung kennen die Kinder noch nicht – also greifen sie
auf die vertraute Logik von Bildern zurück: ein Zeichen für einen Gegenstand
bzw. je nach Größe mehr oder weniger Zeichen für eine Person.

5 P   als Anlautschreibung und

FMF BL   als »konsonantisches Skelett« oder auch als Silbenschrift,
                    in der für jeden Sprechimpuls ein Buchstabe gesetzt wird
                    (z. B. <AA> für »Mama«)

stellen erneut einen Durchbruch im kindlichen Denken dar (wie vor vier- bis
fünftausend Jahren in der Schriftgeschichte, *s. oben Kapitel 4).* Die Kinder
haben den Lautbezug der Schrift grundsätzlich verstanden: Wörter bestehen
nicht aus beliebigen und wechselnden Buchstaben; diese haben etwas mit der
Aussprache zu tun.
Für viele Kinder ist es ein weiter Weg von der ersten Ahnung, dass unsere
Schrift keine Begriffsschrift ist, sondern dass sie etwas mit der Lautform der
gesprochenen Sprache zu tun hat, bis hin zur vollständigen lautlichen Um-
schrift *(s. unten).* Einige brauchen bis ins zweite Schuljahr hinein. Sie tasten
sich von der Abbildung einzelner Laute, meist des Anlautes, über ein immer
genaueres Abfühlen der Laute beim Vorsprechen des zu schreibenden Wor-
tes an das Ziel einer vollständigen Wiedergabe der Lautfolge heran.
Dabei entstehen oft »Skelettschreibungen«, bei denen die Kinder überwiegend die Konsonanten eines Wortes abbilden, z. B. »LKMTWE« für <Loko-
motive>. Den Grund dafür merken Sie schnell, wenn Sie sich selbst ein paar
Wörter leise vorsprechen und darauf achten, was Sie dabei im Mund spüren.
Es sind nur die Konsonanten, die man beim Sprechen fühlen kann.
Meist merken die Kinder rasch, dass dies zur vollständigen Abbildung der
Wörter nicht reicht, und füllen die »Skelettschreibungen« immer mehr auf, bis
hin zu einer übergenauen Abbildung des vorgesprochenen Wortes wie in
GRISDIJAN (für Christian), wo man das <J> zwar deutlich hören kann, es un-
sere Orthografie aber nicht so genau mit dem Lautprinzip nimmt wie unsere
Erstklässler. Kindern, die lange bei der »Skelettschreibung« verweilen, kann
man oft durch Rückmeldungen aus der LeserInnenperspektive die Notwendigkeit einer genaueren Abbildung des Gemeinten deutlich machen: Heißt
<MTR> »Mutter« oder »Motor«?
Eine wichtige Hilfe für das selbstständige Schreiben ist eine Anlauttabelle. In
ihr ist jeder Buchstabe mit einem Merkbild verknüpft. Bei den Vokalen sollten es sogar zwei Bilder sein, um den langen und den kurzen Selbstlaut anzubieten (z. B. »Ente« und »Esel«). Zusätzlich zu einem großen Plakat in der
Klasse (s. das Beispiel → *Lernfeld B)* und einem ganz kleinen »Hosentaschen-
Alfabet« als Leporello (Kopiervorlage in der »Ideen-Kiste«) empfehlen wir
eine »wachsende Anlauttabelle« für jedes Kind (vgl. *Abb. A. 8).*
Manchmal irritieren uns Schreibweisen wie <RMT> für »Motor«. Bei solchen
Umstellungen fällt rasch das Urteil »Legasthenie«, und den Kindern wird eine

Die wachsende Anlauttabelle A.8

Schon lange gibt es in Grundschulen »Buchstabenhäuser«, »Buchstabenzüge« oder andere Merkhilfen für den Lautwert der Schriftzeichen. Ein Bild eines Tieres, dessen Namen mit dem Laut beginnt, der dem Buchstaben zugeordnet ist, assoziiert bei den Kindern: »Ach ja, A wie Affe!« (A. 2).

Es gibt aber auch Kinder, die das Prinzip nicht so rasch begreifen. Für sie ist eine Übersicht mit 25–30 Feldern ein Zuviel, vielleicht sogar beunruhigend. Ihnen kann helfen, dass sie eine Tabelle nur mit Buchstaben bekommen. Die Felder für die Abbildungen bleiben frei. Sie werden nach und nach gefüllt – und zwar von dem Kind selbst. Das hat mehrere Vorteile. Die Tabelle wächst Stück für Stück, das Kind behält den Überblick und findet die einzelnen Buchstaben leichter. Außerdem wählt das Kind die Merkbilder selbst. Es kann die Laute also an Begriffe binden, die ihm persönlich etwas bedeuten. Und schließlich verstärkt das eigene Malen oder Einkleben eines Bildes noch einmal die Erinnerung, wo der Buchstabe zu finden ist und mit welchem Begriff er verknüpft ist.

»Raumlage-Labilität« unterstellt. Wer Kindern beim Schreiben zuschaut (und zuhört!) findet oft einen einfacheren Grund: Wenn das Kind zu schreiben beginnt, hat es noch den letzten Laut im Ohr; den schreibt es hin, dann spricht es sich das Wort erneut vor und notiert weitere Laute, die ihm auffallen.

Erst in einem weiteren Schritt perfektionieren die Kinder das Lautprinzip. Jetzt folgt die Anordnung der Buchstaben von links nach rechts konsequent der zeitlichen Abfolge der Laute: zunächst noch lückenhaft in

FIF PEL,   dann aber bis ins Detail der eigenen Aussprache hinein;

FEMPF BELE,   wie die Lautumschrift in Fremdwörterbüchern, die uns erlaubt, den Wortklang der »Eingeborenen« möglichst genau nachzuahmen.

Einige Kinder beginnen schon im Vorschulalter damit, selbständig Wörter nach ihrer eigenen Aussprache zu konstruieren, andere entdecken den Lautbezug der Schrift während des ersten Schuljahres – immer kann man diesen, für die Schriftsprachentwicklung wichtigsten Schritt daran erkennen, dass die Kinder – gemessen an der Rechtschreibung – Fehler beim Schreiben machen.

Und zwar häufig auch in Wörtern, die sie zuvor schon richtig schreiben konnten, wie zum Beispiel den eigenen Namen. Wie aus dem CHRISTIAN
plötzlich »GRISDIJAN«, so wird aus STEFANIE nach der Lautfolge »SCHDE-
FANI«.

In Lehrerfortbildungen zum Schriftspracherwerb legen wir den KollegInnen
häufig lauttreue Kinderverschriftungen vor und fragen dann, was die Kinder
geschrieben haben könnten. Zum Beispiel bei diesem Wort: <BUR>.
Angeboten werden uns dann immer wieder »Bauer«, »Burg«, »Butter« und
Ähnliches. Wenn eine Lehrerin schließlich sagt: »Ach was, das heißt doch
›Buch‹!« wissen wir genau, dass diese Kollegin schon viele Kinder beim lau-
tierenden Schreiben beobachtet hat. Sie hat erfahren, dass man sich diesen
Verschriftungen nicht aus der gewohnten LeserInnenperspektive nähern
kann, um ihren Sinn zu erschließen, sondern dass man dabei aus der Sicht der
SchreiberInnen denken muss. Dann wird einem auch schnell klar, woher das
»R« für den Laut /x/ kommt – beide Laute werden fast am gleichen Artiku-
lationsort gebildet: Achten Sie auf Ihre Empfindungen im Rachenraum, wenn
Sie »Buch« sagen und »rot« (natürlich nicht mit Zungen-r!).
Macht man sich darüber hinaus klar, dass die mehrgliedrigen Grapheme wie
<ch> und <sch> von den Kindern meist erst nach der lauttreuen Phase »ent-
deckt« werden, erkennt man, dass dieser »Fehler« ein gelungener Problem-
lösungsversuch der Kinder im Rahmen ihres bis dahin verfügbaren orthografischen Wissens ist.
Besonders eindrucksvoll sind die Fehler der beiden Schüler, die schon am
weitesten sind: FÜMF BELLE und FÖNNF BÄHLÖ. Diese Kinder sind über
das Lesen schon auf besondere Buchstaben und auf Rechtschreibmuster aufmerksam geworden, die man nicht hören kann, sondern für deren Anwendung man Regelmäßigkeiten wahrnehmen muss.
Die Kenntnis von Sonderbuchstaben wie Ä, Ö, Ü (aber auch der Gebrauch
mehrgliedriger Zeichen wie SCH oder CK) deutet auf diesen Fortschritt hin.
In BELLE stimmt außerdem das <LL>. Aber auch das <NN> nach dem Kurz-
vokal in FÖNNF ist richtig gedacht (im konkreten Fall aber unnötig, weil die
beiden Konsonanten <N> und <F> gemeinsam die Kürze schon zureichend
signalisieren). Das <ÄH> in BÄHLÖ ist falsch, aber es lässt erkennen, dass das
Kind schon über Länge und Kürze nachdenkt (»Da war doch was?«). Außerdem ist die Ableitung des <Ä> von BALL richtig.

Neun verschiedene Schreibungen. Kein Wort ganz – und doch jedes auf dem
jeweiligen Entwicklungsstand eine beachtliche gedankliche Leistung *(s. Stu-
fen-Modell S. 145)*.
Die Fortschritte, die die Kinder bei dieser Entwicklung im Laufe des ersten
Schuljahres machen, sollten regelmäßig beobachtet und dokumentiert wer-

den. Dies geht einfach, wenn Sie den Kindern wiederholt fünf bis zehn unbekannte(!) Wörter diktieren, die unterschiedliche Anforderungen und auch einige Rechtschreibbesonderheiten enthalten, z. B. mit zunehmender Schwierigkeit: Kanu, Rosine, Lokomotive, Saum, Wand, Leiter, Schimmel, billig, Strumpf *(s. Abb. unten und S. 177; vgl. zur Auswertung dieses »Neun-Wörter-Diktats« unser Buch »Wie wir recht schreiben lernen«, S. 102 ff.).*

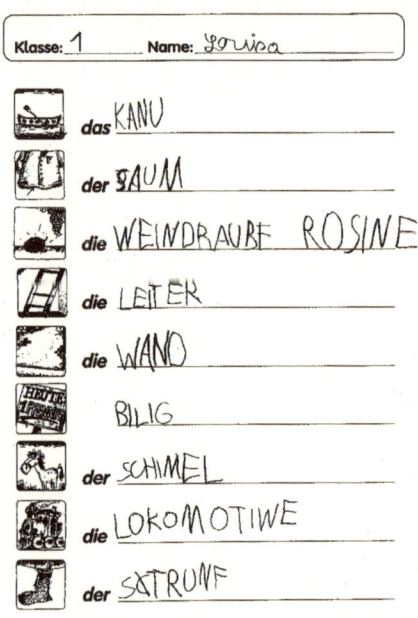

In der »Ideen-Kiste Schrift-Sprache« haben wir bewusst Kunstwörter erfunden: SUH, NAAKU, TEMOHLI, PELIG, MEIGER, KLAFT, BROCK, SPRIMPF (die Sonderzeichen sind natürlich nicht zwingend, sie signalisieren mögliche Rechtschreibmuster). Wir haben sie den Kindern als »Mars-Wörter« präsentiert, um zu ihrer Entlastung deutlich zu machen, dass es für diese Lautfolgen keine verbindliche Rechtschreibung gibt. Rechtschreibmuster, die die Kinder beim Schreiben nutzen, lassen erkennen, welche Besonderheiten der deutschen Rechtschreibung sie schon erfasst haben. Allerdings ist der Umkehrschluss nicht möglich: Schreibt ein Kind <TEMOLI>, ist die Schreibung ebenfalls legal, im Deutschen sogar wahrscheinlich, denn nach unserer Orthografie werden lange Vokale in über 80% der Fälle nicht markiert; wir können also nicht folgern, dem Kind sei die Markierung langer Selbstlaute unbekannt. Der Aufwand solcher Kurzdiktate ist nicht hoch. Es reicht, die Schreibungen von Kindern genauer anzusehen, die besondere Schwierigkeiten haben. Im zeitlichen Vergleich (z.B. im November, Januar, März, Mai, Juli) wird dann rasch deutlich, dass und wo auch diese Kinder ihre Fortschritte machen – und

wir sie gezielt fördern können (vgl. unsere Vorschläge in der »Ideen-Kiste
Schrift-Sprache«).
Wer solche Wörterlisten zwei-, dreimal eingesetzt und ausgewertet hat, bekommt einen Blick für die im Kasten skizzierten Entwicklungsstufen und wird die entsprechenden Besonderheiten auch in freien Texten der Kinder entdecken. Gesonderte Aufgaben werden dann überflüssig.

Sprachen werden Schrift
Ein Entwicklungs-Modell kindlicher Strategien des Schreibens

Wie das Lesen (s. das Entwicklungs-Modell → *Lernfeld S*) so entwickelt sich auch das Schreiben über Zwischenstufen. Die Kinder gewinnen neue Einsichten, die sie zunächst verabsolutieren: Ihre Strategien sind einseitig und damit fehlerhaft. Aber diese unzulänglichen Schreibweisen sind notwendige Vorformen, in denen die Kinder das Verstandene erst einmal austesten und festigen, ehe sie sich auf neue Aspekte der Schrift einlassen können. Sie vereinfachen sich die komplexe Aufgabe des Schreibens, um sie bewältigen zu können.
Die folgenden Formeln markieren solche Akzente in der Schreibentwicklung. Sie sind den Kindern in der Regel so nicht bewusst. Erst recht können Vorschulkinder und Schulanfänger sie nicht ausdrücklich formulieren. Aber aus ihren Schreibweisen lässt sich erschließen, ab wann und wie sich das Schriftsystem in ihrem Kopf verändert hat.

• *1 »Schrift trägt Bedeutung, sie ist nicht nur grafischer Schmuck.«*
Auf einer ersten Stufe begreifen Kinder, dass Spuren auf dem Papier für etwas anderes stehen, dass sie »Zeichen« sind: als gegenständliches Bild oder als vereinfachter Hinweis auf wesentliche Merkmale wie Form und Menge. Eine große Erfindung in der Geschichte der Menschheit vor einigen tausend Jahren – und ein großer Sprung in der Entwicklung eines jeden Kindes.
»Schreiben« ist für das Kind jetzt nicht mehr ein beliebiges Spurenmachen. So kritzeln manche Kinder Wellenlinien aufs Papier und bitten die Erwachsenen: »Lies mir mal vor!« Oder sie »lesen« selbst vor, heute »lesen« sie einen Gruß an die Oma, morgen eine Geschichte über die Hauskatze – aus demselben Text.

• *2 »Schrift besteht aus vereinbarten Zeichen, den Buchstaben.«*
Bald verwenden die Kinder nur noch Buchstaben zum Schreiben. Oder sie erfinden Zeichen, die wie Buchstaben aussehen – in Israel andere als in den

145

USA, in Ägypten wieder andere als in Israel. Diese Erfindungen sind also nicht beliebig, sondern sie werden konstruiert aus den typischen Elementen der jeweiligen Schrift. Insofern haben die Kinder begriffen, dass die Buchstaben ein gesondertes System von »Schriftzeichen« bilden.

Zu unterscheiden von persönlichen Zeichnungen und Kritzeln sind also gesellschaftlich vereinbarte Zeichen: Ziffern und Buchstaben tragen Bedeutung. Die Regeln ihrer Anordnung kennen die Kinder noch nicht – also greifen sie auf die vertraute Logik von Bildern zurück: ein Zeichen für einen Gegenstand. Dies ist typisch für menschliches Lernen. Neues wird zunächst eingepasst in alte Ordnungen. Erst allmählich passt sich die Ordnung an neue Erfahrungen an. So machen es nicht nur die Kinder, so geschieht es auch in der Wissenschaft.

• 3 *»Die Buchstabenfolge verweist auf die Lautform der (Aus-)Sprache.«*
Anlautschreibungen und Silbenschrift (ein Buchstabe für eine Silbe) stellen erneut einen Durchbruch im kindlichen Denken dar. Die Kinder haben den Lautbezug der Schrift grundsätzlich verstanden: Wörter bestehen nicht aus beliebigen und wechselnden Buchstaben; diese haben etwas mit der Aussprache zu tun.

Die Konsonanten sind die Laute, die man beim Sprechen am besten fühlen kann (während sich die Vokale durch die Mundstellung gut im Spiegel beobachten und unterscheiden lassen). Darum halten viele Kinder in der Anfangsphase des Schreibens vor allem das fest, was beim langsamen Vorsprechen in ihrem Mund »hängen bleibt«. Ergebnis ist die sogenannte konsonantische »Skelettschrift«.

Anna wird von ihrem Vater aufgefordert, TELEFON zu buchstabieren. Lisa hört dies durch die offene Tür in der Küche und kommentiert:»Ich sag dir das auch mal: T(e) L F N!«

In einem weiteren Schritt füllen die Kinder dieses Skelett auf. Meist folgt die Anordnung der Buchstaben von links nach rechts schon der zeitlichen Abfolge der Laute. Wieder eine erstaunliche Leistung, denn Laute sind flüchtig, und sie verändern sich mit ihren wechselnden Nachbarn – aber auch von SprecherIn zu SprecherIn. Schreibung wie FEMPF BELE (oder FIA ROISA für »vier Häuser«) sind also kein Anzeichen für eine »Lautunterscheidungsschwäche«, sondern Beleg dafür, dass das Kind seine Aussprache bis ins Detail genau im Mund abgefühlt und aus-buchstabiert hat.

• 4 *»Rechtschreibmuster zeichnen besondere Wortmerkmale aus.«*
In der Schrift gibt es Buchstaben(gruppen), die sich aus der Lautanalyse allein nicht erschließen lassen. Über das Lesen werden die Kinder auf Sonderzeichen wie Y, Ö, SCH, auf die Verdopplung von Mit- und Selbstlauten,

aber auch auf die Groß- vs. Kleinschreibung aufmerksam. Und nun probieren sie diese Zeichen überall aus, zum Teil korrekt (z. B. FÜMF), zum Teil nicht (z. B. FÖNNF). Bei den Fehlern lassen sich wieder zwei Gruppen der Über-Generalisierung unterscheiden: »legal« ist z. B. VÖNF (oder – wegen der Vokallänge – TAHL für »Tal«), »illegal« wäre FÜHNF (aber auch TALL für »Tal«).

Beides kommt vor, denn die Kinder müssen erst lernen, dass die Rechtschreibmuster an bestimmte Bedingungen gebunden sind – und konkret: an welche. Dieser Prozess dauert lange, bei einzelnen Besonderheiten bis ins Erwachsenenalter. Eine Hilfe ist dabei das fünfte Prinzip, das die Kinder als letztes begreifen:

• *5 »Besonderheiten der Schrift machen auch Bedeutungen kenntlich.«*
Wir schreiben FÄHRE, nicht FEERE, um ihre Zugehörigkeit zur Wortfamilie »-FAHR-« auf einen Blick sichtbar zu machen und damit das Lesen zu beschleunigen.

Die beiden wichtigsten Prinzipien der sogenannten Stamm-Konstanz sind die sogenannte Auslautverhärtung (WIND zu WINDE) und die Umlautung (ZÄHLEN zu ZAHL). Auch diese Schreibung nach Wortverwandtschaft entdecken die Kinder mit zunehmender Leseerfahrung.

Wenn sie diese Einsicht gewonnen haben, verallgemeinern sie die neue Erfahrung. Sie schreiben dann an ihre LIEBEN ÄLTERN, brechen den STÄNGEL der Blume ab und SCHNÄUZEN sich. Auch Erwachsene NUMMERIEREN Dinge und PLATZIEREN Menschen. So logisch diese Ableitungen sind – in der alten Rechtschreibung waren sie Ausnahmen von der Regel (nach dem alten Duden: »numerieren« bzw. »plazieren«). Da unser Gehirn auf eine möglichst ökonomische Ordnung aus ist, haben viele von uns die oben zitierten Fehler gemacht. Die neue Rechtschreibung hat diese Logik jetzt nachvollzogen. Erstaunlicherweise wird diese Reform aber auch von Leuten angegriffen, die im Alltag selbst schon genau so geschrieben haben… Noch auf eine andere Weise geht die Rechtschreibung über den Lautbezug hinaus: indem sie in einigen Fällen unterschiedliche Bedeutungen, sogenannte Teekesselchen unterscheidet: z. B. LID und LIED, MOHR und MOOR *(s. oben Kapitel 4)*. Die Rechtschreibung löst sich dabei nicht von der Lautung, aber sie führt zusätzliche Merkmale ein, die gesondert gedacht werden müssen.

Und wie steht es mit dem Lesen?
Mitte der ersten Klasse. Stefan liest: »Te – Te – TO – TOOO – TOOON – TOON-NEE«. Er sieht die Lehrerin verwirrt an. Einen TON kennt er, auch

TÖNE. Das Wort NEE ist ihm aus dem Alltag auch vertraut, aber TON und NEE? Oder vielleicht gibt es ja ein Wort TOONNEE, das er noch nicht kennt. Wie Stefan geraten viele Kinder beim Lesenlernen in eine Falle. Sie haben mit Mühe gelernt, Buchstaben von der Form her zu unterscheiden, sie kennen ihre Lautwerte und sie wissen, dass man die Buchstaben von links nach rechts »zusammenlesen« soll. Aber was dabei herauskommt, irritiert sie immer wieder. Denn einzeln klingen Laute anders als im Wort. Vor allem klingen sie in verschiedenen Wörtern unterschiedlich. Die größten Schwierigkeiten machen die offenen, »kurzen« Selbstlaute. Wenn man ein Wort aus einzelnen Buchstaben auflautiert, werden die Selbstlaute automatisch lang. Und damit ist der Weg zum gemeinten Wort verschlossen. Aus WINTER wird dann WIENTEER, aus SONNE wird SOHN-NEE.

Beim Lesenlernen ist das eine gefährliche Situation. Denn viele Kinder beginnen zu zweifeln, ob das eigentlich richtig ist, was sie da machen: Buchstaben lautieren und diese Laute miteinander verbinden. Sie merken, dass sie als »Buchstaben-Sammler« zu keinem sinnvollen Ergebnis kommen, während andere die Geschichte in einem Zug vorlesen. Also versuchen sie eine andere Strategie: sie raten und versuchen, die Wörter auf einen Schlag richtig auszusprechen, wie sie es bei der Lehrerin und den geübten LeserInnen in der Klasse beobachten. Sie orientieren sich dabei am ersten Buchstaben oder an der Wortlänge, am Sinnzusammenhang oder an der Erinnerung, was auf dieser Seite oben rechts stand.

Einige werden zu »Wortbild-Jägern«, die sich Wörter an irgendwelchen Einzelheiten merken (»Das heißt OFEN wegen dem Kreis am Anfang«). Andere nennen wir »Kontext-Spekulanten«, weil sie ihre oft hoch entwickelte Intelligenz, ihre breite Sprach- und Welterfahrung nutzen, um aus wenigen Hinweisen (dem Bild neben dem Text, der Überschrift oder dem Satzanfang, den Reaktionen in unserem Gesicht auf ihre ersten tastenden Versuche) eine sinnvolle Geschichte zu konstruieren.

Dieses »Vermuten von oben« – von der Wort- und von der Texterwartung her – ist auch später noch eine wichtige Teilstrategie des Lesens (s. Entwicklungsmodell »Lesen« → *Lernfeld S)*. Wie könnten wir sonst entscheiden, ob es um STAUB-ECKEN oder ein STAU-BECKEN geht bzw. ob das /ei/ zusammengehört wie in BAD-EINGANG oder nicht wie in BADE-INSEL. Nicht nur Stefan bekommt Schwierigkeiten, wenn er Wörter aus einzelnen Buchstaben auflautieren will.

In diese Sackgasse haben die alten Methoden den Unterricht geführt. Die »synthetische« Methode erzeugte Buchstaben-Sammler wie Stefan, die »ganzheitliche« Methode Wortbild-Jäger und Kontext-Spekulanten. Beide haben den Kindern einen wichtigen Zugang zur Schrift eröffnet, aber jede hat ihren Zugang so einseitig hervorgehoben, dass viele Kinder ihre – durchaus wichtige – Teilstrategie ganz aufgegeben haben.

Wickelwörter

A. 16

Auf einen mindestens 15 cm langen Papierstreifen hat die Lehrerin in Druckbuchstaben ein Wort geschrieben, das sie nun Buchstabe für Buchstabe entfaltet.

Die Kinder äußern Vermutungen über den Fortgang und kontrollieren ihre Hypothesen am nächsten Hinweis.

Auf dem letzten Glied kann eine Abbildung die Lösung bestätigen (wichtig für die Verwendung in Partner- oder Einzelarbeit). Am Schulanfang sind die Namen der Kinder für die Wickelwörter besonders gut geeignet. Viel Spaß macht es den ErstklässlerInnen, wenn am Ende des Wickelwortes das Foto des entsprechenden Kindes folgt (Einschulungsfotos kopieren!).

Da helfen auch alle methodischen Übungen nichts. Die bloße Wiederholung einer Technik führt zu blindem Probieren, sie hilft den Kindern nicht, Lesen als einen Denkprozess zu begreifen. Nur diejenigen, die der unterrichteten Methode nicht allein vertrauen, kommen zum Erfolg.

Ein trauriges Beispiel für die methodische Fehlnutzung einer produktiven Idee ist der beliebte »Wörtersack« (auch als »Lesekrokodil« bekannt). Die Lehrerin hängt sich eine Röhre aus Tuch um (ähnlich dem alten Muff, in dem SpaziergängerInnen früher an kalten Wintertagen ihre Hände wärmten). In diese Hülle schiebt sie Wortkarten, die sie dann Buchstabe für Buchstabe herauszieht und von den Kindern »auflautieren« lässt.

Dabei reicht eine kleine Veränderung, um den Kindern die Eigenart des Lesens zugänglich und die Verknüpfung der verschiedenen Strategien bewusst zu machen. Die Lehrerin zieht den ersten Buchstaben heraus und fragt: »Was für ein Wort könnte das werden?« Bei einem <L> rufen die Kinder: LÖWE, LEITER, LAMPE, LUSTIG, LEO usw. In der Tat: Alle diese Wörter sind bei dem gegebenen Buchstaben möglich. Nun zieht die Lehrerin den zweiten

Wörter-Detektive

An der Tafel stehen fünf Wörter, zum Teil aus den »Schatzkästchen« (S. 1) von Kindern, zum Teil von mir ausgewählt, um bestimmte Schwierigkeiten ins Spiel zu bringen (z. B. <Kirche> als Kontrastwort zur gestern länger besprochenen <Kirsche>):

»Jetzt bin ich aber neugierig, wer von euch diese Wörter herausbekommt. Setzt euch zu zweit zusammen und sprecht euch ab.«

Die stille *Tina* bucht ihren ersten Erfolg in dieser Woche, denn <Kirschkuchen> gehört zu ihren »eigenen Wörtern« und sie erkennt es sofort.

Mit der Frage: *»Woher weißt du das?«* kommen aber auch die anderen Kinder zum Zuge. Für den einen ist es die Länge des Wortes (aber warum heißt »Weihnachtsmann« nicht »Kirschkuchen«?), für eine andere ist es der erste Buchstabe oder die erste Silbe (heißt also das erste Wort auch »Kirschkuchen«?).

Die Aufgabe kann auch als »Suchkarte« in der Freiarbeitskartei auftauchen.

Werden Wörter aus den Büchlein der REGEN-BOGEN-LESEKISTE angeboten (*»Die sind aus einem der roten Bücher!«* oder *»Das sind Wörter aus dem Büchlein ZOO.«*), können Kinder mit wenig Schrifterfahrung auch dort Hilfe suchen und Hinweise im Kontext finden.

Sehr verdächtig!

Kirsche

Kirche

Hose

Hase   Weihnachtsmann

Kirschkuchen

Buchstaben heraus, ein <A>. Ihre Frage: »Ist dein Wort immer noch möglich?« LÖWE, LEO und LUSTIG gehen nicht mehr, wohl aber LAMPE. Und LADEN oder LACHEN sind neue Anwärter, die von anderen Kindern ersatzweise ins Spiel gebracht werden.

Einige Kinder werden auch an dem Wort LEITER als weiterer Möglichkeit festhalten. Dies kann zum Anlass einer erhellenden Metadiskussion über den Klang und die Schreibweise von AI/EI werden, wenn diese Kinder darauf verweisen, dass man doch LAEI… spricht (→ *Lernfeld L*). Um die Kinder nicht in die Irre zu führen, sollte man deshalb mehrgliedrige Schriftzeichen – EI, SCH, CK, IE, TT usw. – auch als Einheit herausziehen. Sonst wird das Lautieren gestört.

Wiederum neu überlegen müssen die Kinder, wenn die Lehrerin als dritten Buchstaben ein <N> herauszieht. Wörter wie LANG (schwierig wegen /ng/ – probieren Sie es selbst…) oder LAND werden jetzt zu möglichen Kandidaten für eine passende Lösung.

Damit die Kinder ihre Erwartung öffnen, sollten Sie für die Aufgabe keine Fibelwörter nehmen, sonst grenzen Sie die möglichen Lösungen zu sehr ein. Kinder bekommen das schnell heraus.

Wörter-Golf   A.5

Beim Golfspiel kommt es darauf an, den Ball mit möglichst wenig Schlägen von Punkt A (Abschlag) nach Punkt B (ins Loch) zu treiben. Wie viele »Schläge« brauchen Sie, um das Wort REGEN in das Wort NAGER zu verwandeln? Als »Schlag« zählt jedes Auswechseln eines Buchstabens im Wort. Und: Als Zwischenformen sind nur sinnvolle Wörter in orthografisch korrekter Form erlaubt. Wir haben dieses Spiel bei *Ruf/Sieber* gefunden. Mit dieser anspruchsvollen Aufgabe vertreiben Sie die Langeweile aus jeder Party – oder Sie versorgen Ihre Klasse sinnvoll für 15 bis 30 Min., je nachdem, wie viele Wortpaare Sie vorgeben. Das Spiel lässt sich zu zweit (gegeneinander) in der Freiarbeit spielen. Interessanter (und lernwirksamer!) aber ist es, wenn zu einem Team zwei Leute gehören, die miteinander verschiedene Wege durchdenken und die »Legalität« von Zwischenformen überprüfen, ehe die öffentliche Konkurrenz an der Tafel oder am Tageslichtschreiber beginnt. Denn dieses Spiel können Sie auch noch mit fünfzig Kindern spielen.

R	O	S	E
H	O	S	E
H	A	S	E
N	A	S	E

POST	LESEN	RIND
ROST	………	KIND
RAST	………	WIND
GAST	………	WAND
LAST	………	WALD
LIST	RUFEN	WALL
		BALL

In dieser Form modelliert der Wörtersack die Leseaufgabe und die notwendigen Strategien korrekt: Man muss die Buchstaben und ihre Folge von links nach rechts beachten, man muss aber gleichzeitig im eigenen Sprachschatz nach Wörtern suchen, deren Klang auf die gefundene Lautfolge passt. Dieses »Passen« gelingt immer nur ungefähr, das Wort ergibt sich nicht automatisch aus den Einzellauten. Darum sprechen wir auch vom »Sprung zum Wort«. Der ist eine kreative Leistung, und dies müssen wir den Kindern bewusst machen. Sonst verheddern sie sich in den einzelnen Schriftzeichen und erkennen vor lauter Buchstaben die Wörter nicht mehr.

Das Schöne an dieser Aufgabe: Sie eröffnet unterschiedliche Lernchancen. Von dieser Übung können nämlich Kinder mit ganz verschiedenen Schwierigkeiten profitieren. Kontext-Spekulanten müssen sich auf einzelne Wörter einlassen, Wortbild-Jäger werden gezwungen, auf jeden Buchstaben zu achten, und Buchstaben-Sammler haben nur Erfolg, wenn sie ihre technische Fertigkeit in eine Suche nach der Bedeutung der Buchstabenfolge einbetten *(siehe zu diesen Lesestrategien das Stufenmodell S. 153 ff.)*. Weitere Aufgaben, an denen die Kinder das Zusammenspiel des Erlesens »von unten« und der Sinnerwartung »von oben« erproben können, sind die Aufgaben

- »Wickelwörter« *(s. Abb. A. 16)*,
- »Wörter-Detektive« *(s. Abb. A. 1)* und
- »Wörter-Golf« *(s. Abb. A. 5)*.

S wie Sichtwortschatz:

Wie kann ich häufige Wörter rasch erkennen und »blind« schreiben?

Lisa ist traurig, weil sie am Wochenende nicht in den Kindergarten gehen kann. So kann sie ihren Freund Tobias nicht treffen. Also beschließt sie, ihm am Sonntag einen Brief zu schreiben. Dafür lässt sie sich das Wort »Tobias« in Blockschrift vorschreiben und schreibt es mindestens 25-mal ab – bis sie endlich zufrieden damit ist. Inzwischen kann sie das Wort natürlich längst auswendig schreiben und auch zwischen anderen Wörtern auf einen Blick erkennen.
Einige Zeit später, nachdem Lisa das Wort »Tobias« noch viele Male auswendig gelesen und richtig geschrieben hat, schreibt sie eine Einladungskarte an Tobias. Darauf steht der Name schließlich so: TOBIJAS.

Aber zurück zum Schulanfang: Viele Kinder können, wenn sie in die Schule kommen, ihren eigenen Namen schreiben. Manche Kinder schreiben auch noch zwei, drei weitere Wörter, z. B. MAMA und PAPA oder ARAL und POST. Eigentlich »malen« sie diese Wörter. Sie haben sich die Form der Zeichen oder die Abfolge der Schreibbewegungen gemerkt (»rauf – runter – Strich« = A), kennen aber ihre Bedeutung, d. h. den jeweiligen Lautwert, nicht.

Genauso naiv, also ohne Kenntnis des Aufbaus der Schrift, »lesen«, besser: benennen Kinder Aufschriften wie NUTELLA oder COCA-COLA, POLIZEI oder AUSGANG.
Schon vor der Schule werden viele Kinder auf Besonderheiten der Schrift aufmerksam. Dabei gewinnen einige von ihnen grundlegende Einsichten, auf denen sie später aufbauen können. Anderen muss die Schule Möglichkeiten anbieten, diese Erfahrungen nachzuholen.
Geben Sie z. B. Vorschulkindern ein Buch in die Hand und bitten Sie die Kinder, »die Geschichte zu lesen«. Sofern Kinder sich auf die Aufgabe einlassen (»Versuch mal so zu lesen wie Mama…«), so kann man unterschiedliche Vorgehensweisen beobachten. Einige Kinder gucken auf das Bild und erzählen dazu, wie sie sonst auch aus ihrem Alltag erzählen. Andere Kinder schauen auf den Text, und die Melodie ihrer Stimme verändert sich, aber oft auch die sprachlichen Wendungen: Sie sprechen, wie sie Schrift-Sprache beim Vorlesen kennen gelernt haben.

Dieser Unterschied ist ein Hinweis darauf, dass Kinder, ehe sie im strengen
Sinn Lesen gelernt haben, bereits Vorstellungen davon entwickeln, was Lesen
ist und wie es funktioniert. In der Entwicklung ihres Denkens lassen sich verschiedene grundlegende Einsichten ausmachen *(s. auch das Stufenmodell
Schreiben S. 145 ff.).*

Von der Schrift zur Bedeutung
Ein Entwicklungsmodell kindlicher Lesestrategien

1 »Schrift ist Teil des Gegenstandes bzw. Merkmal seiner Umwelt.«
In Büchern, auf Plakaten, an Läden und Waren nehmen Kinder mit der Zeit
Schrift als etwas Besonderes wahr. Sie weisen dann Wörtern und Texten Bedeutung zu – nicht mehr nur Gegenständen oder Bildern. Auch wenn die
Kinder noch nicht lesen: Sie suchen aktiv nach Bedeutung und mobilisie-
ren dafür ihre persönliche Welt- und Spracherfahrung. Manche DidaktikerInnen sehen darin ein bloßes »Raten«, das von der eigentlichen Aufgabe
des Lesens ablenkt. Die aktive Sinnerwartung ist aber eine wichtige Lesestrategie, die auch später beim Lesen von Wörtern (STAUB-ECKEN oder
STAU-BECKEN?), erst recht von Sätzen und Texten benötigt wird.
Zu Beginn entwickeln die Kinder ihre Sinnerwartung für die Deutung von
Schrift aus dem Kontext. Typisch ist, dass sie Schilder nur sinngemäß und
nicht wortwörtlich benennen: »Benzin« für <Esso> oder »Limo« für
<Fanta>. In dieser Phase werden Wörter selbst im vertrauten Schriftzug
außerhalb des bekannten Umfelds oft nicht erkannt (z. B. ein vom Glas ab-
gelöstes »nutella«- oder »Coca-Cola«-Etikett). Erst allmählich gewinnt die
Schrift einen Eigenwert, unabhängig vom Gegenstand, auf dem sie steht,
oder von sozialen Aktivitäten, in denen sie verwendet wird.

2 »Schriftwörter sind Zeichen wie Logos oder Embleme.«
Mit der Zeit merken sich die Kinder einzelne Wörter wie Etiketten. Sie beginnen, auf die Schrift selbst (nicht mehr nur auf ihr Umfeld) zu achten. Das
bedeutet aber nicht, dass sie schon einzelne Buchstaben oder gar deren Abfolge als Zugang zur Bedeutung eines Wortes nutzen. Entscheidend ist oft
der besondere Schriftzug (z.B. die Typografie von <Esso> oder <Coca-
Cola> einschließlich der Farbe). Die Kinder müssen erst lernen, dass Schrift
ihre Bedeutung behält, auch wenn sich ihre grafische Form ändert. Allmählich werden die Kinder dann auf die Buchstaben selbst und ihre unterschiedlichen Formen aufmerksam (wie im gezinkten Memory → *Lernfeld Z).* Sie ordnen bestimmten Buchstaben(folgen) eine bestimmte Bedeu-

tung zu – direkt, also ohne den Weg über die Lautung. So können sie z. B. ihren Namen (wieder)erkennen.

3 »Schrift besteht aus wenigen wiederkehrenden Zeichen.«
Erst allmählich orientieren sich Kinder an den Schriftzeichen selbst. Oft beachten sie in dieser Phase aber nur einzelne Buchstaben. Ein Wort heißt dann POST »wegen dem <P> da«, da das Kind das <P> aus seinem Namen kennt. Ein anderes Kind erinnert das Wort »Mutter« an den »zwei Kreuzen in der Mitte«, ein drittes »Oma« an »dem Ei am Anfang«.
Einzelne Buchstaben werden also genutzt, um die wenigen vertrauten Wörter zu unterscheiden, noch nicht, um über die Lautung die Bedeutung eines neuen Wortes zu erschließen. Diese Strategie lässt sich sehr einfach in Frage stellen, indem Kinder z. B. mit Wörtern konfrontiert werden, die denselben Anfangsbuchstaben oder dieselbe Endung haben oder die gleich lang sind.
Wenn Kinder den eigenen Namen (oder einige Umweltwörter) richtig schreiben, deutet sich an, dass sie die ganze Buchstabenfolge beachten. Sie wissen noch nicht, warum es gerade diese Buchstaben sind, die z.B. »KABA« bedeuten (und »lesen« deshalb »K-A-K-A-O«; *s. oben Kapitel 2*). Schrift ist insofern immer noch Etikett – aber nicht mehr als äußere grafische Form (»Wortbild«), sondern als einmalige Folge von Zeichen, die auch in anderen Wörtern auftauchen.
Jede Buchstabenfolge stellt sozusagen einen »Namen« für etwas ganz Bestimmtes dar. Deshalb erschreckt es manche Kinder, dass auch der Vater anderer Kinder PAPA geschrieben wird.

4 »Schrift(zeichen) verweisen auf Laute und ihre Abfolge.«
Irgendwann erkennen die Kinder, dass Schrift nicht (wie in einer Bilderschrift) direkt auf Bedeutung, sondern dass sie auf die Lautform der Aussprache bezogen ist. In frühen Phasen denken manche nämlich noch: wenige Buchstaben bedeuten »kleines Tier«, »ein paar Früchte« o. ä., viele Buchstaben dagegen »großes Tier«, »viele Früchte« o. ä.
Oft werden die Kinder durch ihre Schreibversuche auf den Lautbezug der Buchstaben aufmerksam, wenn sie nämlich die eigene Aussprache verschriften (→ *Lernfeld A*). Sie probieren es dann auch umgekehrt und lautieren die einzelnen Buchstaben. Manchmal springen sie dann vom ersten Laut oder der ersten Silbe zum ganzen Wort: »Llll-aaa – ach, Lampe!« Wenn <Laden> da stand, hatten sie Pech.
Dennoch sind solche Fehler unvermeidlich und für die Entwicklung des Lesens wichtig. Denn aus den Einzellauten kann man kein Wort »zusammenschleifen«. Erst die Sinnerwartung ermöglicht es, sozusagen »von

oben« zur normalen Aussprache zu kommen. Man kann nicht entscheiden, ob ein Selbstlaut kurz oder lang zu sprechen ist (»sie lachen« oder »die [Wasser-]Lachen«), ob es »Wachs-tube« oder »Wach-stube« heißt, ohne die Buchstabenfolge inhaltlich zu deuten (s. oben die erste Einsicht und → *Lernfeld A*). Lesen funktioniert eben nicht als Dreischritt Schrift – Laut – Sinn. Die Sinnerwartung ist also schon beim einzelnen Wort wichtig für den Leseerfolg (s. den »Wörtersack« → *Lernfeld A*). Erst recht gilt das für das Verständnis von Sätzen. Darum sollte man Verlesungen nicht verbessern (lassen), wenn erkennbar wird, dass das Kind um eine sinnvolle Deutung des Textes bemüht ist. Fehler zeigen, auf welche Taktik des Lesens das Kind gerade besonders achtet, weil es sie neu erwirbt.

Andererseits kann man die Aufmerksamkeit der Kinder darauf lenken, dass es auf alle Buchstaben ankommt (s. oben das gezinkte Memory). Das führt dann oft dazu, dass die Kinder ein Wort auch dann lautieren, wenn es zum dritten Mal auf derselben Seite auftaucht. Selbst den vertrauten eigenen Namen erliest ein Kind dann möglicherweise Buchstabe für Buchstabe. Auch hier gilt: Der scheinbare Rückschritt zeigt einen Lernzuwachs an.

Vor allem das stille Lesen hilft Kindern, sich wieder stärker auf den Inhalt des Textes einzulassen. Das Vorlesen – vor allem im größeren Kreis – belastet oft sehr, weil die richtige Aussprache des einzelnen Wortes bei vielen LehrerInnen im Vordergrund steht.

5 Automatisierung des Erlesens und Einbettung in eine Rahmenstrategie

Je häufiger Kinder bestimmte Wörter lesen, umso schneller und genauer lesen sie. Dafür gibt es mehrere Gründe:

– Vertraute Reize verarbeitet unser Gehirn schneller; dazu zählen einzelne Buchstaben, aber auch häufig gelesene bzw. geschriebene Buchstabenfolgen, also z. B. häufige Wörter.

– Mit der Zeit werden Kinder auf wiederkehrende Buchstabengruppen aufmerksam. Mit der Hilfe solcher »Bausteine« können sie dann auch unbekannte Wörter leichter erlesen (→ *Lernfeld G*).

– Das Zusammenspiel der verschiedenen Zugänge (Lautieren der Buchstaben »von unten« und Sinnerwartung »von oben«) spielt sich besser ein, sodass verschiedene Strategien sich stützen.

– Zudem wird das Zusammenspiel dieser Strategien beweglicher. Je nach Aufgabe aktivieren die Kinder andere Zugriffe auf die Schrift, können sie ihre Aufmerksamkeit auf problematische Aspekte (undeutliche Schriftform, unbekanntes Wort, schwieriger Inhaltszusammenhang) konzentrieren. Zerschnittene Sätze, Lücken oder Fremdwörter in Texten und ähnliche »Übersetzungs«-Aufgaben helfen Kindern, verschiedene Strategien aufeinander abzustimmen (→ *Lernfeld V*).

Das Modell zeigt: Nur oberflächlich betrachtet erkennen Anfänger Wörter auf dieselbe Weise wie fortgeschrittene LeserInnen: »auf einen Blick«, also ohne einzelne Buchstaben zu beachten und über die Lautform nachzudenken. In einer frühen Phase erschließen sie die Bedeutung sogar nur aus dem sozialen oder gegenständlichen Kontext, z. B. wenn sie das Schild AUSGANG im Kaufhaus als »Tür« deuten.

Wichtig ist insofern der Strategiewechsel, der sich unter der Oberfläche scheinbar gleichen Verhaltens verbirgt: Anfangs haben sich die Kinder das Wort als Kombination grafischer Formen gemerkt, sozusagen als Bild oder Logo (darum spricht man auch von »logografischer Stufe«). Später tasten sie das Wort Buchstabe für Buchstabe ab, aber so schnell, dass es scheint, als erkennten sie das Wort als Ganzheit. Sie haben das Erlesen »automatisiert«. Da dieser Prozess unbewusst verläuft, haben auch wir Erwachsenen oft den Eindruck, als läsen wir, ohne noch auf die einzelnen Buchstaben zu achten.

Es ist wichtig zu erkennen, dass es sich um zwei verschiedene Qualitätsstufen handelt. Insofern gibt es keinen direkten Weg vom naiv-ganzheitlichen Benennen der AnfängerInnen zum automatisierten Lesen der fortgeschrittenen LeserInnen. Dazwischen liegt die Stufe des bewussten buchstabenweisen Erlesens (→ *Lernfeld A*), das wir auch immer wieder dann aktivieren, wenn wir auf unbekannte Wörter stoßen (z. B. beim Lesen eines Beipackzettels zum Medikament).

Zusammensetzung:
1 Filmtablette enthält 985,9 mg entspr. 1.500.000 I.E. Phenoxymethylpenicillin-Kalium (Penicillin V).
Hilfsstoffe: Polyvidon, Crospovidon, Magnesiumstearat, Talkum, Farbstoffe E 171, E 172, Triethylcitrat, Macrogol, Saccharin-Natrium 2 H_2O, Polyaminomethacrylat, Aromastoff.

– andere Antibiotika:
Penicillin V sollte nicht mit anderen, bakteriostatisch wirksamen Chemotherapeutika oder Antibiotika wie z. B. Tetracyclinen, Erythromycin, Sulfonamiden oder Chloramphenicol gleichzeitig angewendet werden, da eine Wirkungsabschwächung möglich ist.

Das Gleiche gilt für das Schreiben: Auch hier gibt es keinen direkten Weg vom ersten Abmalen besonders wichtiger Wörter wie z. B. des eigenen Namens, den die Kinder bei häufiger Verwendung schließlich auswendig schreiben können, hin zum automatisierten Schreiben der geübten SchreiberInnen, die bei vielen Wörtern nicht mehr über deren Schreibweise nachdenken müssen. Das eine ergibt sich nicht aus dem anderen – unser Gedächtnis wäre vollständig überfordert, wenn wir uns alle Wörter sozusagen als »Bild« einprägen und auswendig wiedergeben sollten. Die Leistung der SchreiberInnen scheint in beiden Fällen ähnlich zu sein, spielt sich aber auf unterschiedlichem Entwicklungsniveau ab. Zwischen diesen beiden Niveaus müssen die Kinder

den Lautbezug der Schrift erkannt und gelernt haben, Wörter lautierend aufzuschreiben (→ *Lernfeld A*). Um zu kompetenten RechtschreiberInnen werden
zu können, brauchen sie beide Strategien: die des automatisierten Schreibens
häufiger Wörter und als Stütze in Zweifelsfällen, wenn man nicht sicher ist,
wie ein Wort geschrieben wird, zusätzlich die Orientierung an der Lautung
des Wortes. Fließendes Lesen und Schreiben werden erst dann möglich, wenn
dieser Prozess weitgehend automatisiert abläuft und wir uns nur noch auf besonders schwierige Wörter konzentrieren müssen.

Was kann man tun, um das Erlesen und das Schreiben zu automatisieren,
wenn die Kinder die grundlegenden Einsichten in den Aufbau der Schrift
(→ *Lernfeld A*) erworben haben?
»Grundwortschatz«-Arbeit heißt die Antwort der Didaktik. »Grundwortschatz« ist ein Zauberwort, dessen Zielrichtung auf den ersten Blick sehr ein-
leuchtet: Die Kinder sollen vor allem die Wörter üben, die in Alltagstexten besonders häufig sind. In vielen Bundesländern ist deshalb ein »Grundwortschatz« von jeweils ca. 1000 Wörtern vorgegeben, den die Kinder in der
Grundschulzeit erwerben sollen.
Sieht man sich die Häufigkeit der in Kindertexten vorkommenden Wörter
aber einmal genauer an, lässt sich das Argument der Häufigkeit für das Üben
von bestimmten Wörtern nur bedingt aufrechterhalten: Zwar machen die 50
häufigsten Wörter tatsächlich schon fast 50% aller Wörter eines Alltagstextes

---

Schleich-Diktate S.5

Der Text eines Diktats wird an verschiedenen Stellen im Klassenzimmer aufgehängt. Er ist in möglichst großer Schrift geschrieben (darf aber nicht vom Platz aus zu lesen sein!) und jeweils (etwa) in Augenhöhe befestigt. Die Kinder »holen« sich den Text nach und nach, indem sie hinlaufen und sich Portionen anse-hen, die sie sich merken können: ein Wort, ei-nen Satzteil, ein oder gar zwei Sätze.

Das Anspruchsniveau bestimmen die Kinder über die Menge des Textes, den sie sich mer-ken, also selbst. Überschätzen sie sich, verges-sen sie leicht Wörter oder zumindest Besonderheiten ihrer Schreibung. Unter-fordern sie sich, müssen sie unnötig oft laufen. Die Kinder lernen auf diesem Weg, ihr Können einzuschätzen (und es voll auszuschöpfen).

Bekannt ist diese Aufgabe als »Lauf«-Diktat. Mit *Ruf/ Sieber (1987, S. 157)* empfeh-len wir ein »Wander«-oder »Schleich«- statt eines Lauf-Diktats, damit die bewusste Auseinandersetzung länger dauert (sodass Kinder sich länger merken müssen, was sie schreiben wollen, und keine Hektik im »Verkehr« entsteht).

Dreh-Diktate

Eine besonders einfache und wirksame Art, sich die Schreibweise von Wörtern zu merken, ist das Dreh-Diktat. Die Kinder bekommen die zu übenden Wörter oder Texte auf einem Blatt Papier und sollen nun dessen Rückseite als Schreibfläche benutzen.

Auf der Textseite liest man sich ein Wort, eine kurze Sinneinheit oder einen ganzen Satz durch, versucht das Gelesene zu behalten, dreht das Blatt um und schreibt auf, was man sich

Ich soll auf der Rückseite schreiben.

gemerkt hat. Ist man bei der Schreibweise eines Wortes unsicher, schaut man noch einmal in der Textvorlage nach. Man darf das Blatt so oft hin- und herdrehen, bis man sicher ist, dass der ganze Text orthografisch richtig wiedergegeben wurde.

Als Einstieg in diese Übungsform und für Kinder mit einem nur geringen Wortschatz, aber auch für Kinder mit anderer Muttersprache

empfiehlt es sich, mit einzelnen Wörtern zu beginnen, neben denen auch immer eine Abbildung vorhanden ist, sodass die Kinder wissen, was sie sich merken. Eine Idee von *Sommer-Stumpenhorst* hat sich bewährt: Jedes Kind bekommt ein »Abschreibeheft«, auf dessen Rückseite eine Folienhülle geklebt wird. In diese wird der Text gesteckt, so dass die Kinder umblättern und sich – wie beim Diktat – die Wörter merken müssen. Nachdem der Text fertig »abgeschrieben« worden ist, wird er aus der Folienhülle gezogen und zum Vergleichen direkt neben das Geschriebene gelegt. Im Laufe des Schuljahres kann die Lehrerin so bei jedem Kind Fortschritte im Abschreiben und Korrigieren beobachten. Besonders gut geht dies, wenn die Kinder die Korrekturen mit einem andersfarbigen Stift durchführen.

aus. Diese Rate steigt bis zum 300. Wort der Häufigkeitsrangliste sogar auf etwa 75%.

Aber diese Wörter sind fast ausschließlich sogenannte Strukturwörter wie Pronomina (ich, du, er, sie, …), Artikel (der, die das, ein, …), Adverbien (heute, oft, …), Konjunktionen (weil, wenn, …) und Präpositionen (auf, in, mit, …). Bei den inhaltragenden Wörtern geht es mit der Häufigkeit ganz rapide abwärts: Das 500. Wort ist kaum häufiger als das mit der Rangnummer 1000 oder 2000. Es kommt beispielsweise nur noch in 2% der untersuchten Kindertexte vor *(vgl. unsere Auszählung in »Wie wir recht schreiben lernen«, S. 169 ff.).* Je nach Thema brauchen die Kinder ganz viele unterschiedliche Wörter.

In einem »Grundwortschatz« von ca. 1000 Wörtern, der an der Häufigkeit ihres Vorkommens orientiert ist, übt man mit der Klasse also viele Wörter ein, die die Kinder viel zu selten selber zum Schreiben verwenden, als dass sich ein solcher Aufwand lohnen würde. Statt diese eher seltenen Wörter zu trainieren, ist es sinnvoller, neben den 300 häufigsten solche Wörter einzuüben, die für einzelne Kinder inhaltlich interessant sind (individueller Wortschatz), und solche, die z. B. für ein Vorhaben im Sachunterricht gerade besonders wichtig sind (Klassenwortschatz). Die zeitliche Anforderung, sich die Schreibweise eines Wortes bis zum Niederschreiben zu merken, kann dabei von den Kindern selbst gesteigert werden, z. B. vom »Dreh-Diktat« *(s. Abb. S. 6)* bis zum »Schleich-Diktat« *(s. Abb. S. 5)*. Diese individuell teilweise unterschiedlichen Wörter können dann mit ihren jeweils spezifischen Rechtschreibmustern auch als Modell dienen, an denen die Kinder sich in ihrer weiteren or-

Lernfeld S

Wörter hamstern 👁 S. 24

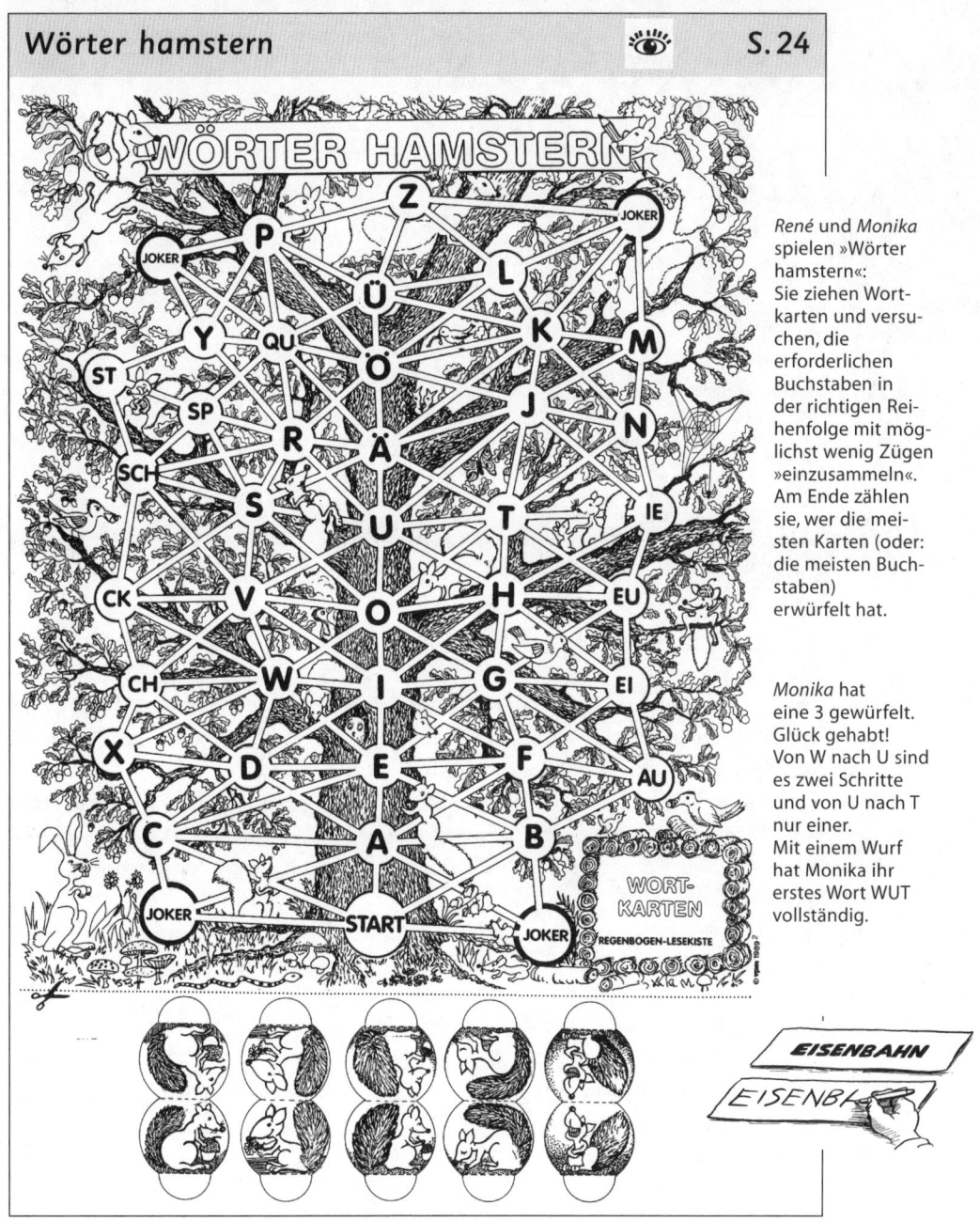

René und *Monika* spielen »Wörter hamstern«: Sie ziehen Wortkarten und versuchen, die erforderlichen Buchstaben in der richtigen Reihenfolge mit möglichst wenig Zügen »einzusammeln«. Am Ende zählen sie, wer die meisten Karten (oder: die meisten Buchstaben) erwürfelt hat.

Monika hat eine 3 gewürfelt. Glück gehabt! Von W nach U sind es zwei Schritte und von U nach T nur einer. Mit einem Wurf hat Monika ihr erstes Wort WUT vollständig.

159

Wörter-Klinik 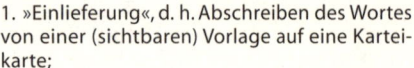 S. 3

Unser Schweizer Kollege *Martin Sassenroth* hatte eine Idee, die in der Lernwerkstatt »Büffelstübchen« inzwischen einige Kinder begeistert hat. Ein Schuhkarton wird mit einem aufgemalten roten Kreuz zur »Wörter-Klinik« mit Einlieferungsstation, Intensivstation, Pflegeabteilung (mit drei bis fünf Unterabteilungen) und Entlassungsstation. Entsprechend beschriftete farbige Trennkarten markieren diese Fächer, in die falsch geschriebene Wörter »eingeliefert« bzw. mit wachsender »Gesundung«, d. h. nach richtigem Schreiben im Übungsdiktat, »umgebottot« werden.

Die Arbeitsphasen gliedern wir in folgende Schritte (wobei das Wort nur bei korrekter Schreibung in die nächste Abteilung wandert):

1. »Einlieferung«, d. h. Abschreiben des Wortes von einer (sichtbaren) Vorlage auf eine Karteikarte;

2. »Operation«: Ansehen und langsames Vorsprechen des Wortes, Umdrehen der Karte, Schreiben aus dem Gedächtnis, Vergleich mit der Vorlage (S. 6; S. 20).
Ist das Wort fehlerlos, Übergang in die »Intensivstation«; sonst zurück in den OP;

3. »Pflege«: Schreiben des Wortes nach (Partner-)Diktat (mit 3–5 Wiederholungen, nach jedem richtigen Schreiben wandert das Wort eine Station weiter, sonst muss es noch einmal in den OP);

4. »Entlassung« in die alphabetische Sammlung der gekonnten Wörter, die den eigenen Lernzuwachs dokumentieren (aus denen ab und zu nach Zufall einzelne Wörter noch einmal herausgegriffen werden sollten, sozusagen zur »Nachsorge«).

thografischen Entwicklung orientieren. Besonders wirksam sind Aufgaben und Spiele, bei denen die Kinder Wörter bewusst Buchstabe für Buchstabe »abtasten« müssen (*s. Abb. S. 24*).

Schon in den ersten Schulwochen können die Kinder beginnen, sich ihre Lieblingswörter aufschreiben zu lassen und sie in einem eigenen »Schatzkästchen« zu sammeln. Der Austausch über diese Wörter im Morgenkreis (Wer hat das längste Wort? Wer hat ein Wort, das mit »T« anfängt? Wer hat Tierwörter?) kann zu einem festen Ritual werden und zum Anlass für viele »Meta«-Gepräche über Schrift und ihre Auffälligkeiten. Auch das Tauschen von Wörtern bzw. das Abschreiben besonders attraktiver Wörter anderer Kinder, aber auch von gemeinsamen Klassenwörtern kann hier angeregt werden.

Für das Sammeln, Sortieren und Üben eignet sich später eine Kartei, in der die Wörter nach Fehlerschwerpunkten, Rechtschreibphänomenen, Wortfamilien, inhaltlichen Bezügen und auch nach alphabetischer Reihenfolge geordnet werden können. Jedes neue Wort muss also dafür mehrfach abgeschrieben und abgelegt werden (s. die »Wörter-Klinik« in *Abb. S. 3*). Das alfabetische Prinzip des Nachschlagens lernen die Kinder fast beiläufig, wenn es in der Klasse ein Fries mit dem ABC gibt. In der ersten Klasse sortieren sie die (ca. 50 Wörter) nur nach dem ersten Buchstaben; in der zweiten Klasse untergliedern sie auch nach dem zweiten Buchstaben <LAMPE> vor <LEITER>

und <LÖWE>, erst bei mehr als ein- oder zweihundert Wörtern auch nach weiteren Buchstaben. Die geistige Vorstellung der alfabetischen Ordnung wird also im handelnden Vollzug erworben.

Kinder, die noch nicht sicher lautierend schreiben können, greifen auch in freien Schreibsituationen gern auf die Wörter des geübten Wortschatzes zurück, weil ihnen diese Wörter leichter fallen und sie sich dabei sicherer fühlen. Diese Vermeidungstaktik kann zu dem oberflächlichen Eindruck führen, dass diese Kinder mit der Schrift schon recht kompetent umgehen und viele Wörter fehlerfrei schreiben können. Dass ihnen die wichtigste Einsicht in den Aufbau der Schrift noch fehlt bzw. deren Umsetzung nicht geläufig ist, wird häufig erst zu spät bemerkt.

Die Anforderung, ganze Sätze oder gar kleine Geschichten zu Papier bringen zu sollen, ist für diese Kinder oft zu hoch. Damit auch sie erfolgreich beginnen, selbstständig Wörter zu konstruieren, sollten sie erst einmal auf der Ein-Wort-Ebene, z. B. zu selbst ausgewählten oder gemalten Bildern, entsprechende Namen lautierend aufschreiben.

Bild-Wörter-Bücher S. 11

Verschiedene Verlage haben in den letzten Jahren »Bild-Wörter-Bücher« herausgebracht. Sie ordnen einen ausgewählten Wortschatz nach Lebenssituationen (Spielplatz, Zoo usw.) oder nach Begriffsfeldern (Obst und Gemüse, Tiere u. Ä.).

Die Situationen und Bilder regen Schreibideen an. Die Wörter bieten einen Grundwortschatz, aus dem die Kinder »Pfeiler« für ihre Sätze gewinnen können.

Solche Bücher können die Kinder aber auch selbst herstellen. Sie schneiden Bilder aus und kleben sie auf ein Blatt auf (oder malen sie) und beschriften sie anschließend (am besten auch in den anderen Sprachen, die in der Klasse vorkommen): entweder als Titel des Gesamtbildes oder mit Strichen, die auf Gegenstände oder auf einzelne Teile im Bild verweisen.

So entstehen erste »eigene Bücher«, Produkte gemeinsamer Arbeit, einfach zu lesen und zudem Hilfe für weitere Aktivitäten.

Bei mehrsprachigen Bild-Wörter-Büchern empfiehlt sich die Zusammenarbeit mit den Lehrerinnen des muttersprachlichen Unterrichts oder mit Eltern der zweisprachigen Kinder.

Als Loseblattsammlung können solche Bücher wachsen. Auch zu demselben Thema sind verschiedene Blätter denkbar, die verdeutlichen, was einzelnen Kindern daran unterschiedlich wichtig ist. Der Sachunterricht gibt Impulse, aber auch individuelle Hobbys können Beiträge anstoßen.

Eine ganz andere Aufgabe ist die Herstellung eigener »Wörterbücher«, in denen die Kinder Wörter mit den entsprechenden Abbildungen sammeln – anfangs themenorientiert *(s. Abb. S. 11)*, später alfabetisch *(s. Abb. S. 14)*. Hier

Ich mache mir mein Wörterbuch S. 14

Den Gebrauch eines Wörterbuchs und die alphabetische Ordnung lernen Kinder am besten, wenn sie sich ihre Nachschlaghilfen selbst erstellen.

Hermann Schwarz berichtet aus dem Unterricht der Hamburger Lehrerin *Hannelore Schröder*, wie sie diese Aufgabe einführt und stützt:

»45 unbeschriftete Wörterbuch-Seiten können die Kinder erhalten, wenn sie sich an die Arbeit machen wollen. Anhaltspunkte bieten ihnen die Bilder und die am Ende der Zeilen eingetragenen Anfangsbuchstaben der einzutragenden Wörter.«

(Kopiervorlagen für solche Lexika zum Selbstbeschriften mit vorgegebenen Bildern finden Sie im »Klasse(n)-Paket« bei vpm.)

Da Kinder ihr selbst hergestelltes Wörterbuch auch wirklich zum Nachschlagen benutzen sollen, ist es in diesem Fall nötig, dass alle Einträge orthografisch korrekt sind. Deshalb sind die zu den Bildern passenden Wörter im Klassenraum ausgehängt. Gestalten die Kinder sich ihr Wörterbuch ohne Bildvorgaben vollständig selbst (wie in der Abbildung), müssen die Wörter vorgeschrieben und von der Lehrerin kontrolliert werden.

geht es um die richtige Schreibung, denn die Kinder sollen die Wörter für ihre Geschichten nachschlagen können. Damit wird ihnen von Anfang an deutlich gemacht, dass für die »Veröffentlichung« von Texten eine verbindliche Rechtschreibung gilt – und am Beispiel der eigenen Wörterbücher gezeigt, wie man sie herausfinden kann.

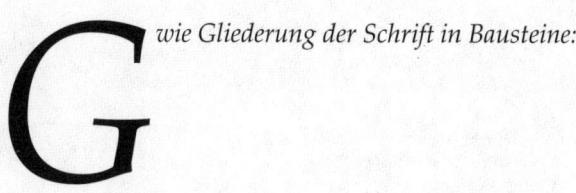

wie Gliederung der Schrift in Bausteine:

Welche Einheiten gibt es zwischen Buchstabe und Wort?

Nach der Schule reden die Kinder miteinander
und Marc fragt Britta: »komstu heimitmir?«

Gesprochene Sprache fließt. Schon die Einheit »Wort« ist für Schreibanfänger nicht leicht zu erfassen (und für Linguisten schwer zu definieren...). Erst wenn Kinder beim Lesen merken, wie schwer es ist, eine verbundene Buchstabenkette zu entziffern, kommen sie auf die Idee, die Grenzen zwischen Wörtern durch zusätzliche Zeichen zu markieren. Die Leerstelle (ein »Nichts«) reicht ihnen dafür nicht. Voraussetzung ist zusätzlich, dass sie einen intuitiven Begriff vom Wort entwickelt haben – meist erst ein Ergebnis des Umgangs mit Schrift. Das Teilen *(s. Abb. G. 5)* oder das Zusammensetzen von Wörtern *(Abb. G. 6)* hilft, den Wort-Begriff handelnd zu festigen.

Endloswörter und Bandwurmsätze **G.5**

SÄTZEOHNEWORTZWISCHENRÄUMEZUKNACKENFORDERTDASSPRACHWISSENDERKINDERHERAUS

Drucken oder stempeln Sie mit möglichst großen Lettern kleine Sätze ohne Wortzwischenräume oder lange zusammengesetzte Wörter wie HAUSTÜRSCHLÜSSELLOCH auf Papierstreifen und bitten Sie die Kinder, diese zu zerschneiden und die einzelnen Wörter getrennt aufzukleben oder aufzuschreiben.

Vor dieser anspruchsvollen Aufgabe können die Kinder aus Endloswörtern »versteckte« bekannte Wörter heraussuchen. Wie viele Wörter stecken in »Kindertag«? (7).

BAUM STAMM

APFEL

HAUPT

BAHNHOF

DIE KINDER SCHNEIDEN WÖRTER STÜCKE

Wortbaukasten 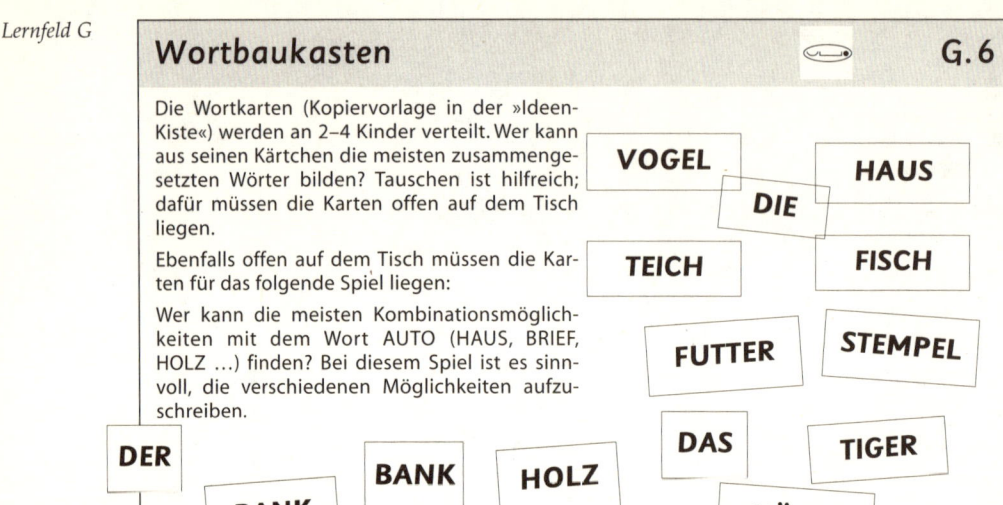 G.6

Die Wortkarten (Kopiervorlage in der »Ideen-Kiste«) werden an 2–4 Kinder verteilt. Wer kann aus seinen Kärtchen die meisten zusammengesetzten Wörter bilden? Tauschen ist hilfreich; dafür müssen die Karten offen auf dem Tisch liegen.

Ebenfalls offen auf dem Tisch müssen die Karten für das folgende Spiel liegen:

Wer kann die meisten Kombinationsmöglichkeiten mit dem Wort AUTO (HAUS, BRIEF, HOLZ …) finden? Bei diesem Spiel ist es sinnvoll, die verschiedenen Möglichkeiten aufzuschreiben.

VOGEL HAUS DIE TEICH FISCH FUTTER STEMPEL DAS TIGER KÄFER DER BANK BANK HOLZ FARN BETT LIBELLE

Andere Kinder kreisen die Wörter ein, oder sie machen Striche zwischen den Wörtern. In mittelalterlichen Schriften finden wir ähnliche Gliederungszeichen *(s. Kapitel 4).*

Aber auch einzelne Laute bilden sich nicht einfach auf einzelne Buchstaben ab. Erst allmählich wird den Kindern klar, dass es mehrgliedrige Schriftzeichen gibt, die für einzelne Laute stehen. Aus welchen Buchstaben sie bestehen, lässt sich leichter merken als deren Reihenfolge (wieder ein Beispiel dafür, dass Kinder Schrift nicht »ganzheitlich« speichern, sondern als Folge von Elementen).

Lisa trennt ihre Wörter durch Punkte

Für das /sch/ in Menschenfresser braucht man ein »C« und ein »S« und ein »H« – aber in welcher Reihenfolge?

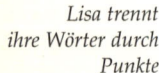

Viele LehrerInnen markieren mehrgliedrige Schriftzeichen grafisch, z. B. durch kleine Bögen, mit denen sie die Buchstaben am Fuß zusammenfassen. Oder sie rahmen das <ie> durch ein »spitzes« Dreieck, das <ei> durch ein rundes »Ei«.

Die Psychologin *Gerheid Scheerer-Neumann* hat vor 20 Jahren einen interessanten Versuch durchgeführt. Es ging um SchülerInnen mit besonderen Schwierigkeiten beim Lesen und Schreiben (sogenannte »LegasthenikerInnen«). Ihnen hat sie Kunstwörter wie »Kibano« zum Lesen vorgelegt. In der vorgegebenen Zeit schafften es die Kinder, 40% der Wörter richtig vorzulesen. Gute LeserInnen brachten es dagegen auf 58% der Wörter, also fast die Hälfte mehr.

Nun wurde die Vorlage geändert, indem zwischen den Silben kleine Zwischenräume gelassen wurden, z. B. »Ki ba no«. Unter dieser Voraussetzung schafften die schwachen LeserInnen fast genauso viele Wörter wie die leistungsstarke Gruppe.

Auf den ersten Blick überrascht dieser Befund: Entweder kann jemand lesen – oder er hat Schwierigkeiten, sollte man denken. Kann es sein, dass die Unterschiede in der Leseleistung davon abhängen, wie ein Text gestaltet ist?

Hier hilft eine Untersuchung der US-amerikanischen Leseforscherin *Marilyn Jager Adams* weiter. Sie hat herausgefunden, dass der Abstand zwischen leistungsstarken und schwachen LeserInnen nicht in allen Teilleistungen des Lesens gleich groß ist.

So können schwache LeserInnen (untere 50% in zweiten und fünften Klassen) einzelne Buchstaben fast genauso oft richtig benennen wie die oberen 50% – aber sie brauchen mehr Zeit dafür, vor allem in zweiten Klassen.

Auch bei häufigen Wörtern ist der Leistungsunterschied gering. Je seltener die Wörter werden, umso mehr öffnet sich die Schere allerdings. Bei Kunstwörtern, also Buchstabenfolgen, die der deutschen Rechtschreibung entsprechen, aber keine Bedeutung tragen (z. B. <Sprimpf>), ist der Abstand am größten.

Adams hat die Leistungsunterschiede auch an Wörtern unterschiedlicher Länge untersucht: Innerhalb einer vorgegebenen Zeit erlesen gute LeserInnen im Vergleich zu den unteren 50% in zweiten Klassen…

* 2 mal so viele einsilbige Wörter,
* 4–5 mal so viele zweisilbige Wörter,
* 8 mal so viele mehrsilbige Wörter.

Wortlänge ist also ein besonderes Problem beim Lesen. Wer Buchstabe für Buchstabe liest, überfordert sein Kurzzeitgedächtnis. Fünf bis sieben Einheiten können wir gleichzeitig im Kopf behalten. Darum bündeln wir längere Telefonnummern in zweistelligen Einheiten:

89–27–67–34 statt 8–9–2–7–6–7–3–4.

Silben sind eine einfache Form der Bündelung von Sprechlauten. Wer Buchstabenfolgen (gar unbewusst) in solchen Gruppen gliedert, liest ökonomischer. *Gerheid Scheerer-Neumann* fand heraus, dass sich erfolgreiche LeserInnen genau durch diese Fähigkeit auszeichnen.

Im zweiten Teil ihres oben beschriebenen Versuchs gliederte sie die Wörter der Vorlage entgegen der Silbensprechweise: KIB AN O. Dies behindert leseschwache SchülerInnen kaum, wohl aber die leistungsstarken LeserInnen. *Scheerer-Neumann* schließt daraus, dass gute LeserInnen die Silbengliederung als ein Raster verinnerlicht haben. Darum stört eine entgegengesetzte Gliederung der Schriftwörter den Lesevorgang. Da schwache LeserInnen dazu neigen, Wörter sowieso buchstabenweise zu erlesen, macht ihnen die »falsche« Bündelung nichts aus.

Was für Folgerungen bieten sich für die Förderung im Unterricht an?
Unter Adams SchülerInnen nahm der Leistungsunterschied bei längeren Wörtern von der 2. zur 5. Klasse deutlich ab. Man kann also lernen, mehrsilbige Wörter ökonomisch zu verarbeiten. Noch eindrucksvoller sind die Ergebnisse eines Trainings von nur 12 Stunden zur mündlichen und schriftlichen Gliederung. Damit konnte Scheerer-Neumann erreichen, dass die Fehlerquote der schwächeren LeserInnen auf weniger als die Hälfte sank.

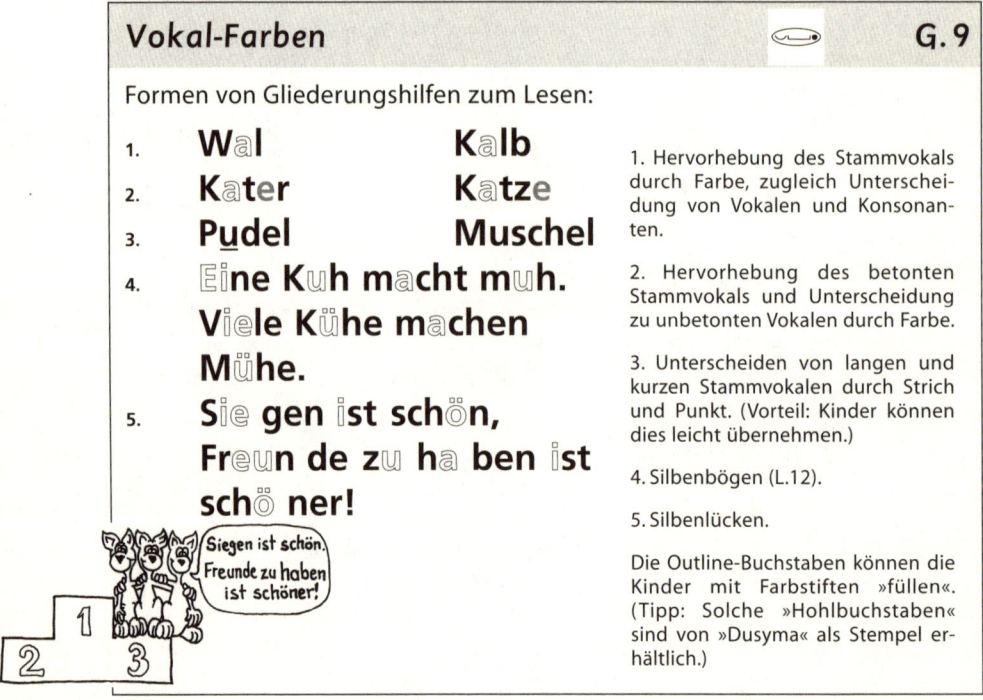

Vokal-Farben   G. 9

Formen von Gliederungshilfen zum Lesen:

1. **Wal**   **Kalb**
2. **Kater**   **Katze**
3. **Pudel**   **Muschel**
4. **Eine Kuh macht muh.**
    Viele Kühe machen
    Mühe.
5. **Sie gen ist schön,**
    Freun de zu ha ben ist
    schö ner!

Siegen ist schön.
Freunde zu haben
ist schöner!

1. Hervorhebung des Stammvokals durch Farbe, zugleich Unterscheidung von Vokalen und Konsonanten.

2. Hervorhebung des betonten Stammvokals und Unterscheidung zu unbetonten Vokalen durch Farbe.

3. Unterscheiden von langen und kurzen Stammvokalen durch Strich und Punkt. (Vorteil: Kinder können dies leicht übernehmen.)

4. Silbenbögen (L.12).

5. Silbenlücken.

Die Outline-Buchstaben können die Kinder mit Farbstiften »füllen«. (Tipp: Solche »Hohlbuchstaben« sind von »Dusyma« als Stempel erhältlich.)

Also müssen Kinder frühzeitig lernen, Wörter in Silben zu gliedern. Ansetzen können wir schon im Kindergarten mit der gesprochenen Sprache: Lieder
und Sprachspiele, bei denen Wörter umgebaut werden (vgl. Klappbilder-
bücher wie KRO-GU-FANT). Als Rechtschreibhilfe (»kom-men«) führt das
beliebte »Silben-Klatschen« allerdings leicht in die Irre (»ko-men«), nur als Er-
innerungshilfe macht es Sinn. Denn »ableiten« lässt sich die Gliederung einer
Lautfolge in Silben aus dem Klatschen nicht (→ *Lernfeld L*).

Vom ersten Schultag an können wir Wörter mehrfarbig schreiben: die Selbstlaute immer in einer Farbe, die Mitlaute in einer anderen (*s. Abb. G. 9*). So werden die Kinder ohne viele Erklärungen durch den Farbwechsel beim Lesen
und durch den Schriftwechsel beim Schreiben auf die Vokale als Kern der
Silbe aufmerksam. Abstände zwischen den Silben verstärken diese Sicht.
Viele alte Fibeln haben diese Idee schon umgesetzt, im Laufe der Jahre scheint
sie wieder verloren gegangen zu sein.

Gegen Ende der ersten Klasse können wir die Kinder auffordern, Wörter auch
selbst durch Striche in Silben zu gliedern oder die Silben mit kleinen Bögen
grafisch zusammenzufassen. Damit machen sich die Kinder bewusst, was sie
bisher nur beiläufig und »implizit« gelernt haben.

Wie bedeutsam die Kategorie »Selbstlaut« (unabhängig von ihrer Lautqualität
als /a/,/e/,/i/ usw.) für die intuitive Gliederung von Wörtern ist, verdeutlichen die folgenden beiden Schreibweisen: Beide Male ist die Vokalqualität
nicht erkennbar, im ersten Fall ist aber auch die Vokalstelle nicht markiert, im
zweiten der gesprochene Selbstlaut (nicht die Schriftzeichen für diesen, also
nicht d** für <die> !):

»… s drft vm knkrtn Fll bhngn, b dr Wrtklng d nhltlch ssztn
hrvrrft dr dr Wrtsnn ds Sprchwrt. Fr ds glfg Lsn trtt ds Frg
hnhn n dn Hntrgrnd,

w*l d*s B*d*t*ngs*rl*bn*s *ch *hn* l*tl*ch* V*rg*g*nw*rt*g*ng m*gl*ch
*st. D*s *ll*n k*nnt* sch*n d* *n d*r D*rst*ll*ng g*e*hlt* R*h*nf*lg*
r*chtf*rt*g*n. S* r*chtf*rt*gt s*ch b*m *nf*ng*rl*s*n

aber vor allem unter methodischen Gesichtspunkten: Wenn das Kind über
die Bildung einer Wortvorgestalt nicht hinauskommt, so werden die methodischen Hilfen in fast allen Fällen darauf abzielen, …«

(Zitat aus: W. Topsch (1979): Lesenlernen. Kamp: Bochum. S. 25)

Arabische Schriften sind grundsätzlich reine Konsonantenschriften (erst die
Griechen haben die schriftliche Darstellung der Vokale erfunden; s. oben Kapitel 4). Kein Wunder, dass im Hebräischen für Anfänger zusätzliche Vokal-

zeichen eingeführt worden sind, um ihnen das Lesen zu erleichtern (s. die Zeichen unter den Buchstaben im folgenden Beispiel):

מצח	מֵצַח
שלג	שֶׁלֶג
אגם	אֲגַם
חצר	חָצֵר

Noch eine kurze Bemerkung zur unterschiedlichen Färbung von Selbst- und Mitlauten *(s. oben Abb G. 9, S. 166).* Das damit angesprochene »implizite« Lernen ist für den Spracherwerb generell bedeutsam. Eine Lehrerin hat z. B. den Grundwortschatz ihrer Klasse nicht an einer Stelle ausgehängt, sondern in den vier Ecken des Klassenzimmers getrennt nach Hauptwörtern, Eigenschaftswörtern, Tätigkeitswörtern und sonstigen Wörtern. Ohne diese Gruppierung lange zu erklären, gab sie den Kindern durch den täglichen Umgang mit diesen Wörtern die Möglichkeit, intuitiv die grammatische Kategorie der Wortarten zu entwickeln.

Neben der Silben-Gliederung (vor allem für das Lesen) wird im Blick auf die Rechtschreibung später der morphematische Aufbau von Wörtern bedeutsam. Die »Wortbau-Maschine« *(s. Abb. G. 2)* ist ein Hilfsmittel, um die Kinder auf wiederkehrende Elemente aufmerksam zu machen, deren Schreibung in den verschiedenen Zusammensetzungen immer gleich bleibt.

Ähnlich wie beim Buchstabenplakat *(→ Lernfeld B)* und beim Anlautteller *(→ Lernfeld A)* definiert sich der Begriff der Wortart durch das Gemeinsame der Beispiele. Die Großschreibung der Hauptwörter etwa folgt dann aus der Analogie zum gemeinsam gesammelten Grundstock von Beispielen – so wie der Spatz zum »Prototypen« für den Begriff »Vogel« wird (der später erlaubt, auch schwimmende Arten wie Ente oder gar Pinguin als Vögel zu erkennen, auch wenn es schwer fällt, den Begriff »Vogel« ausdrücklich zu definieren).

Wortbau-Maschine **G.2**

Aus einem DIN-A4-Papp-Briefumschlag lässt sich im Handumdrehen eine Wortbau-Maschine herstellen, indem man in die Vorder-seite drei Fenster und in die obere und untere Kante je drei passende Schlitze hineinschneidet. Auf einen Streifen festen Papiers schreibt man Vorsilben untereinander, auf einen anderen Wortstämme und auf einen dritten Wortendungen.

Zieht man diese Papier-

streifen durch die Fenster der Wortbau-Maschine, entstehen Kombinationen von zulässigen und unzulässigen Wörtern. Zulässigkeit bzw. Gebräuchlichkeit der entstandenen Wörter können von den Kindern in Gruppen- oder Partnerarbeit diskutiert und akzeptierte Wörter schriftlich festgehalten werden (z. B. in der individuellen Wörterkartei (S.14)). Für Kinder, die Deutsch als Zweitsprache erwerben, ist diese Maschine eine besonders anschauliche Darstellungshilfe des Wortaufbaus im Deutschen.

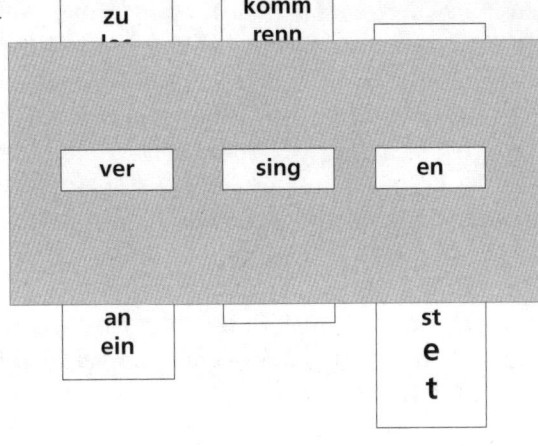

Kapitel 9

Die ersten Wochen in der Schule –
Gedanken zum Schulbeginn

Erster Schultag: Der Klassenraum ist vorbereitet: An den Wänden hängen die Bilder der Kinder, die sie mir während der Sommerferien geschickt haben. Diese Bilder sind die Anworten auf meinen Brief, der zu Beginn der Ferien an alle Kinder meiner zukünftigen ersten Klasse ging. In diesem Brief hatte ich mich mit (selbst gemaltem) Bild vorgestellt und die Kinder gebeten, mir ebenfalls ein Bild zu schicken und etwas über sich zu erzählen, damit ich schon einmal weiß, wer die Kinder sind, die zu mir in die Klasse kommen. Heute, am ersten Schultag, finden die Kinder dann bereits etwas Vertrautes im Klassenraum vor und können sich gegenseitig ihre Bilder zeigen.

Auf dem Pult, das ganz in der Ecke des Klassenraumes steht und als Ablage dient, stehen unter einem großen Blumenstrauß lauter Namensschilder, die die nun schon großen Kinder der letzten ersten Klasse für die »Kleinen« liebevoll mit großen Blockbuchstaben gestempelt und verziert haben. Wenn die Kinder nach der Einschulungsfeier das erste Mal in ihren Klassenraum gekommen sind und sich einen Platz an den Gruppentischen gesucht haben, werde ich die Karten nach und nach hochhalten und jeweils fragen, wem dieses Schild wohl gehören könnte. Dabei kann ich mir einen ersten Überblick darüber verschaffen, welche Kinder sich in ihrer Vorschulzeit bereits mit Schrift beschäftigt haben. Dieses morgendliche Verteilen der Schilder soll zu einem festen Ritual werden, was bald dann schon die Kinder selbst übernehmen können. Besonders interessant wird es werden, wenn die Schilder für MANUEL und MANUELA verteilt werden oder auch die von TORBEN und TOBIAS. Wird es Verwechslungen geben? Falls nicht, werde ich dies sicher provozieren, um mit den Kindern über die Ähnlichkeiten und Unterschiede ins Gespräch zu kommen (→ *Lernfeld A*).

Außer den Bildern der Kinder und einer großen Anlauttabelle (→ *Lernfeld B*) hängt noch nicht viel im Klassenraum – ich möchte ihn gerne nach und nach mit den Kindern zusammen gestalten und zu unserem gemeinsamen Raum werden lassen. Leider ist der Klassenraum nicht groß genug, um einen festen Sitzkreis (z. B. aus langen Gartenbänken) zu installieren, und auch für einen Stuhlkreis reicht der Platz nicht aus. Ich habe deshalb Teppichfliesen besorgt, die bei Bedarf verteilt werden sollen, sodass wir damit vor dem Fenster beim Vorlesen und Erzählen in einem (etwas gedrängten) Kreis sitzen können (→ *Lernfeld V*).

Natürlich wollen wir am ersten Schultag auch schon ernsthaft arbeiten, denn das erwarten die Kinder von der Schule. Zwei wichtige Wörter sollen heute gelernt und geschrieben werden: WORT und WIR* (→ *Lernfeld S*). Alle Kinder sollen diese ersten Wörter in ein großes, unlinertes Schreibheft abmalen. Als Hausaufgabe sollen sie ihren Eltern das Geschriebene »vorlesen«. Zum Abschluss des Tages suchen wir noch auf der großen Anlauttabelle den Anfangsbuchstaben unserer ersten Wörter und das passende Bild dazu. Dann werden die »Hosentaschen-Alfabete«, die die Eltern für ihre Kinder am ersten Elternabend vor den Sommerferien bemalt, ausgeschnitten, mit Folie überklebt, zusammengefaltet und in Streichholzschachteln geklebt haben, eingeweiht: Auch hier sollen alle Kinder das »W« und das entsprechende Bild finden. Dann singen wir noch ein Lied und die Kinder gehen hoffentlich zufrieden mit ihrem ersten Schultag nach Hause.

Am **zweiten Schultag** bitte ich die Kinder, für das Buchstaben-Monster, das bei mir zu Hause wohnt und sehr gefräßig ist, möglichst viele verschiedene Buchstaben auf ein Blatt Papier zu schreiben, damit ich nachmittags das Monster damit füttern kann (→ *Lernfeld B*). Zum Nachtisch mag das Monster besonders gerne ganze Wörter, diese können auf die Rückseite des Blattes geschrieben werden. Zusammen mit dem Buchstaben-Diktat (→ *Lernfeld B*) geben mir diese Schreibproben weitere Hinweise zu den unterschiedlichen Schriftvorerfahrungen meiner SchulanfängerInnen und zeigen mir, welche der Kinder vermutlich eine besonders intensive Unterstützung brauchen werden.
Nach dieser schweren Schreibarbeit machen wir einen Erkundungsgang durch die Schule. Wir nehmen viele Pappstreifen, Klebeband und dicke Filzstifte mit, damit ich unterwegs die wichtigsten Stationen beschriften kann (→ *Lernfeld F*). Zwischendurch entbrennen heiße Diskussionen darüber, was ich auf die Schilder zusätzlich zum Wort noch malen soll, damit die Kinder sich später erinnern können, was die Aufschrift bedeutet. Beim Hausmeister einigen wir uns schließlich auf die Abbildung einer Trinktüte, weil dort die Pausengetränke abgeholt werden.
Für das türkische und das russische Kind der Klasse habe ich Schilder in der Muttersprache dieser Kinder vorbereitet, die wir noch unter die deutsche Schriftversion hängen.

Am **dritten Morgen** finden die Kinder auch in unserem Klassenraum viele Schilder: Am Schrank steht »SCHRANK«, am Fenster »FENSTER« usw. Natürlich sind auch auf diesen Schildern die anderen Sprachen unserer Klasse vertreten. Gemeinsam »lesen« wir die neuen Beschriftungen, wobei wir »Nachhilfeunterricht« in Türkisch und Russisch beim Aussprechen dieser Wörter von Birkan und Oxana brauchen.

---

* Diese Idee stammt von *Ute Andresen*

Später werde ich immer mal wieder eines der Schilder austauschen, sodass am Fenster z. B. »TAFEL« steht, und abwarten, wann die Kinder dies bemerken… Danach werden sie sicher täglich genau überprüfen, ob noch alles seine Ordnung hat.

Ständige Hausaufgabe ist in dieser ersten Woche übrigens das »Wörterjagen« (→ *Lernfeld* Z). Die Kinder sollen sich unterwegs und zu Hause nach Schrift umsehen und Wörter, die sie entdeckt haben, aufschreiben oder aufschreiben lassen. Am nächsten Morgen wird dann im Kreis die »Beute« begutachtet: Manche Kinder erzählen, wo sie ihr Wort gefunden haben, andere können schon sagen, was es heißt, weil sie es sich haben vorlesen lassen, und wieder andere stellen Vermutungen an, was es bedeuten könnte. Einige Wörter sind auch in einer anderen Sprache, z. B. auf Türkisch geschrieben, und ich muss mir ihre Bedeutung von den Kindern erklären lassen, die sie mitgebracht haben. Alle gesammelten Wörter werden auch miteinander verglichen: Manchmal haben zwei Kinder das gleiche Wort gefunden oder wir überlegen gemeinsam, welches Wort das längste bzw. das kürzeste ist, welche Wörter mit dem gleichen Buchstaben anfangen, usw. Solche Vergleiche stellen wir auch immer wieder mit den Namen der Kinder an. Jedes Kind besitzt einen stabilen Pappstreifen, auf dem sein Name auf der einen Seite von links nach rechts und auf der anderen Seite von oben nach unten in großen Druckbuchstaben gestempelt steht.

Diese Streifen eignen sich auch für ein anderes Spiel, das die Kinder sehr fasziniert: Kreuzworträtsel (→ *Lernfeld* B). Ein Kind beginnt und legt seinen Namen in die Mitte. Die anderen Kinder schauen auf ihrem Namensstreifen nach, ob einer der Buchstaben auch bei ihnen vorkommt. Finden sie einen,

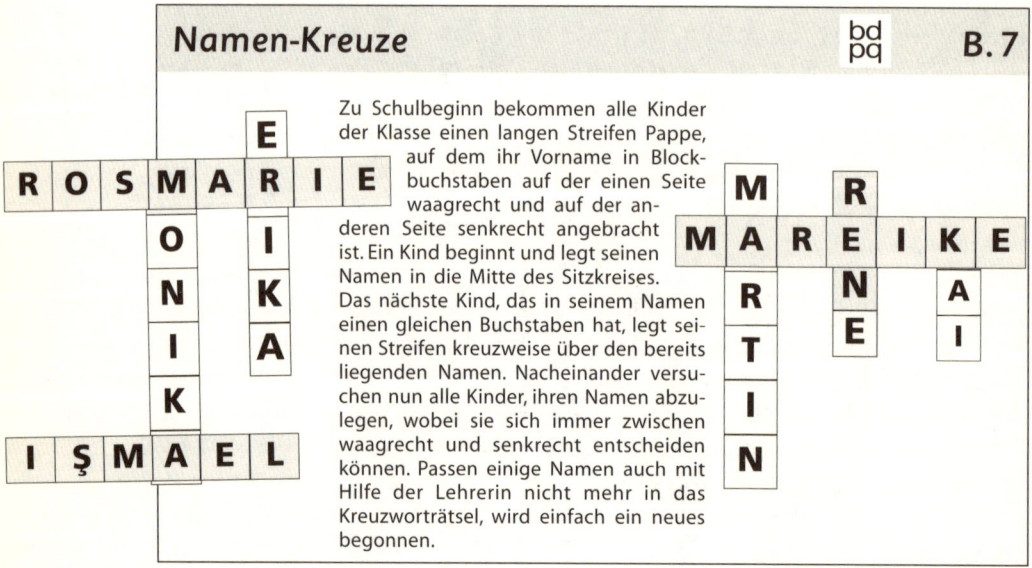

Namen-Kreuze   bd pq   **B.7**

Zu Schulbeginn bekommen alle Kinder der Klasse einen langen Streifen Pappe, auf dem ihr Vorname in Blockbuchstaben auf der einen Seite waagrecht und auf der anderen Seite senkrecht angebracht ist. Ein Kind beginnt und legt seinen Namen in die Mitte des Sitzkreises. Das nächste Kind, das in seinem Namen einen gleichen Buchstaben hat, legt seinen Streifen kreuzweise über den bereits liegenden Namen. Nacheinander versuchen nun alle Kinder, ihren Namen abzulegen, wobei sie sich immer zwischen waagrecht und senkrecht entscheiden können. Passen einige Namen auch mit Hilfe der Lehrerin nicht mehr in das Kreuzworträtsel, wird einfach ein neues begonnen.

dürfen sie ihren Namen mit dem ersten überkreuzen. Reihum versucht jedes Kind, den eigenen Namen in dem wachsenden Gitter einzugliedern. Mit nachbarschaftlicher Hilfe kann das jedem Kind gelingen. Sobald ein Name nicht mehr passt, wird ein neues Gitter aufgemacht.

Damit es nicht langweilig wird, werden nach ein paar Tagen auch mal die Namen unter den Kindern getauscht…

Die Wörter »WIR« und »WORT« des ersten Schultages prangen inzwischen groß geschrieben an je einer Wand unseres Klassenraumes: Um das »WIR« herum haben wir einen Kreis mit den Selbstportraits aller Kinder geklebt, wobei über dem Bild jeweils der Name des betreffenden Kindes steht – viele Kinder konnten ihn bereits selbstständig aufschreiben, andere haben ihn von ihrem Namensschild abgemalt – und unter jedem Bild steht unser erster Satz, den alle Kinder von der Tafel abgeschrieben haben: »DAS BIN ICH.« Dieser Satz steht natürlich auch längst in den Schreibheften der Kinder.

Um das »WORT« herum sammeln wir auf einem Plakat an der Wand die Wörter, die die Kinder auf ihrer »Wörter-Jagd« gefunden haben.

Wir arbeiten natürlich auch jeden Tag mit der Anlauttabelle. Immer wieder werden die Anfangsbuchstaben der Namen aller Kinder darauf gesucht und der Name des Tieres genannt, das bei dem Buchstaben abgebildet ist. Weil das Hosentaschen-Alfabet zwar gut für zu Hause und unterwegs geeignet, der Umgang mit ihm beim lautierenden Verschriften in der Schule aber eher mühsam ist, klebt mittlerweile auf jedem Schultisch (immer zwischen zwei Kindern) eine in Folie eingeschweißte Anlauttabelle im DIN-A4-Format. Täglich schreiben wir mithilfe dieser Tabelle gemeinsam lautierend einzelne Wörter auf (wobei ich immer erst dann die Tiere und entsprechenden Buchstaben auf der großen Tabelle »finde«, wenn die Kinder längst gerufen haben: »›L‹, du musst bei LÖWE gucken!«). Dadurch wird der Vorgang auch für die Kinder, die dies sonst noch nicht alleine leisten könnten, immer wieder modelliert (→ *Lernfeld* A).

Manchmal spielen wir auch ein Spiel mit der Anlauttabelle: Jedes Kind braucht dafür einen Spielstein. Ein Kind geht nach vorne und fragt: »Womit fängt TELEFON an?« Alle Kinder legen ihr Plättchen auf den entsprechenden Buchstaben ihrer Tabelle, sodass ich sehen kann, ob und wie die Kinder mit dieser Aufgabe zurechtkommen. Nachdem die Lösung auf der großen Anlauttabelle gezeigt wurde, bestimmt das vorne stehende Kind ein anderes, was dann ein neues Wort sagen darf.

Einmal in der Woche haben wir einen »Buchstaben-Tag«. Am Tag davor verabreden wir gemeinsam, welcher Buchstabe »dran« sein soll, wobei ich darauf achte, dass wir zuerst die nehmen, die in den Namen der Kinder vorkommen. Die Kinder haben dann die Hausaufgabe, Gegenstände mitzubringen, die den gewählten Buchstaben als Anlaut haben. Diese Dinge werden am nächsten Morgen im Kreis vorgestellt, wobei ein Vogel am »F-Tag« durchaus auch als richtig gilt, denn hier geht es erst einmal nur um den Laut. Weiß eines der Kinder schon, dass man für »Vogel« vorne einen anderen Buchstaben braucht, sollte man die Gelegenheit nutzen und mit den Kindern darüber sprechen, dass das »V« ein spezieller Buchstabe ist, der mal /f/ und mal /w/ klingt und dass man es den Wörtern nicht anhören kann, ob sie mit »V« geschrieben werden. Wenn die Kinder »V«-Wörter irgendwo entdecken, können diese dann irgendwo im Klassenraum sichtbar gesammelt werden (→ Lernfeld S). Die mitgebrachten Gegenstände werden die ganze Woche über, bis zum nächsten Buchstaben-Tag, auf einem Tisch ausgestellt. Jeden Morgen baue ich die Dinge auf dem Tisch anders auf und schummle ein Teil darunter, das nicht mit dem betreffenden Buchstaben anfängt. Die Kinder, die diesen »Ausreißer« gefunden haben, schreiben oder malen ihn (heimlich!) auf einen Zettel, den sie mir mit ihrem Namen darunter in einen Kasten werfen (→ Lernfeld A/F).

Alle Kinder haben in ihrem Ordner auf zwei Blättern die Vornamen ihrer MitschülerInnen in großen Hohlbuchstaben aufgelistet. Hier ist z. B. eine Aufgabe, in den Namen der Kinder immer den Buchstaben auszumalen, der gerade dran ist. Langsam werden so die Namen immer bunter (→ Lernfeld B).

Aus alten Illustrierten und aus Kinderzeitschriften wird der Buchstabe der Woche herausgesucht und ausgeschnippelt, sodass wir nach und nach zu jedem Buchstaben ein Plakat bekommen, auf dem dieser Buchstabe in möglichst vielen verschiedenen Schrifttypen aufgeklebt ist (→ Lernfeld B). Diese Plakate werden auf dem Flur über den Garderobenhaken befestigt, sodass man dort das wachsende Wissen der Kinder bewundern kann (→ Lernfeld B). Dieses wachsende Wissen dokumentieren wir aber auch noch auf eine andere Weise: Jedes Kind besitzt mit dem ABeCeDARIUM eine Buchstabensammlung, in der es zu jedem Buchstaben viele Schnippel-, Mal- und Schreibaufgaben gibt. Im Umschlag dieses Buchstabenheftes findet sich eine »wachsende Anlauttabelle«. Aus dem mit vielen verschiedenen Buchstaben und Bildern bestückten Schnippelblock suchen die Kinder ihren Lieblingsbuchstaben und ihr Lieblings-Anlautbild zum Buchstaben der Woche aus und kleben diese in die Tabelle ein.

Zusätzlich zu diesen immer wiederkehrenden Aktivitäten finden am »Buchstaben-Tag« noch viele andere Dinge statt. Da werden Buchstaben geknetet, gefühlt (Sandpapier- oder Veloursbuchstaben), aus Einzelelementen konstruiert u. v. m. (→ Lernfeld B).

Seit der **zweiten Schulwoche** haben wir einen alten Kaufladen in unserer Klasse, der ein großes Schild »BÜCHEREI« bekommen hat (→ Lernfeld F). Jeden Tag einmal wird diese »Bücherei« für eine bestimmte Zeit geöffnet. Während dieser Zeit kann man sich in der Lese-Ecke mit den Büchern beschäftigen und – wenn man gern möchte – sich eines auswählen, um es mit nach Hause zu nehmen. Die Kinder, die ein Buch gefunden haben, das sie gerne ausleihen wollen, nehmen ihr Buch und ihr Namensschild und stellen sich an dem Bücherei-Kaufladen an. In dem Kaufladen sitzen zwei Kinder aus der Klasse und malen sorgfältig in das große Büchereibuch den Namen des betreffenden Kindes von dessen Namensschild ab und schreiben dahinter auch noch mindestens zwei Wörter aus dem Buchtitel. Der Bücherei-Job ist bei den Kindern heiß begehrt. Damit alle, die gerne wollen, auch drankommen, hängt außen am Kaufladen eine Liste, in die man sich eintragen kann. Natürlich müssen die BibliothekarInnen auch die zurückgebrachten Bücher aus dem Büchereibuch wieder ausstreichen, damit alles seine Ordnung hat. Übrigens soll das Bücherei-Schild in der dritten Schulwoche zu bestimmten Zeiten gegen ein Post-Schild ausgetauscht werden. In der »Post« können dann Briefe in den Briefkasten geworfen werden, nachdem sie durch die PostbeamtInnen daraufhin überprüft wurden, ob auch Adresse und Absender auf dem Brief vermerkt sind. Dann gibt es einen Stempel und ab geht die Post (→ *Lernfeld F*).

Vom Buchstaben-Tag und den Bücherei-Zeiten sind es die Kinder nun schon gewöhnt, dass sie zwischen verschiedenen Angeboten auswählen dürfen. Dies soll nun in der **vierten Schulwoche** ausgebaut werden. An drei Gruppentischen wird je ein großes Schild mit einem Symbol und dem dazugehörigen Wort in Blockbuchstaben befestigt und entsprechendes Material darauf verteilt:

- Auf einem Tisch liegt Material zum SCHREIBEN, z. B. viele Blätter mit verschiedenen Bildern darauf, zu denen man das entsprechende Wort mithilfe der Anlauttabelle schreiben soll,
- auf einem anderen liegt Material zum LESEN, z. B. viele Zettel, auf die ich nach Diktat der Kinder in Blockschrift jeweils ein Wort geschrieben habe, das sie interessant finden; nun sollen sie sich davon ein Blatt aussuchen, auf dem sie das Wort lesen können, und das entsprechende Bild dazu malen (diese Blätter sollen später alphabetisch geordnet und als Wort-Bild-Lexikon in der Klasse benutzt werden).
- Auf einem dritten Tisch liegt Material für SPIELE, z. B. verschiedene Anlaut-Dominos, Anlaut-Memories und eine ganze Kiste voller Streichholzschachteln, die mit je einem großen Buchstaben beschriftet sind und die die Kinder mit kleinen Spielzeugteilen oder Bildern – dem Anlaut entsprechend – füllen sollen.

Die Symbole der Material-Tische markieren ebenfalls je einen Bereich der Tafel: Hier sollen die Kinder ihren Namen eintragen, wenn sie sich entschieden haben, was sie in unserer ersten »Freiarbeitsstunde« machen wollen. Ich hoffe, dass dadurch für die Kinder von Anfang an eine Verbindlichkeit geschaffen wird, sich auch tatsächlich mit einer Sache intensiv auseinander zu setzen, denn das ist während dieser Stunde Pflicht: Alle Kinder sollen mindestens eine Aufgabe von den Materialtischen bearbeiten. Wer das erledigt hat, kann auch in die Lese-Ecke gehen oder sich mit anderen Materialien aus dem Klassenraum beschäftigen. Wenn sich diese erste Form der »Freiarbeit« mit der noch sehr begrenzten Auswahl eingespielt hat, möchte ich bald zu einem Tagesplan und später zu Wochenplänen übergehen, die die Kinder dann nach und nach abarbeiten können. Die zu Beginn eingeführten Symbole sollen zuerst für die Arbeitsaufträge noch weiterverwendet werden und gegen Ende der ersten Klasse dann nach und nach vollständig durch Schrift ersetzt werden.

Durch diese Freiarbeits- und Wochenplan-Stunden sollen die Kinder mehr und mehr die Möglichkeit bekommen, sich Aufgaben auszuwählen, die ihrem jeweiligen Entwicklungsstand entsprechen. Die unterschiedlichen Angebote müssen dabei so vielfältig sein, dass alle Bereiche des Lesens und Schreibens auch in ausreichendem Maße vertreten sind (vgl. die *didaktische Landkarte mit den acht Lernfeldern S. 103 ff.*). Um dies gewährleisten zu können und trotzdem nicht in der Fülle der Einzelaspekte den Überblick zu verlieren, plane ich meinen Unterricht mit Hilfe des Vier-Säulen-Modells für den Anfangsunterricht *(vgl. Abb. S. 99)*.

Die Bereiche »Freies Schreiben eigener Texte«, »Lesen von Kinderliteratur« und »Aufbau und Sicherung eines Grundwortschatzes« werden dabei überwiegend in die Freiarbeitsphasen einfließen. Die »Systematische Einführung von Schriftelementen und Leseverfahren« wird in der Regel für alle Kinder gemeinsam stattfinden. Aber auch das »Vorlesen von Kinderliteratur« und natürlich der ersten eigenen Geschichten der Kinder ist etwas, was wir als Gruppe miteinander erleben wollen.

In den Freiarbeits- bzw. Wochenplan-Stunden sollen die Kinder lernen, sich Angebote auszuwählen, die für sie interessant und nicht zu leicht bzw. zu schwer sind. Erfahrungsgemäß wird das den meisten Kindern bald ohne Probleme gelingen. Ich werde in dieser Zeit das Arbeitsverhalten der Kinder beobachten und da unterstützen, wo die Kinder mit dieser Auswahl noch nicht zurechtkommen. Auch besteht in diesen Phasen die Möglichkeit, den Kindern, denen bestimmte Konventionen und Funktionen unserer Schrift noch nicht geläufig sind bzw. die noch Schwierigkeiten mit dem Bezug zwischen gesprochener und geschriebener Sprache haben, individuelle Hilfen und Unterstützung zu geben. Da ich dabei aber nicht immer von allen Kindern weiß, wo sie in ihrer Entwicklung gerade stehen bzw. welche Kinder alleine nicht weiterkommen, wird das »Neun-Wörter-Diktat« *(→ Lernfeld A)* alle vier bis sechs Wochen für alle Kinder Pflichtaufgabe im Wochenplan sein.

Das erste »Neun-Wörter-Diktat« haben wir nach sechs Wochen geschrieben und ich werde auf dem Elternabend in dieser Woche den Eltern ausgewählte

Beispiele daraus zeigen und grob erklären, welche Entwicklungsschritte die Kinder beim Schriftspracherwerb durchlaufen müssen und wie wichtig das lautierende Schreiben mit der Anlauttabelle dabei ist.

Das führt hoffentlich dazu, dass die Eltern Verständnis für die Schreibversuche ihrer Kinder entwickeln und sie dabei unterstützen, anstatt die Fehler zu monieren. Außerdem werde ich die Eltern noch um Mithilfe bei der Beschaffung von Pappe und Papier, von ausgedienten, aber noch funktionstüchtigen Schreibmaschinen und Computern für unsere Schreibecke bitten. Für die Lese-Ecke könnten wir auch gut noch ein paar Bücher und einen Lese-Sessel gebrauchen.

Mein Appell an die Eltern war offensichtlich wirksam: Seit heute haben wir einen Lese-Sessel (→ *Lernfeld V*) und einen Computer mit Drucker im Klassenraum stehen. Auf dem Computer ist zunächst nur ein Schreibprogramm installiert, in dem ich in der Voreinstellung eine klare, große Druckschrift ausgewählt habe. Heute probieren die Kinder erst einmal zu mehreren nur am Computer herum und sind fasziniert davon, dass sie statt der großen Buchstaben, die sie per Computertastatur eingeben, auf dem Bildschirm lauter kleine Buchstaben bekommen. Vermutlich werden sie bald herausbekommen, wie sie selber Schriften wählen, kleine und große Buchstaben benutzen, speichern und drucken können. Damit einzelne Kinder dann auch schon einmal ungestört kleine Texte am Computer schreiben können, werden wir sicher demnächst eine Warteliste anfertigen müssen. Diese Liste sollte am besten von einem Kind geführt werden, das sich schon gut mit dem Computer auskennt, um die anderen Kinder bei ihren Bemühungen unterstützen zu können.

Inzwischen nutzen wir in der Klasse jeden nur erdenklichen Anlass, um selbst etwas aufzuschreiben (→ *Lernfeld F*). Jeden Tag werden die Hausaufgaben im Schreibheft notiert, wobei ich nur den jeweiligen Wochentag an die Tafel schreibe und einzelne Schlüsselwörter wie z. B. SPORT-SACHEN, die die Kinder dann abschreiben können. Sie können aber genauso gut versuchen, die Wörter selbstständig aufzuschreiben oder aber ein Bild als Merkhilfe benutzen.

Da wir morgen gemeinsam frühstücken wollen, muss heute jedes Kind notieren, was dafür mitgebracht werden soll. Auch das Briefe-Schreiben ist inzwischen ganz beliebt, allerdings mehr bei den Kindern als bei mir, denn ich bekomme die meisten Briefe, weil die Kinder wissen, dass sie von mir auf jeden Fall einen persönlichen Brief zurückbekommen, in dem ich mich auf ihr gemaltes Bild oder die Wörter beziehe, die sie mir geschickt haben. Die Wörter LIEBE, LIEBER, VIELE, GRÜSSE, VON, DEIN, DEINE und BRIEF stehen nun schon seit einiger Zeit an der Tafel und werden von etlichen Kindern in die Briefe eingefügt (→ *Lernfeld S*).

Demnächst wollen wir mit einer Partner-Klasse einen Briefwechsel beginnen…

Öffnung des Unterrichts ist ein Prozess. Viele LehrerInnen haben Sorge, ohne Lehrgang den Überblick zu verlieren. Wer sich und den Kindern freies Lesen und Schreiben nicht vom ersten Schultag an zutraut, kann (und sollte!) trotzdem Räume für eine selbstständige Erkundung der Welt der Schrift vorsehen. Die dabei gewonnenen Erfahrungen können zu weitergehender Öffnung ermutigen. Erste Schritte können konkret an folgenden Punkten ansetzen:

I. Fibellehrgänge führen die Buchstaben in einer festen Reihenfolge und über vorgegebene Wörter bzw. Abbildungen ein.
Sie können die einzelnen Buchstaben/Laute in dieser Folge zum Thema machen (und damit das Material nutzen) und dennoch die Vorgabe über drei Maßnahmen öffnen:

1. Lassen Sie die Kinder zum Buchstaben der Woche unterschiedliche Beispiele aus Zeitungen, Prospekten usw. ausschneiden und auf ein großes »Buchstabenplakat« aufkleben. Analog können sie auf einem »Anlautteller« oder einem Tisch Gegenstände und Bilder sammeln, deren Bezeichnung mit diesem Laut beginnt. So lernen die Kinder, in der Vielfalt der Buchstabenformen und Lautvarianten das gemeinsam Definierende durch eigene Versuche herauszufinden. Schummeln Sie an den folgenden Tagen immer wieder einen anderen »Ausreißer« (einen Gegenstand mit einem nicht passenden Anlaut) dazwischen, um den Kindern einen Anreiz zu bieten, täglich neu die Anlaute der Gegenstände zu überprüfen und den »Fehler« zu suchen. Wer ihn gefunden hat, sollte das entsprechende Wort als Geheimnis behalten und nur für die LehrerIn auf einen Zettel schreiben oder malen.

2. Machen Sie den Kindern vom ersten Schultag an alle Buchstaben/Laute über eine »Anlauttabelle« mit einem Bild zu jedem Buchstaben zugänglich, die als Plakat in der Klasse aufgehängt wird. Modellieren Sie den Kindern immer wieder (am besten täglich!) an einem Beispielwort, wie man über die Zuordnung von Laut und Bild zu dem entsprechenden Buchstaben kommt. So erhalten die Kinder Hilfe, um beim Schreiben eigener Texte neue Wörter selbstständig zu verschriften.

3. Geben Sie darüber hinaus jedem einzelnen Kind eine leere »wachsende Anlauttabelle«, in der nur die Buchstaben (*wie unter I. 2*) eingetragen sind, die Bilder aber fehlen. Diese können die Kinder selbst zeichnen (oder aus-

schneiden und einkleben). So baut jedes Kind entsprechend seinem Wissensstand und mit den Gegenständen, die ihm persönlich bedeutsam sind, sein eigenes Buchstaben-Laut-Verzeichnis auf.

4. Lassen Sie die Kinder unbekannte oder erfundene Wörter (»Neun-Wörter-Diktat«; »Mars-Wörter«) lautierend aufschreiben, sodass sie ihre Einsichten in die Laut-Buchstaben-Beziehung vertiefen und mit den bekannten Buchstaben experimentieren können. Wenn Sie dies alle paar Wochen wiederholen, lässt sich damit die Schriftsprachentwicklung der einzelnen Kinder sehr anschaulich darstellen, z. B. für Lernentwicklungsberichte und Elterngespräche.

II. Fibellehrgänge entwickeln die Lese- und Schreibfähigkeit an einem begrenzten Auswahlwortschatz.

Sie können diese Vorgabe über verschiedene Aktivitäten nutzen und erweitern:

1. Sie lassen die Kinder Fibelwörter auf Karten für eine eigene Übungskartei übertragen. Mit deren Hilfe kann jedes Kind individuell üben, z. B. sich für das »Wendediktat« die Schreibweise merken, in Partnerarbeit Hypothesen über Ähnlichkeiten/Unterschiede diskutieren, die Wortkarten als »Pfeiler« zum »Bauen« eigener Texte nutzen oder aus den Karten in der Tischgruppe eigene Aufgaben entwickeln und bearbeiten, z. B. ein »Schnipp-Schnapp« häufiger Funktionswörter (Wörter wie UND, AUCH, IM, AUS, ABER, ICH, FÜR, VON…). Diese tragen keine inhaltliche Bedeutung und werden deshalb beim Üben oft vergessen, aber sie kommen so oft vor, dass die ersten 50 der Häufigkeitsrangliste fast 50% laufender Kindertexte ausmachen!

2. Schreiben Sie zusätzliche Wörter (keine Fibelwörter!) auf große Karten, mit deren Hilfe sie gemeinsam Strategien des Lesens und Schreibens erproben, z. B. das Erschließen der Wortstruktur von der Buchstaben- und von der Sinn-Ebene her. Dafür eignet sich besonders der »Wörtersack« oder das »Lesekrokodil«, aus dem sie die Karte buchstabenweise herausziehen und jedes Mal die Kinder nach Benennung der bereits sichtbaren Lautfolge (z. B. LA) (noch) mögliche[!] Wörter vermuten lassen (z. B. LAMPE, LATERNE, LASTWAGEN…, aber nicht mehr LÖWE).

3. Jedes Kind ergänzt seine Kartei gemeinsamer »Fibel-Wörter« durch »Klassenwörter«, z. B. zu Themen des Sachunterrichts, und durch »eigene Wörter«, die es z. B. aus Wort-Bild-Lexika, von »Etiketten« im Klassenraum, bei anderen Kindern oder in der Lese-Ecke aus Sachbüchern abschreibt bzw. von einer schriftkundigen Person vorgeschrieben bekommt. Damit ge-

winnen die Kinder eine wachsende Wörtersammlung, die sie allmählich auch alphabetisch sortieren und bald für grammatische oder orthografische Ordnungsaufgaben nutzen können.

4. Lassen Sie die Kinder eigene Geschichten schreiben. Dabei können Lehrgangswörter verwendet, unbekannte Wörter erfragt oder in einem Bild-Wort-Lexikon gesucht werden. Vor allem aber sollen auch Wörter lauttreu konstruiert werden mit Hilfe der Anlauttabelle *(s. oben I. 2)*. Dafür brauchen die Kinder viel Zeit! Besonders die Kinder, die vor der Schule noch nicht viel Erfahrung im Umgang mit Schrift sammeln konnten, müssen erst einmal begreifen, wie die Schrift funktioniert und wofür man sie braucht. Dies gelingt eher in Schreibsituationen, die für die Kinder bedeutsam sind, als in Übungssituationen, die weder durch den Inhalt noch durch ihre Form etwas mit den Kindern zu tun haben. Helfen Sie diesen Kindern immer wieder, eigene Wörter mit Hilfe der Anlauttabelle zu konstruieren – dies ist nebenbei auch die beste Übung zur akustischen und optischen Analyse!

III. Fibellehrgänge üben das Lesen anhand gemeinsamer Texte für alle, manchmal variiert durch Stufung der Anforderungen oder Zusatztexte.

Die Einengung auf Texte, die einige Kinder über-, andere unterfordern, die einige mehr, andere weniger interessieren, die jedenfalls spätestens nach dem zweiten Lesen niemandem noch etwas Neues bieten, lässt sich leicht überwinden:

1. Die Kinder dürfen die Texte leise lesen statt laut, sie wählen dabei nach Schwierigkeit und Inhalt selbst aus, bewegen sich also auf unterschiedlichen Wegen durch die Fibel.

2. Die Texte werden auf Karten verteilt und mit kleinen Verständnis- oder Handlungsaufgaben verbunden.

3. Neben (oder gar statt) der für alle gemeinsamen Fibel gibt es weitere verschiedene Fibeln, um das Textangebot auf jeder Lesestufe zu erweitern.

4. Die Kinder erhalten neben den didaktisierten Lesebüchern Zugang zu Bilder-, Kinder- und Sachbüchern als Angebot, aus dem sie in den Lesezeiten selbstständig auswählen und auf ihre Weise lesen können.

5. Die Kinder erzählen und lesen den anderen aus Texten vor, die sie von zu Hause mitbringen, weil sie ihnen persönlich wichtig oder weil sie für ein gemeinsames Thema bedeutsam sind.

6. Die Lehrerin liest regelmäßig aus einer »Fortsetzungsgeschichte« (oder nur die ersten Seiten als Anreißer) vor und spricht mit den Kindern über den Inhalt und stellt mit ihnen Vermutungen darüber an, wie es wohl weitergehen könnte, um eine aktive LeserInnen-Haltung zu modellieren, aber auch um Lust auf das Lesen und auf bestimmte Bücher zu machen.

IV. Fibellehrgänge trainieren Teilleistungen durch wiederkehrende Aufgaben in Arbeitsheften.
Auf viele dieser Aufgaben, vor allem zur visuellen Analyse (s. oben I. 1) und zum Lautieren, zum Synthetisieren (s. oben I. 2/4, II. 4 und unten IV. 5) können Sie dank der hier vorgeschlagenen Aktivitäten ganz verzichten, aber auch auf solche Aktivitäten, in denen die Schreibung von Wörtern ohne Sinnzusammenhang geübt wird (z. B. Buchstabensalat u. Ä.). Im Übrigen können Sie die Übungsformen auf verschiedene Weise für Unterschiede zwischen Kindern öffnen.

1. Die Kinder müssen die Aufgabenfolge nicht im Gleichschritt abarbeiten, sondern jedes in seinem Tempo – und: Nicht jedes Kind muss alle Aufgaben machen!

2. Zerschneiden Sie die Arbeitshefte als Kartei, die Sie durch weitere Aufgaben ergänzen, aus denen die Kinder selbst auswählen können, was sie glauben, üben zu müssen (oder was Sie wegen besonderer Schwierigkeiten einzelnen Gruppen in den Wochenplan vorschreiben).

3. Entwickeln Sie mit den Kindern Aufgabenmuster: z. B. die »Robotersprache«, in der die Wörter in Einzellaute zerhackt gesprochen werden. Damit lässt sich modellieren, wie man vom gedehnt gesprochenen (weil synthetisierten) Wort zum »normal« gesprochenen Wort und damit zum Sinn gelangt. Oft ist weder Kindern noch LehrerInnen dieser notwendige kreative »Sprung zum Wort« bewusst, der doch darüber entscheidet, ob jemand erfolgreich lesen kann oder nicht. Auch die Entwicklung von Merkstrategien für das bewusste Rechtschreiben lässt sich in bestimmten Aufgabenmustern beispielhaft zeigen: z. B. beim »Dreh-Diktat«, beim »Dosen-« oder »Schleich-Diktat«, bei denen das zu schreibende Wort nicht mehr sichtbar vor der SchreiberIn liegt, sodass sie sich dieses vorher genau einprägen muss. Zur Entwicklung solcher und ähnlicher Arbeitsformen gehört immer auch das Gespräch der Kinder über ihre Strategien bzw. über Schwierigkeiten bei ihren Lösungsversuchen dazu.

4. Die Kinder erfinden – z. B. nach solchen Mustern – eigene Aufgaben (»Rätsel«) füreinander.

V. Fibellehrgänge konzentrieren sich auf das Lesen, das Schreiben taucht vorrangig als Ab- oder Aufschreiben von Wörtern und als Übung der verbundenen Handschrift auf.

Gerade das selbstständige Konstruieren von Wörtern mithilfe einer Anlauttabelle ermöglicht es aber den Kindern, grundlegende Einsichten in den Aufbau der Schrift zu gewinnen. Außerdem können sie auf diese Weise die Schrift von Anfang an in sinnvollen Zusammenhängen benutzen und lernen dabei das Schreiben, weil sie etwas aufschreiben wollen; sie lernen das Lesen, weil sie überprüfen müssen, ob sie ihr Wort lautgerecht zu Papier gebracht haben, bzw. weil sie das Geschriebene anderer Kinder lesen wollen. Die hierfür geeignete Schrift ist in jedem Falle die Druckschrift – für viele Kinder erst einmal nur die Blockbuchstaben.

1. Regen Sie die Kinder an, eigene Texte durch lautierendes Verschriften, z. B. mit der »Anlauttabelle« *(s. oben I. 2 und I. 3)* zu verfassen. Da dies der Schlüssel zum Verständnis der Schrift-Logik ist, sollte viel Zeit für das freie Schreiben zur Verfügung stehen. Diese eigenen »Texte« werden bei vielen Kindern zuerst nur aus einzelnen Wörtern, später aus kurzen Sätzen bestehen. Einzelne Kinder werden allerdings schon rasch tatsächlich ganze Geschichten zu Papier bringen. Gibt es regelmäßig feste Schreibzeiten und auch Vorlesezeiten für diese Texte, wird das Schreiben von Geschichten oft zum Selbstläufer und die Kinder überlegen schon lange vorher, was sie gerne schreiben wollen. Bevor das so weit ist, brauchen aber viele Kinder konkrete Anlässe und Anregungen zum Schreiben, z. B. Gegenstände, Fotos aus der »Klassengeschichte« oder Stichworte zur Auswahl.

2. Sollen die Texte auch von den anderen Kindern gelesen oder gar veröffentlicht werden, ist es sinnvoll, sie in der »Erwachsenenschrift« (in gut lesbaren, großen Druckbuchstaben und korrekter Orthografie) *unter* die Kinderverschriftungen zu setzen. Im Vergleich der unterschiedlichen Schreibweisen kann dies auch zum Nachdenken über die verabredeten Normen unserer Orthografie anregen.

3. Um sich beim Schreiben davon zu entlasten, jedes einzelne Wort lautierend erschließen zu müssen, können die Kinder auf ihre eigene »Wörterkartei« zurückgreifen oder sich bestimmte Schreibweisen bei ihren TischnachbarInnen, bei einer »Rechtschreibauskunft« (mit wöchentlich wechselnder Besetzung – immer ein guter und ein schwacher Rechtschreiber mit Wörterbüchern und anderen Rechtschreibhilfen) oder notfalls bei der Lehrerin zu erfragen. Dies sollte aber nicht dazu führen, dass einzelne Kinder versuchen, sich der schwierigen Aufgabe des lautierenden Schreibens zu entziehen! Gerade die Kinder, für die dieser Prozess noch sehr mühsam und

langwierig ist, sollten so oft wie möglich selbstständig einzelne Wörter konstruieren, eventuell auch mit Ihrer vorsichtigen Unterstützung!

4. Im zweiten, dritten und vierten Schuljahr sollen die Kinder lernen, ihre selbst verfassten Texte zu überarbeiten – am besten in »Schreibkonferenzen«, in denen sich mehrere Kinder gemeinsam über Inhalt, Darstellungsform, Sprache und Rechtschreibung ihrer Texte austauschen und gegenseitig Verbesserungsvorschläge machen. Diese Arbeitsform lässt sich auch schon in der ersten Klasse anbahnen, wenn sich einzelne Kinder in kleinen Gruppen vor der gemeinsamen Vorleserunde ihre geschriebenen Texte vorstellen und überlegen, wie sie noch verbessert werden könnten.

Kapitel 11

Statt einer Zusammenfassung: acht kurze Antworten auf häufig gestellte Fragen

1. Dürfen Kinder falsch schreiben – sogar nicht lauttreu?
Im Text-Entwurf sind Schreibweisen aller Entwicklungsstufen akzeptabel. Für die Veröffentlichung werden sie »in Form« gebracht, anfangs – zur Entlastung der Kinder – von Schreibkundigen, sozusagen als »Übersetzung in Erwachsenenschrift«. Hinweise auf Schwierigkeiten Dritter beim Lesen können das Kind zur Entfaltung von Vorformen herausfordern (z. B. bei der Schreibung <LT>: »Heißt das LEITER oder LATTE?«). Die Hinweise sollten also offen sein oder auf die nächste Entwicklungsstufe zielen, nicht gleich die lauttreue oder gar die orthografisch korrekte Form verlangen.
Ähnlich gilt für Lesefehler: Zu fordern ist nicht buchstabengenaue Lautrichtigkeit, sondern Verständnis des Inhalts.

2. Sollen/dürfen Kinder schon in der ersten Klasse mit der Rechtschreibnorm konfrontiert werden?
Kinder begegnen der Rechtschreibung ständig im Alltag. Solche »Modelle« sollten auch im Klassenzimmer als Orientierung und Herausforderung präsent sein. Von der ersten Woche an können die Kinder »eigene« und »Klassen-Wörter« sammeln, z. B. in einer Kartei – zum Nachsehen, als schrittweise Einführung des alphabetischen Prinzips, für Ordnungs- und Übungsaufgaben (*s. unten 6. und 7.*). Auf Anfrage ist jedes Kind (wie bei anderen Sachfragen auch) redlich zu informieren, »wie die Erwachsenen das Wort schreiben«.
Der Anspruch auf vollständige Richtigschreibung ist allerdings nur bei »Veröffentlichungen« sinnvoll und meist nur mit der Hilfe von Erwachsenen möglich. Für eine eigenständige orthografische Überarbeitung ihrer Texte müssen Kinder zudem Hilfe bekommen können – durch Materialien (z. B. Zugang zu verschiedenen Wörterbüchern), aber auch durch Organisationsformen wie »Schreibkonferenzen« oder »Rechtschreib-Sheriffs«.

3. Müssen AnfängerInnen laut (vor-)lesen? oder: Wie wichtig/schädlich ist lautes (Vor-)Lesen?
Wichtige Aspekte der Schrift (und damit auch des Lesens) erschließen Kinder sich durch Schreiben. Als Zugang zur Laut-Schrift-Struktur und ebenso als diagnostische Hilfe ist freies Schreiben effektiver als lautes Lesen.

Dass alle denselben Text laut vorlesen, macht überdies im sozialen Kontext keinen Sinn: Wer interessiert sich noch für den Inhalt, nachdem alle den Text selbst gelesen oder gerade von anderen gehört haben? Ganz anders wenn die Kinder aus selbst gewählten, also unterschiedlichen Geschichten bzw. Büchern vorlesen, die die anderen noch nicht kennen. Dafür lohnt es sich auch zu üben.

Das Vorlesen der Lehrerin (z. B. aus »Big Books«, in die alle gemeinsam hineinschauen können) kann in doppelter Hinsicht Modell sein: als Vorbild für anspruchsvolle Texte (s. Heide Bambach »Erfundene Geschichten erzählen es richtig«) und für die Entwicklung einer aktiven Haltung gegenüber Texten, z. B. durch Fragen an die Runde: »Was denkt Iris jetzt wohl?«; »Wie könnte es weitergehen?«; »Was würdest du tun?«. Denn Sinnerwartung und Textinterpretation sind das zweite Bein des Lesens.

4. Ab wann ist leises Lesen möglich – oder gar zu fordern?

Angebote von Büchern aller Stufen, dazu Anlässe und Zeiten zum Anschauen, Lesen, Besprechen von Büchern gehören zum Anfangsunterricht von der ersten Woche an – unter der Voraussetzung, dass die Kinder die Texte auf ihre Weise, auf ihrem Niveau lesen dürfen. Im Vordergrund steht die Bedeutung. Das »Entziffern« von Wörtern praktizieren sie beiläufig beim Schreiben eigener Texte (z. B. als Kontrolle, welche Laute sie schon verschriftet haben). Das Verständnis von Texten wird gefördert, wenn Lesen zur Lösung von Aufgaben, als Anleitung für Handlungen usw. funktional ist.

Andererseits hilft leises »Vor-sich-hin-Lautieren« auch noch erfahrenen LeserInnen, unbekannte Wörter zu erschließen, indem sie eine Vorform für den »Sprung zum Wort« gewinnen.

5. Soll die Lehrperson Strukturen und Strategien erklären?

Wenn die Lehrperson das Entwerfen eines Textes, das Verschriften von Sprache, das Entziffern von Wörtern, das Vorlesen von Geschichten beispielhaft vormacht, bietet sie den Kindern ein Modell für Prozesse, die im Kopf nicht sichtbar ablaufen (»lautes Denken«). Auch Fragen/Anregungen an die Kinder: »Wie hast du das gemacht?« oder »Probier doch mal…« fordern das Denken heraus. Strategien werden also angeboten, nicht verordnet.

Oft noch wirkungsvoller sind Gespräche der Kinder untereinander: »Ich merke mir Wörter, indem ich…«; »Warum machst du…?« usw. Im Übrigen können Markierungen wie: verschiedene Farben für Mit- und Selbstlaute; nach Wortarten getrenntes Aufhängen des Klassenwortschatzes; Gliederung von Wörtern in Silben oder Morfeme und ähnliche Formen zur Aufmerksamkeit für Strukturen und zum Aufbau von Ordnungen verhelfen – aber nicht kurzfristig und nicht bei allen gleichartig. Denn: JedeR denkt anders. Erklärungen der Lehrperson können solche Musterbildung bewusst machen, sie können Aufmerksamkeit ausrichten, aber die eigenaktive Ordnung reicher Erfahrung können sie nicht ersparen.

6. Soll der Unterricht sich auf die Förderung des Lesens und Schreibens als Gesamthandlung beschränken oder soll er zu Beginn erst einmal Teilleistungen einüben?
Lesen und Schreiben als bedeutungsvolle Handlungen in einem sozialen Kontext sind zugleich Basis und Motor des Schriftspracherwerbs. Aber Schrift ist nicht nur ein interessantes Medium, sondern auch ein rätselhafter Gegenstand. Die Frage, »wie Schrift tickt«, verweist auf die technische Ebene. Einführung in die Anlauttabelle, »Tricks« zum Erlesen unbekannter Wörter, Sprachspiele auf der Lautebene, Ordnungsaufgaben nach Rechtschreibbesonderheiten helfen Kindern, in die Struktur der Schrift einzudringen. Es kommt also auf die Qualität der Aufgaben und der Übungen an.
Untersuchungen zeigen: Die unbewusste Verfügbarkeit von Teilleistungen ist wichtig für ein zureichend schnelles Lesen und Schreiben, dessen Aufmerksamkeit dem Inhalt gilt. Übungen müssen aber funktional sein (z. B. die »Identität« eines Buchstabens in grafischen Varianten erkennen; eine zeichenweise erweiterte Buchstabenkette [»Wörtersack«/»Lesekrokodil«] nicht Stück für lautieren, sondern »mögliche« Wörter vermuten – und die Vermutung an der sich erweiternden Vorlage immer wieder überprüfen).
Effektiv üben kann man insofern nur, was verstanden ist: erst die Einsicht (oder implizite Ordnung), dann die Automatisierung. Zweitens: Die beste Übung ist immer noch viel selbstständiges Lesen und Schreiben. Drittens: Eigenverantwortung für das Üben und die Entwicklung eigener Arbeitsformen sind erforderlich, um das »Lernen zu lernen«.

7. Brauchen wir einen »sachlogisch« gestuften Lehrgang?
Ein ausgearbeiteter Lehrgang kann unerfahrenen Lehrpersonen als Ordnungshilfe zur eigenen Fortbildung und als psychische wie auch materielle Entlastung im Alltag dienen. Er ist aber eine große Verführung, sich auf gleich- und kleinschrittige Aufgaben zu verlassen. Die (Schein-)Sicherheit der Lehrperson darf nicht auf Kosten eines möglichst großen Raums für die unterschiedlichen Zugänge der Kinder gehen. Deshalb brauchen wir offene Strukturen, auch auf der Planungsebene.
Wichtig ist im Übrigen die Haltung: Jeder Lehrgang ist nur eine HYPOTHESE, und er ist nur EINE mögliche Hypothese. Nicht nur Kinder, auch die LehrerInnen selbst kommen besser voran, wenn diese sich zunehmend von der Vorlage lösen und wenn sie ihr Repertoire durch neue Hypothesen er-

weitern. LehrerIn und Kinder brauchen keine gemeinsame Fibel, aber diese kann EIN Buch unter den vielen sein, die im Klassenzimmer ausliegen sollten. Und lieber je ein Exemplar von 25 verschiedenen Fibeln als umgekehrt, lieber viele unterschiedliche »kleine Bücher« als ein großes.

8. Wie oft müssen die Leistungen der Kinder kontrolliert werden?
Begleitende Beobachtungen sind wichtig – und als Grobdiagnose auch für die ganze Klasse ohne großen Aufwand möglich, z. B. durch die Auswertung von Schreibproben (aus freien Texten oder gezielt mit [unbekannten] Wörtern, alle 4–8 Wochen).
Detailanalysen müssen LehrerInnen in der Regel nur durchführen, um die eigene Wahrnehmungs- und Deutungsfähigkeit von Lese-/Schreibversuchen zu entwickeln. Im Übrigen reicht cs, sich auf die (10–30%) Kinder mit besonderen Schwierigkeiten zu konzentrieren.
Eine Förderdiagnostik im Sinne einer verbindlichen Passung von Aufgaben auf den individuellen Entwicklungsstand ist kaum möglich, aber auch nicht nötig. Wichtiger ist es, den Kindern Raum für ein Schreiben und Lesen auf ihrem Stand zu geben; sie immer wieder zur Weiterentwicklung herauszufordern, aber nicht gleich die komplette Lösung zu erwarten; und im Klassenraum materielle und soziale Hilfen für ihre individuelle Arbeit zu organisieren *(s. oben 2.)*. So können die Kinder »von unten« differenzieren – eine Individualisierung »von oben« erübrigt sich.
Bedeutsamer sind die persönliche Ermutigung und Unterstützung der Kinder mit wenig Schrifterfahrung; der Kinder, die Angst vor Fehlern haben; der Kinder, die Mühe beim Lernen haben. Diese Haltung ist genauso wichtig wie eine gut begründete Didaktik und Methodik.

Unser Fazit:
- Unterricht kann den Motor des Lernens anwerfen (»**M**otivation«),
- Unterricht kann gezielt Beispiele anbieten, um zur Musterbildung herauszufordern (»**M**aterial«),
- Unterricht kann bestimmte Aktivitäten anregen und unterstützen (»**M**odelle«).

Die Aneignung des Gegenstandes aber bleibt Sache des Kindes. Der Beitrag der Lehrerin beschränkt sich auf Herausforderung, Modellierung und Unterstützung von Lese- und Schreibhandlungen im Rahmen eines förderlich gestalteten sozialen Raumes (»Unterrichtskultur«).

Literaturverzeichnis und -empfehlungen

Wir haben in diesem Buch bewusst darauf verzichtet, in fachwissenschaftliche Auseinandersetzungen über den Schriftspracherwerb einzutreten. Als Ergänzung zu diesem Buch verweisen wir deshalb auf frühere Arbeiten aus bzw. in Kooperation mit unserem Projekt »Kinder auf dem Weg zur Schrift« entstandenen Werken:

...zum Forschungshintergrund:
Balhorn, H. / Brügelmann, H. (Hrsg.) (1995): Rätsel des Schriftspracherwerbs. Neue Sichtweisen der Forschung. »Best-of-Theorie« (Auswahlband Theorie der DGLS-Jahrbücher 1–5). Libelle: Lengwil.
Brügelmann, H. (1983): Kinder auf dem Weg zur Schrift – eine Fibel für Lehrer und Laien. Libelle: Lengwil (6. Auflage 1997; 1. Aufl. 1983).
Brügelmann, H. / Richter, S. (Hrsg.) (1994): Wie wir recht schreiben lernen. Zehn Jahre Kinder auf dem Weg zur Schrift. Libelle Verlag: Lengwil (2. Aufl. 1996).

...zur Erweiterung des methodischen Repertoires und als im Unterricht direkt verwendbare Anregungen bzw. Erfahrungen:
Brügelmann, H. / Balhorn, H. (Hrsg.) (1995): Schriftwelten im Klassenzimmer. Ideen und Erfahrungen aus der Praxis. »Best-of-Praxis« (Auswahlband Praxis der DGLS-Jahrbücher 1–5). Libelle: Lengwil.

Sowie unsere Materialien im *Verlag für pädagogische Medien, Hamburg,* Unnastraße 19, 20253 Hamburg:
Balhorn, H., u. a. (1987): REGENBOGEN-LESEKISTE. 5 x 5 Bücher für Schulanfänger (und viele Materialien mehr) (3. Aufl. 1997).
Brinkmann, E. (1996): Das »ABeCedarium« und der »Buchstabenautomat«.
Brinkmann, E. / Brügelmann, H. (1993): »Ideen-Kiste 1 Schrift-Sprache« (3. Aufl. 1998).

...zu den anderen Lernbereichen des Grundschulunterrichts:
Brügelmann, H. (Hrsg.) (1998): Kinder lernen anders: vor der Schule – in der Schule. Libelle: Lengwil.
...und vertiefend die unten zitierten Bücher von Beck/Scholz (1995); Biester (1991); Selter/Spiegel (1997); Seitz (1995); Wagenschein u. a. (1973).

Zitierte Literatur:
Adams, M. J. (1990): Beginning to read. Thinking and learning about print. MIT Press: Cambridge, Mass.
Adams, M. J., et al. (1980): A prototype test of decoding skills. Final report. Bolt Beranek and Newman Inc.: Cambridge, Mass.

Andresen, U. (1991): Lesn is amala schönstn! Vom Lesenlernen in der Schule. In: BMBW (1991, 52–84).

Balhorn, H. / Brügelmann, H. (Hrsg.) (1987): Welten der Schrift in der Erfahrung der Kinder. DGLS-Jahrbuch »Lesen und Schreiben«, Bd. 2. Faude: Konstanz.

Balhorn, H. / Brügelmann, H. (Hrsg.) (1995): Rätsel des Schriftspracherwerbs. Neue Sichtweisen der Forschung. »Best-of-Theorie« (Auswahlband Theorie der DGLS-Jahrbücher 1–5). Libelle: Lengwil.

Balhorn, H. / Niemann, H. (Hrsg.) (1996): Sprachen werden Schrift. Mündlichkeit – Schriftlichkeit – Mehrsprachigkeit. DGLS-Jahrbuch »Lesen und Schreiben«, Bd. 7. Libelle: Lengwil.

Bambach, H. (1989): Erfundene Geschichten erzählen es richtig. Lesen und Leben in der Schule. Libelle: Lengwil (2. Aufl. 1993).

Bauersfeld, H. (1995): Tätigkeitstheorie und Radikaler Konstruktivismus. Was verbindet sie und was unterscheidet sie? In: Balhorn / Brügelmann (1995, 68–87; Nachdruck aus: Balhorn / Brügelmann 1993, 38–56).

Beck, G. / Scholz, G. (1995): Soziales Lernen – Kinder in der Grundschule. Rowohlt: Reinbek.

Bettelheim, B. / Zelan, K. (1982): Kinder brauchen Bücher – Lesen durch Faszination. DVA: Stuttgart.

Betz, D. / Breuninger, H. (1982): Teufelskreis Lernstörungen. Urban & Schwarzenberg: München (2. erw. Aufl.: Psychologie Verlags Union).

Biester, W. (Hrsg.) (1991): Denken über Natur und Technik. Zum Sachunterricht in der Grundschule. Julius Klinkhardt: Bad Heilbrunn.

BMBW (Hrsg.) (1991): In Sachen Lesekultur. Bundesministerium für Bildung und Wissenschaft: Bonn.

Bosch, B. (1937): Grundlagen des Erstleseunterrichts. Zeitschrift für angewandte Psychologie und Charakterkunde, Beiheft 76. Barth: Leipzig (5. Aufl. Henn: Ratingen; Reprint 1. Aufl. Arbeitskreis Grundschule: Frankfurt 1984).

Brügelmann, H. / Balhorn, H. (Hrsg.) (1995): Schriftwelten im Klassenzimmer. Ideen und Erfahrungen aus der Praxis. »Best-of-Praxis« (Auswahlband Praxis der DGLS-Jahrbücher 1–5). Libelle: Lengwil.

Brügelmann, H. / Richter, S. (Hrsg.) (1994): Wie wir recht schreiben lernen. Zehn Jahre Kinder auf dem Weg zur Schrift. Libelle: Lengwil (2. Aufl. 1996).

Bruner, J. (1973): Relevanz der Erziehung. EGS-Texte Otto Maier: Ravensburg (engl. 1971/1972).

Bryant, P. E. / Bradley, L. (1980): Why children sometimes write words which they do not read. In: Frith (1980, 355–370).

Clay, M. M. (1975): What did I write? Heinemann: London u. a. (4. Auflage 1982).

Donaldson, M. (1982): Wie Kinder denken. Hans Huber: Bern u. a. (engl. 1978).

Eichler, W. (1976): Zur linguistischen Fehleranalyse von Spontanschreibungen. In: Hofer (1976, 246–264).
Erichson, C. (1986): Rechtschreiben: Der Klotz am Bein des Pegasus? Plädoyer für eine Integration von spontanem Schreiben und Rechtschreibenlernen. In: Valtin/Naegele (1986, 3–20).

Ferreiro, E. / Teberosky, A. (1979): Los sistemas de escritura en el desarrollo del nino. Siglo Veintiuno Editores: Mexico et al. (engl. Übersetzung 1982; teilweise dt. 1988 und in Balhorn/Brügelmann 1987, 78–80).
Ferreiro, E. (1988): Die Darstellung der Sprache und der Schriftspracherwerb. Bericht No. 44a, Teil 1. Projekt »Kinder auf dem Weg zur Schrift« (c/o OASE, FB 2, Universität-Gesamthochschule: Siegen).
Freud, S. (1954): Zur Psychopathologie des Alltagslebens. Fischer-TB 68: Frankfurt.
Frith, U. (ed.) (1980): Cognitive processes in spelling. Academic Press: London.
Frutiger, A. (1979): Der Mensch und seine Zeichen: Die Zeichen der Sprachfixierung. Horst Heiderhoff Verlag: Echzell.

Gallin, P. / Ruf, U. (1990): Sprache und Mathematik in der Schule. Auf eigenen Wegen zur Fachkompetenz. Illustriert mit sechzehn Szenen aus der Biographie von Lernenden. Verlag Lehrerinnen und Lehrer Schweiz: Zürich.

Heinisch, A. / Heller, D. (1983): Ein Beitrag zur Phänomenanalyse des Lesens. In: IRA/D-Beiträge, 6. Jg., H. 1/83.
Hofer, A. (Hrsg.) (1976): Lesenlernen – Theorie und Unterricht. Schwann: Düsseldorf.

Kerckhove, D. de (1988): Logical principles underlying the Layout of Greek orthography. In: de Kerckhove/Lumsden (1988, 153–172).
Kerckhove, D. de / Lumsden, C. J. (eds.) (1988): The alphabet and the brain. Springer: Berlin et al.

Lichtenstein-Rother, I., u.a. (1982): Der Lesebaum. List: München (2. Auflage 1985).

Mason, J. M. / McCormick, C. (1981): An investigation of prereading instruction from a developmental perspective. Technical Report No. 224. Center for the Study of Reading, University: Urbana-Champaign, Illinois.
Montessori, M. (1980): Kinder sind anders. Klett-Cotta im Ullstein-Taschenbuch 39002: Frankfurt u. a. (deutsche Erstausgabe 1952).

Niemann, H. (1995): Lesewelt Schule. In: Brügelmann/Balhorn (1995, 63–65).

Rathenow, P. / Vöge, J. (1982): Erkennen und Fördern von Schülern mit Lese-/Rechtschreibschwierigkeiten. Westermann: Braunschweig (Vorf.: Erkennen und Fördern lese-recht-schreibschwacher Schüler. HILF: Wiesbaden 1980).

Reichen, J. (1982): Lesen durch Schreiben. Leselehrgang, Schülermaterial und Lehrerkommentar. Sabe: Zürich (Heinevetter: Hamburg).

Reid, J.F. (1966): Learning to think about reading. Educational Research, Vol. 9, 56–62. Reprinted in: Melnik, A. / Meritt, J. (eds.) (1972, 203–214): The reading curriculum. The Open University: London.

Röber-Siekmeyer, C. (1992): Die Schriftsprache entdecken. Rechtschreiben im offenen Unterricht. Beltz Praxis: Weinheim.

Ruf, U. (Hrsg.) (1987): Rechtschreibunterricht. Schweizerischer Lehrerverein: Zürich (3. Aufl. 1989).

Ruf, U. / Sieber, P. (1987): Wege zum sinnvollen Üben. In: Ruf (1987, 149–159).

Sassenroth, M. (1991): Schriftspracherwerb. Entwicklungsverlauf, Diagnostik und Förderung. Haupt: Bern.

Sauer-Philippek, M. (o.J.): Der Punkt und sein Abezeh. Selbstverlag: Hamburg (Klebebuchstaben; jetzt als Stempel-Satz bei: Verlag für pädagogische Medien: Hamburg).

Scheerer-Neumann, G. (1981): Prozeßanalyse der Leseschwäche. In: Valtin u.a. (1981, 183–240).

Schwarz, H. (1991): Besuche in Grundschulklasse 1 (bei Frau Hannelore Schröder in der Schule Hasselbrock). Vervielf. Ms. Arbeitskreis Grundschule, Sektion Hamburg.

Seitz, R. (1995): Zeichnen und Malen mit Kindern. Vom Kritzelalter bis zum 8. Lebensjahr. Don Bosco Verlag: München (7. Aufl.; 1. Aufl. 1968).

Selter, C. / Spiegel, H. (1997): Wie Kinder rechnen. Klett: Leipzig u.a.

Spitta, G. (Hrsg.) (1977): Legasthenie gibt es nicht... Was nun? Scriptor: Kronberg.

Sommer-Stumpenhorst, N. (1991): Lese- und Rechtschreibschwierigkeiten: vorbeugen und überwinden. Cornelsen/Scriptor: Bielefeld (2. Aufl. 1992).

Thomé, G. (1992): Alphabetschrift und Schriftsystem. Über die Prinzipien der Orthographie aus schrifthistorischer Sicht. Zeitschrift für germanistische Linguistik, 20. Jg., H. 2, 210–226.

Valtin, R., u.a. (1981): Legasthenie in Wissenschaft und Unterricht. Wissenschaftliche Buchgesellschaft: Darmstadt.

Valtin, R. / Naegele, I., u.a. (1986): »Schreiben ist wichtig!« Grundlagen und Beispiele für kommunikatives Schreibenlernen. Beiträge zur Reform der Grundschule, Bd. 67/68. Arbeitskreis Grundschule: Frankfurt.

Vestner, H. (1974): CVK-Leselehrgang. Cornelsen-Velhagen & Klasing: Berlin.

Wagenschein, M., u.a. (1973): Kinder auf dem Wege zur Physik. Klett: Stuttgart.

Also. Die Schrift haben wir natürlich nicht ganz neu erfunden bei Libelle. Aber seit bald zwanzig Jahren machen wir besondere Bücher über Schrift und Sprache und die ermutigend offenen Formen von kindlichem Lernen.

Hans Brügelmann
Kinder auf dem Weg zur Schrift
Eine Fibel für Lehrer und Laien
21.–24. Tsd., 280 S., kt., überaus illustriert,
mit einem Umschlagbild von Rotraut Susanne Berner
ISBN 3-909081-36-3

Unser erfrischend lesbares Grundlagenwerk, auf das sich »Die Schrift erfinden« laufend bezieht. In den deutschsprachigen Ländern das umfassendste zum Schriftspracherwerb und seiner Didaktik, vom Vorschulalter bis zum Volkshochschulkurs. Unüberholt in seiner analytischen Prägnanz und der neugierstiftenden Anschaulichkeit, mit der es neue Sichtweisen auf die mancherlei Wege kindlichen Lernens eröffnet.

»Es erspart die Lektüre einer kleinen Bibliothek. Vor allem aber: es ist aufregend zu lesen…« Hartmut von Hentig

»Das Buch ist ein Glücksfall.« Jörg Ramseger, DIE ZEIT

Hans Brügelmann (Hrsg.)
Kinder lernen anders
vor der Schule – in der Schule
232 S., kt., mit über 60 z. T. farbigen Abbildungen
ISBN 3-909081-81-9

Ein Buch in 13 Einzelkapiteln, jedes für sich zu lesen. Praxisbezogen, detailreich in den Einzelszenen und anregend in den Bezügen zur pädagogischen Reflexion: wie Menschen lernen und wie Kinder in einer veränderten Kindheit ihr Bild von der Welt entwickeln, schon bevor sie zur Schule kommen. Wie Lernen als eigenaktive Leistung des Kindes dann in einer »Schule als Lebenswelt« so organisiert werden kann, dass Kinder zu neuen Erfahrungen ermutigt werden.

»›Elternschule‹ – viele Eltern wären dankbar für eine solche Einrichtung, denn in unserer immer komplizierteren Gesellschaft scheint es zunehmend schwieriger zu werden, in erzieherischen Fragen eine klare Antwort zu geben. Da kommt eine Elternschule in Buchform gerade recht: ›Kinder lernen anders‹. Die Beiträge vermitteln neueste Erkenntnisse aus Entwicklungs- und Lernpsychologie in sehr anschaulicher und gut lesbarer Weise… ›Kinder lernen anders‹ ist gerade deswegen ein so guter Ratgeber, weil er den Blick öffnet für die erstaunliche Kreativität lernender, problemlösender Kinder. Tips, wie diese Kreativität ermutigt und weiter angeregt werden kann, bereichern die einzelnen Kapitel und steigern den praktischen Nutzeffekt des Buches für Eltern.« spielen und lernen 6/98

Hans Brügelmann / Sigrun Richter (Hrsg.)
Wie wir recht schreiben lernen
10 Jahre Kinder auf dem Weg zur Schrift
2. Aufl., 304 S., kt., mit Illustrationen von Freimut Wössner
ISBN 3-909081-64-9

Die Sammelbände »Best-of« aus den Jahrbüchern 1–5 (in Zusammenarbeit mit der Deutschen Gesellschaft für Lesen und Schreiben, DGLS)

Hans Brügelmann / Heiko Balhorn (Hrsg.)
Schriftwelten im Klassenzimmer
Ideen und Erfahrungen aus der Praxis
256 S., kt., mit mehr als 120 Abbildungen
ISBN 3-909081-15-0

Heiko Balhorn / Hans Brügelmann (Hrsg.)
Rätsel des Schriftspracherwerbs
Neue Sichtweisen aus der Forschung
272 S., kt., mit zahlreichen Abbildungen
ISBN 3-909081-23-1

Hans Brügelmann / Heiko Balhorn / Iris Füssenich (Hrsg.)
Am Rande der Schrift
Zwischen Sprachenvielfalt und Analphabetismus
lesen und schreiben 6, 392 S., 175 Abb., kt.
ISBN 3-909081-70-3

Heiko Balhorn / Heide Niemann (Hrsg.)
Sprachen werden Schrift
Mündlichkeit – Schriftlichkeit – Mehrsprachigkeit
lesen und schreiben 7, 280 S., kt., Illustrationen von Freimut Wössner
ISBN 3-909081-14-2

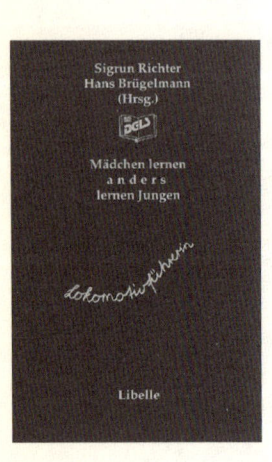

Sigrun Richter / Hans Brügelmann (Hrsg.)
Mädchen lernen a n d e r s lernen Jungen
Geschlechtsspezifische Unterschiede beim Schriftspracherwerb
2. Aufl., 176 S., kt.
ISBN 3-909081-62-2

Gudrun Spitta (Hrsg.)
Freies Schreiben – eigene Wege gehen
280 S., 50 Abb., kt., ISBN 3-909081-80-0

»Innovative Schreibkonzepte sind heute mit dem Namen Gudrun Spittas verknüpft. In ihrem neuen Buch ›Freies Schreiben – eigene Wege gehen‹ werden unterschiedliche Konzeptionen vorgestellt, die unter dem Oberbegriff des freien Schreibens die neueren schreibdidaktischen Ansätze repräsentieren. Es sind dies Schreiben als Prozess mit Beiträgen von Gudrun Spitta und Barbara Kochan, Freies Schreiben im Kontext von Kinderliteratur mit Beiträgen von Heide Bambach, Steffi Habersaat / Mechthild Dehn, Literaturästhetisches Schreiben nach Eva-Maria Kohl, Kreatives Schreiben nach gestaltpädagogischen Prinzipien mit einem Beitrag von Gabriele Rabkin. Flankiert durch zwei Praxisberichte von Peter Schiestl und Annette Brandebusemeyer, die über ihren Weg zum Schreiben freier Texte in der Grundschule berichten.
Der Überblick zeigt, dass in diesem Band erstmals die entscheidenden innovativen Ansätze versammelt sind, die die gegenwärtige schreibdidaktische Diskussion prägen…
Das Buch ist ein uneingeschränkter Gewinn für alle, die Kinder auf dem Weg ihres Schreibens begleiten und ihre Textkompetenz umfassend einschätzen und beurteilen wollen.«   Charlotte Röhner, Die Grundschulzeitschrift

Heide Bambach
Ermutigungen. Nicht Zensuren.
Ein Plädoyer in Beispielen. 2. Auflage, 260 S., br., mit authentischen Fallgeschichten und ausführlichen Einzelbeurteilungen, ISBN 3-909081-68-1

»Seit Makarenko und Maria Montessori, seit Janusz Korczak und Helen Parkhurst hat es das nicht mehr gegeben – Schulreports so voller Zärtlichkeit und Präzision, voller persönlicher Zuwendung und objektiver Erkenntnisse. Deshalb wage ich die Prognose: Diese Kinderporträts werden ganze Bibliotheken schwadronierender Fachliteratur überleben und eines Tages zu den Klassikern pädagogischer Texte gezählt werden.«   Rainer Winkel, DIE ZEIT

Heide Bambach
Erfundene Geschichten erzählen es richtig
Lesen und Leben in der Schule
2. Auflage, 296 S., kt., ISBN 3-909081-65-7

»Würden alle Grundschulleute dies Buch ernsthaft lesen und beherzigen, hätten sie vieles nicht mehr nötig. Ich erlebe es als beglückend, wie hier Heide Bambach es geschafft hat, die Qualität schulischen Lebens und Lernens von Kindern erheblich weiter voranzubringen und zu vertiefen, als ich und andere es vermochten.«   Hermann Schwarz

Fritz Mühlenweg
Nuni

Mit Bildern von Rotraut Susanne Berner
144 S., gebunden, gedruckt in fünf Farben
ISBN 3-909081-83-5

»Der ästhetische Reiz dieser Erzählung liegt in der Leichtigkeit, mit der sich Wörter zu Bildern, Sätze zu Dialogen und Begegnungen zu Geschichten fügen. Rotraut Susanne Berners neue Illustrationen entsprechen Mühlenwegs philosophischer Erzählung auf ideale Weise. Von den Mühlenweg-Liebhabern bis zu den Kindern zwischen vier und acht mag es Lesern mit Sinn für den Sonntag und die Philosophie des poetischen Unsinns schwer fallen, von dieser Nuni nicht bezaubert zu sein.«   Gundel Mattenklott, FAZ

»›Dauert Großwerden lang?‹ Um ihre unerschöpfliche Wissensgier zu befriedigen, geht Nuni auf eine lange Reise. Ihr Weg führt sie über Berge, durch Wälder, an Seen vorbei – das Leben: ein einziges Abenteuer! Die herrliche Neuauflage einer der phantasievollsten Kindergeschichten, die je geschrieben wurden.« DeutschlandRadio & Focus, deren Jury NUNI auf Platz 1 ihrer »Besten 7 Bücher für junge Leser« setzte.

»Phantasie und Witz, Spannung und entspannte Heiterkeit, Weisheit und Realismus vermag er mit einer unaufdringlichen tieferen Bedeutung zu verbinden… Ein rundum herzerwärmendes Buch.«   Ludger Lütkehaus, DIE ZEIT

Frieder Kern
Die aberwitzigen Abenteuer von Otto Wels

Eine Fisch-mit-Motorrad-Geschichte aus dem Bodensee
Illustriert von Philomena Phlox
64 Seiten, geb., mit 17 ganzseitigen, sehr bunten Farbtafeln und 5 Titelvignetten
ISBN 3-909081-28-2

»Bei Frieder Kern sind die Fische nicht stumm. Sie fahren auch, wenn es sein muss, mit dem Schiff – dann nämlich, wenn zwischen der heimischen Grotte im Bodensee und dem Ausflugsziel, der Insel Mainau, der gefährliche Angelwald liegt, bei dem die Fischer, weil Weihnachten ist, Spekulatius und Datteln an die Haken gehängt haben. So umgeht Familie Wels die Bedrohung ihrer unmündigen Kinder per Vergnügungsschiff und kann sich demselben widmen. Und das ist groß, auch für die Leser gleich welchen Alters… Auch die skurril-poetischen Illustrationen sind Schönheiten für Augen aller Art. Das Leben unter dem Wasserspiegel, in Heringsdosen und Familiengrotten, am Seewald und im Schuppen ist prachtvoll und lustig anzusehen.
Kerns Buch ist ein richtiges Kleinod: So frei von Überzuckerung und schwüler Pädagogik, so gelöst fabulierend und souverän erzählt, so anstrengungslos komisch und poetisch. Was soll man noch sagen? Schauen und lesen!«
Elke Schmitter, DIE ZEIT

Es kann überhaupt noch mancherlei weitergelesen werden im Zeichen der Libelle.
Schöne und rundum interessante Bücher.
Literatur, Kunst, Theater, Kulturgeschichte, Satire
und der ganze beruhigende Rest.

Wollten Sie nicht schon lange subito unseren neuen Prospekt bestellen?
Libelle Verlag, Sternengarten, CH-8574 Lengwil am Bodensee

Hans Brügelmann und Erika Brinkmann
arbeiten an der Universität-Gesamthochschule D-57068 Siegen,
unter anderem in einem gemeinsamen Projekt OASE.

Dieses Buch entstand aus Disketten, Scan-Vorlagen und Papierschnipseln
am flimmernden Bildschirm der Libelle,
während die letzten Exemplare der allerletzten Auflage von »Die Schrift entdecken«
weiterhin regen Zuspruch fanden und wir immer schon mitteilten:
das kommt so nicht wieder, weil (s. o. S. 9)…
dafür kommt es bald besser und umfangreicher unterm runderneuerten Titel »Die Schrift erfinden«.
Voilà und haltbar auch jenseits der 2000er-Grenze.
(Und hoffentlich spricht sich's rum; denn nur weniges ist resistenter
als eine überalterte Literaturangabe.)

Eigentlich haben wir gleichzeitig
in unserem programmatischen Zickzackflug um eine stille Mitte
in diesem Frühjahr und Sommer 1998
lauter Bücher gemacht, in denen es um die Erfindung einer eigenen Lebensschrift geht:
Käthe Vordtriedes vehemente Briefe gegen die Zeit des Unrechts:
»Mir ist es noch wie ein Traum, dass mir diese abenteuerliche Flucht gelang… «
Briefe nach 1933 aus Freiburg, Frauenfeld und New York an ihren Sohn Werner,
Angelika Overaths schöne, nachdenkliche und wahre Geschichten: »Händler der verlorenen Farben«
und Otto Freis Erinnerungsbuch von der Schweizer Seite des Bodensees: »Jugend am Ufer«.
Also lesen Sie doch nochmal ganz langsam unsere Handlungsanweisung
auf der vorletzten Seite, ganz unten (»Wollten Sie nicht schon lange subito…«)

***

Des Rätsels Lösung (s. o. S. 35 ff.):
Zur Bestätigung des erfolgreich gegangenen Lösungswegs – oder zum nachdenklichen Herstellen
einer fremden Schriftlichkeit – wie versprochen die Zeichen für

Beet: 　　　Bett: 　　　Tomate: 　　　
Während die drei Zeichen auf S. 36 folgendermaßen gelesen werden können:
Kuh / geh;　Dom;　Kanu / Kino / Gene
(jeweils von rechts nach links gelesen)

***

Satz und Gestaltung: etf unter Beihilfe von Philomena Phlox

Gesamtherstellung: Maus in Konstanz

1. Auflage Oktober 1998
98 99 2000 01 02 03 04 05   5 4 3 2 1

ISBN 3-909081-85-1